本著作是河南省重点学科“新闻与传播”、河南省普通高等学校人文社会科学重点研究基地伏牛山文化圈研究中心及平顶山学院高层次人才项目“智能算法推荐的意识形态风险与主流舆论引导能力提升研究”（PXY-BSQD-2022030）的阶段性成果。

中原经典红色文化传播与育人机制研究

梁广成　赵　轩　李晓敏　著

新华出版社

图书在版编目（CIP）数据

中原经典红色文化传播与育人机制研究 / 梁广成，赵轩，李晓敏著. -- 北京：新华出版社，2024. 12.
ISBN 978-7-5166-7831-2
Ⅰ. D642
中国国家版本馆CIP数据核字第2024HZ4697号

中原经典红色文化传播与育人机制研究

著者：梁广成　赵　轩　李晓敏
出版发行：新华出版社有限责任公司
（北京市石景山区京原路8号　邮编：100040）
印刷：定州启航印刷有限公司

成品尺寸：170mm × 240mm　1/16　**印张：**16.75　**字数：**230千字
版次：2024年12月第1版　**印次：**2024年12月第1次印刷
书号：ISBN 978-7-5166-7831-2　**定价：**88.00元

前　言

经典红色文化，作为中华民族文化的重要组成部分，具有深厚的历史底蕴和鲜明的时代特色，它记录了中国共产党领导人民进行革命斗争的艰辛历程和伟大成就，是中国革命历史的重要见证。河南是中国共产党最早开展革命活动的地区之一，在中国革命历史中占据重要地位，无论是抗战时期还是解放战争时期都在河南区域发生过如中原大战等重要战役。除此之外，河南作为重要的农业大省，以及重要的交通枢纽，农民运动、工人运动均蓬勃发展，在中国革命历史进程中扮演特殊角色，这些都是河南革命历史的重要组成部分，也为河南留下了丰富的红色文化资源。

习近平总书记强调，“要把红色资源利用好、把红色传统发扬好、把红色基因传承好”。河南红色文化资源十分丰富且底蕴深厚，截止到2021年，全省主要的革命遗址遗迹有407处，其中全国爱国主义教育示范基地20处、河南省爱国主义教育示范基地54处、河南省中共党史教育基地55处。充分挖掘利用河南红色文化的时代价值，激活并合理开发各类红色文化资源，是保护、传承、弘扬河南红色文化的必然要求，更是红色育人的必然使命。本书以河南18个地市为单位，初步筛选梳理了红色文化资源典型代表与红色文化传承符号，总结了传播特点，以期构建育人体系，实现传承育人使命。

本书共分为五章。绪论部分主要就红色文化研究的现状进行了概述与总结，提出了问题与研究现状，阐述了研究的思路与方法。本书第一部分（第一章）就红色文化的内涵与特征、河南地区的18个地市红色文化资源进行了调研与总结。同时，对河南地区红色文化资源特征进行了提炼。作为全国具有影响力的红色文化资源大省，中原地区红色文化及其教育存在知名度高、影响力深远、地域广泛、资源众多、伴生性强、吸引力大等特征。本书第二部分（第二、三章）就红色文化传播主体进行了总结。从个人、群体、政府等三个传播主体进行了分析，同时就红色文化传播的渠道，从传统媒体传播平台、新兴媒体平台等进行了概述。在经典红色文化传播的过程中，存在各种问题与挑战：如传播者主体能动性不足，传播主体公信力有待提升，传播主体与受众黏性弱，传播符号的创新性不强，同时传播符号内涵挖掘不够，传播符号同质化严重和传播媒介单一、新型媒介技术手段应用不足、媒介专业运营人才缺失等种种问题。受众媒介素养和参与意识有待培育。本书第三部分（第四、五章）就经典红色文化传播策略和育人路径进行了探索。一是要加强顶层设计，全面统筹推进，同时加强科学规划引领，明确发展定位，健全相关法规，加大资金投入。二是整合优势资源，挖掘文化内涵，打造“中原红色文化”品牌，丰富红色文化周边传播，完善传播渠道，创新传播方式，打造传播矩阵。三是提升传播路径，增强交互体验。打造专精传播队伍，注重传播效能，实现红色文化全民教育。

当前，经典红色文化育人过程中，出现了可喜可贺的成绩。河南地区几大干部学院纷纷成立，成效显著但也存在着一些问题。红色文化教育资源地挖掘尚不充分，理论研发缺乏系统性，话语体系周边传播缺乏实效性和针对性，育人动能尚不足。在红色文化育人的路径上需要进一步拓展思路，借鉴先进教育经验，充分挖掘红色文化的资源优势，从而转化为适合红色文化传播的话语模式，构筑红色文化的联动阵地，健全红色文化的机制体制。

本书作者梁广成负责前言、第一章及第五章撰写工作并负责本书整体统筹编写，李晓敏负责第二章第一节、第四章撰写工作，赵轩负责第二章第二节、第三章撰写工作。平顶山学院邢恒源、陈思佳及 2020 级、2021 级广告学、网络与新媒体等专业同学在资料搜集与项目调研中，付出了巨大的努力，在此一并感谢。同时，限于时间与资料搜集的不确定性，各类资源呈现难免出现不到位的地方，敬请批评指正。

目　录

绪　论

一、红色文化研究的意义

进入 21 世纪以来，随着国力的增强，红色文化研究方兴未艾，成了名副其实的显学。这不仅仅是为了响应号召，更重要的有其发展的底层逻辑。传承红色文化，铭记历史使命是当代国人的担当。红色文化作为历史的传承，具有革命性意义，通过学习和了解革命先烈的英勇事迹和革命精神，我们能够深刻认识到中国共产党领导人民进行革命斗争的艰辛历程和伟大成就。这种教育有助于我们铭记历史，不忘初心、牢记使命，增强对国家和民族的认同感和责任感。

第一，有助于传承弘扬革命精神。红色文化的核心在于弘扬革命精神，包括坚定的理想信念、为人民服务的宗旨、艰苦奋斗的作风等。这些精神是中华民族的宝贵财富，也是我们民族精神的重要组成部分。通过红色文化宣传教育，可以激发人们的爱国情怀，培养人们的民族精神，增强民族凝聚力和向心力。

第二，有助于树立正确人生观、价值观。在当今社会，面对复杂多变的国际形势和多元文化的冲击，红色文化有助于我们树立正确的世界观、人生观和价值观。它引导我们坚持正确的政治方向，追求高尚的道德情操，树立远大的人生理想。通过学习和传承红色文化、红色精神，可以更加清晰地认识到自己的人生价值和奋斗目标，从而更好地规划自己的人生道路。

第三，有助于激发创新精神，推动社会发展。红色文化不仅是对历史的回顾和传承，更是一种创新精神的激发。革命先辈们在艰苦卓绝的斗争环境中展现出的创新精神和探索精神，是我们今天进行中国式现代化建设的重要动力。通过红色文化挖掘、宣传、教育，可以激发自己的创新思维和创新能力，勇于面对挑战和困难，积极投身到社会实践中去，为推动社会发展贡献自己的力量。

第四，有助于提升国家文化软实力，增强国际影响力。红色文化是中国特色社会主义文化的重要组成部分，也是提升国家文化软实力的重要资源。通过加强红色文化教育，我们可以更好地向世界展示中国的历史文化、民族精神和时代风貌，增强中国的国际影响力和话语权。同时，红色文化传承与传播也有助于促进不同文化之间的交流和理解，推动构建人类命运共同体。

总之，红色文化对我们的意义是多方面的。它不仅是历史的传承与记忆，更是我们民族精神的弘扬与培育；它引导我们树立正确的价值观，激发我们的创新精神；同时，它也为我们提升国家文化软实力、增强国际影响力提供了重要支撑。因此，我们应该高度重视红色文化教育，努力将其融入到我们的日常生活中去。

二、中原地区红色文化的价值

党的十八大以来，习近平总书记在地方考察调研时多次到访革命纪念地，瞻仰革命历史纪念场所，反复强调要用好红色资源，传承好红色基因，把红色江山世世代代传下去。2021 年 6 月 25 日，习近平总书记在十九届中央政治局第三十一次集体学习时，围绕用好红色资源、赓续红色血脉这个主题发表了重要讲话，明确要求“统筹研究力量，强化研究规划，积极开展革命史料的抢救、征集和研究工作，加强革命历史研究，深入挖掘红色资源背后的思想内涵，准确把握党的历史发展的主题主线、主流本质，旗帜鲜明反对和抵制历史虚无主义”。

中原地区作为红色文化资源的集中地，习近平总书记也多次莅临指导，发表了多次重要讲话。先后诞生并总结了焦裕禄精神、红旗渠精神、愚公移山精神、大别山精神、南水北调精神等。与人民群众期许相比，学术理论界关于中原红色文化概念内涵的界定尚有许多争议，对于红色文化的时空范围、阶段划分尚有许多不同看法，对于中原红色文化建设规律的认识还不够深入，对于中原红色人物、中原红色故事、中原红色载体的发掘研究还比较零星随意等。

红色文化教育不仅是国家文化建设和民族精神传承的基石，也是个人成长、社会进步乃至国家发展的重要推动力量。通过红色文化教育，讲述革命历史、弘扬革命精神，深刻展现了中华民族在追求独立、自由、解放和富强的过程中所展现出的坚韧不拔、自强不息的民族精神。这种精神是中华民族的瑰宝，是维系国家统一、民族团结的精神纽带。通过红色文化教育，人们能够深刻理解并认同这种民族精神，从而增强民族自豪感和归属感，为国家的繁荣富强贡献自己的力量。

红色文化教育所蕴含的爱国主义、集体主义、革命英雄主义等价值观念，与社会主义核心价值观高度契合。通过红色文化教育，人们能够深刻领会这些价值观念的内涵和意义，树立正确的世界观、人生观和价值观。这有助于引导人们形成积极向上的社会风气，促进社会的和谐稳定与持续发展。激发爱国热情和奋斗精神。红色文化教育通过讲述革命先烈的英勇事迹和革命精神，激发了人们的爱国热情和奋斗精神。这些事迹和精神不仅是对历史的回顾和纪念，更是对当代人的激励和鼓舞。这就告诉我们，只有通过不懈的奋斗和牺牲，才能实现国家的繁荣富强和人民的幸福安康。因此，红色文化教育能够激发人们的奋斗精神，鼓舞人们为实现中华民族伟大复兴的中国梦而努力奋斗。对于增强文化自信，提升国家软实力具有重要意义。通过加强红色文化教育，我们可以更好地挖掘和展示红色文化的内涵和价值，增强文化自信。同时，红色文化也是提升国家软实力的重要资源。通过向世界展示中国的红色文化，可以增进国际社会对中国的了解和认同，提升中国的国际地位和影响力。

综上所述，红色文化教育的重要性体现在多个方面。它不仅有助于塑造民族精神和国家认同、培育社会主义核心价值观、激发爱国热情和奋斗精神，还有助于传承红色基因、培养时代新人以及增强文化自信、提升国家软实力。因此，我们应该高度重视红色文化教育，将其贯穿于国民教育的全过程，为培养德智体美劳全面发展的社会主义建设者和接班人提供有力支撑。

三、红色文化研究现状综述

目前学术界围绕红色文化研究主要有以下几个方面：

第一，红色文化概念的探讨。红色文化概念的研究是红色文化研究的逻辑起点和基本内容。红色文化意蕴丰富，尤其是在中国。不仅是从马克思及其早期革命运动，还是到苏维埃时期，特别是马克思主义传到中国以后，李大钊曾预言："试看将来的环球，必是赤旗的世界！"此后，中国共产党逐步构建了自身的革命文化，中国革命与红色相融发展，赋予了新的含义，涌现了如红色政权、红军、红旗、红区等。红色文化既是一种历史现象也是一种社会现象。以中国知网为例，截止到 2024 年 8 月 29 日，以红色文化为主题的论文数量超过 42000 篇。2004 年，"红色文化"一词成为热点词语，引发学术界对"红色文化"研究的迅速升温，刘寿礼在《苏区"红色文化"对中华民族精神的丰富和发展研究》一文中正式提出了"红色文化"的概念，并对红色文化的内涵作了探讨。刘寿礼认为："红色文化从很大范围来说就是指在第二次国内革命战争时期诞生于井冈山和以瑞金为核心的中央苏区'红土地'之上的人民大众反帝反封建的革命文化。"孙晓飞提出："红色文化是广大人民群众在中国共产党的领导下，为实现中华民族的解放与自由进程中和社会主义三大改造时期，整合、重组、吸收和优化中外先进文化基础上，以马列主义为指导生成的革命文化。”朱小理等认为：“红色文化是指在中国共产党的领导下，在新民主主义到改革开放前创造和形成的，可以为我们今天所开发利用，且必须经过转化才能够彰显出其当代价值的革命精神及其载体的总和。”汪勇认为：“红色文化是最具中国特色的民族文化、大众文化、革命文化和建设文化，与马克思主义中国化、大众化、时代化有极为密切的联系。”张颢谈道：“红色文化是指在中国共产党的领导下，中国各族人民在争取民族独立和解放的长期革命实践中，以及在社会主义革命、建设、改革实践中所形成的伟大精神及其载体。”渠长根等在其编的国内第一本通论性的红色文化教材《红色文化概论》中提出：“红色文化有广义和狭义之分。广义的红色文化是指近代以来中国各民族、各阶级、各阶层人民在争取民族独立、人民解放和实现国家的繁荣富强这两项根本历史任务中，所创造的各种物质和精神财富的总和。它包括物质、制度和精神三个方面，物质文化是指革命、建设和改革以来的遗物、遗址、遗迹、纪念碑、纪念地、纪念堂、纪念馆等实物；制度文化是指路线、方针、政策、理论和纲领等一整套规范体系与行为模式；精神文化是指所凝结的信仰、知识、精神、价值、道德等。狭义的红色文化，是指在马克思主义的指导下，由中国共产党领导人民群众在新民主主义革命、社会主义革命与建设、改革的实践中所共同创造出来的各种物质和精神财富的总和。”

综上所述，学术界对红色文化的内涵有着不同的理解，大部分人认同的红色文化指的是中国特色的红色文化，而非世界性的。虽然他们提出的红色文化概念不太一致，但是他们都讲到了红色文化中的精神文化。这些不同的红色文化概念体现了红色文化的丰富内涵和广泛外延，这与文化的特征相似。这些不同的表述或是相互交叉，或是互为补充，或是重叠融合。

目前，学术界还从多个视角对红色文化进行了研究，他们认为红色文化有着丰富的内涵，在政治、文化、教育等方方面面都起着重要的作用。对大多数学者的界定进行分析后，我们可以得出：红色文化发端启蒙于五四新文化运动时期，随着中国共产党的成立，形成于新民主主义革命时期，并在社会主义革命、建设和改革时期得到进一步丰富并继续向前发展，它具有鲜明时代特征的文化现象或文化积淀，反映了当代社会记忆和社会生活，受到了传统文化、历史的传承、现实需求、社会时代发展等因素的影响。它以中华民族优秀的传统文化为思想基础，以马克思主义为理论基础，以工农阶级为阶级基础，中国共产党领导人民进行的革命和建设活动是实践基础。

第二，红色文化资源的研究。红色文化资源作为红色文化的重要组成部分，已经成为学术界当前研究的热点。红色文化资源是由“红色”“文化”和“资源”这三个关键词复合而成的概念，并且这三个关键词还可两两组合成“红色资源”“红色文化”等内涵相近的概念。其中红色资源一般认为是从文化资源的角度界定红色文化，强调红色文化的资源可利用性；而红色文化资源除了突出红色文化的资源性，相对于红色资源也更加强调了红色文化丰富的精神内涵。陈始发等认为很难在学术界统一红色文化资源的定义，在学者间难以形成对其概念的统一认识，因此可以允许有不同的阐释和概括。但是必须包含三个核心要素：灵魂是革命精神与革命传统，关键点是红色文化与资源，显著特征为原生性和衍生性。肖发生认为红色文化资源的核心词汇始终是“红色”二字，主要指的是中国共产党领导中国人民在长期革命实践过程中所形成的历史遗存，具有资政育人的重要意义。万生更则认为红色文化资源在内容和形式上具有特定的物质载体和精神指向，比如他提出陕西红色文化资源就指的是从陕西共产主义青年团和共产党组织的建立到陕西全境解放期间，发生的一系列革命历史事件、一处处革命遗址遗迹，以及在该期间创作出的红色文艺作品，包括其中所蕴含的红色传统、红色精神等。周宿峰提出所谓的红色文化就是中国共产党自成立以来，领导中国人民，在长期的革命战争、社会主义建设和改革开放大潮洗礼的过程中逐渐形成的，其具有三种不同形式，即器物文化、制度文化和精神文化。

国内学术界对红色文化资源内涵的界定并不明确，也没有形成统一的认识，但是纵观各种研究成果，还是可以看出其具有共性的那一部分，即都指出红色文化资源并不是红色、文化和资源这三个概念的简单叠加，而是它们的有机整合。“红色”二字规定了红色文化资源的主体和年代，即中国共产党和中国人民在革命战争时期所创造的一系列资源；“文化”概念则是指该时期形成的制度文化、物质文化以及精神文化的有机统一；“资源”概念则揭示了红色文化具有资源属性，体现出红色文化是可以被开发利用的。这三个方面的相互规定与有机整合，就形成了大众日常了解的红色文化资源，即指中国共产党领导中国人民在革命战争年代开展了一系列革命活动后形成的可被人民群众开发利用的物质形态、信息形态、精神形态等的历史遗存，如红色作品和红色纪念物等。

第三，红色旅游及资源开发问题研究。对红色文化、红色旅游具有的多方面功能进行了广泛的探讨。李水弟、陈建在《红色文化探微》一文中指出，红色文化具有五大功能，即导向功能、促进功能、传承功能、教化功能和扬弃功能。管仕廷在《论马克思主义大众化视域中的红色文化》一文中强调，红色文化具有四大功能，即历史传承价值功能、政治导向价值功能、价值塑造整合功能和经济开发价值功能。王以第在《“红色文化”的价值内涵》一文指出，红色文化具有四大价值：一是历史印证价值，红色文化见证者党的发展史和成功历程；二是文明传承价值，红色文化既是中国先进文化的组成部分，也是培育新时期民族精神的重要来源；三是开发利用价值，开发利用红色文化有利于提高党的思想政治教育的实效性；四是经济助推价值，红色文化在新的历史条件下的经济发展中具有重要地位。不少学者广泛论证了红色文化在建设社会主义核心价值体系中的作用和地位。

国内学界就红色文化资源开发利用方面的研究主要涉及两个方面：一是有关红色文化资源开发利用的一般研究，二是区域性的个案研究。

首先，关于红色文化资源开发利用的一般研究文献：卢丽刚著的《红色旅游资源的保护与开发》一书，该书较系统考察和论证了我国红色旅游资源的保护与开发的背景、历史、现实意义以及红色旅游资源保护与开发中的政府作用、企业角色及民间力量。徐仁立著的《中国红色旅游研究》一书对红色旅游规划与开发做了较为深入、系统的探讨。其次，区域性的个案研究占红色文化资源开发利用实证研究的绝大部分。相关研究专著有孙和平（2010 年版）的《四川红色文化资源开发与利用研究》、李康平（2011 年版）的《江西红色资源开发与教育研究——江西红色历史文化研究》、万生更（2010 年版）的《陕西红色文化软实力研究》、湖南省旅游局（2005 年版）的《湖南红色旅游》、黄细嘉（2010 年版）的《红色旅游与老区发展研究》、申志诚等（2006 年版）的《河南红色旅游》、卢丽刚等（2008 年版）的《赣南红色旅游资源研究》等，都是从某个地区或角度分析红色文化资源的现状或探讨红色文化资源的开发利用。而进行个案研究的期刊论文和硕士论文数量更多，就不一一列举。

关于红色文化资源开发利用问题的研究成果大量出现，对于本课题的研究具有重要的指导和参考价值。但鉴于目前学者对于河南省的红色文化资源研究尚不够深入的现状，尤其是缺乏对河南全省的红色文化的系统研究，对于全省的旅游产品开发利用方面的经济价值的论述多于其社会价值。

四、研究思路与方法

（一）文献梳理方法

通过搜集、鉴别、整理相关领域的文献，对红色文化的历史背景、发展脉络、理论框架等进行系统梳理和分析。对收集到的文献进行鉴别，确保文献的真实性和可靠性，然后进行系统整理，形成对红色文化发生发展的科学认识。

（二）比较研究方法

通过不同历史时期、不同地域或不同文化背景下的红色文化进行比较，揭示其共性与差异，从而更全面地理解红色文化的内涵和演变。纵向上将红色文化的发展放到中国共产党在不同历史时期的历史任务中去了解，通过比较不同历史时期的红色文化，揭示其传承与创新的内在逻辑。横向上比较不同地域或不同文化背景下的红色文化，分析其特色和差异，为红色文化的多元化发展提供借鉴。

（三）分析与综合相结合的研究方法

通过对红色文化进行深入研究的基础上，将各个部分、各个层面的分析结果进行深入调研，形成对红色文化的整体认识，进而对红色文化的各个方面进行深入剖析，如革命精神、革命历史、红色地标、红色艺术等，将各个方面的分析结果进行综合归纳，形成对红色文化的整体认识和评价。

（四）跨学科研究方法

借助历史学、文学、艺术学、社会学、政治学等多学科的理论和方法，对红色文化进行多角度、多层面的研究。

（五）实证研究方法

通过设计调查问卷、开展调研活动，收集和分析数据，验证理论假设和研究成果的有效性。在红色文化研究中，可以通过问卷调查、访谈、实地考察等方式收集数据，收集公众对红色文化的认知、态度和行为数据。运用统计学方法对收集到的数据进行分析，揭示红色文化传播的规律和特点。

综上所述，红色文化的研究方法是一个综合性的体系，包括文献梳理、比较研究、分析与综合相结合、跨学科研究以及实证研究等多种方法。这些方法相互补充、相互支持，共同推动红色文化研究的深入发展。

第一章　中原红色文化概况

第一节　红色文化的概念与特征

在我国古代文化中，红色象征着生命、希望，受到中国人的特别喜爱。在西方文化中，红色则除了代表热情、欢乐、奋发以外，也象征着紧张、激进、暴力和流血。随着世界社会主义运动兴起，“红色”更多地与无产阶级、社会主义等联系在一起。五四运动后，随着马克思主义在我国大地的深入传播，红色、赤色等词语被广泛传播，成为无产阶级反抗剥削和压迫的代名词。作为一种文化形态，红色文化发源于中国共产党带领中国人民开展的革命斗争，并在革命胜利后，在社会主义建设和改革事业中得到了进一步发展。

一、红色文化的概念

当前，关于“红色文化”概念，学术界并未达成共识。赖宏、刘浩林在《论红色文化建设》一文中提出，红色文化可分为广义与狭义两个层面。“广义的理解我们可以把它归结为世界社会主义运动历史进程中人们的物质和精神力量所达到的程度、方式和成果。狭义的理解我们可以把它归结为中国共产党在领导中国人民实现民族的解放与自由以及建设社会主义现代中国的历史实践过程中凝结而成的观念意识形式”[①]。曾喜云在《红色文化资源开发利用中存在的问题、原因及对策》一文中提出，红色文化是在中国共产党的领导下，党和人民群众在党与人民军队的创建到土地革命、红军长征、解放战争各个时期所留下的足迹以及所取得的伟大功绩，以及在取得功绩的过程中所涌现出来的先进人物的伟大人格、革命事迹和崇高精神[②]。

中国共产党的先驱们就是在创立中国共产党的过程中，确立了守真理、守信念，履行初心、承担责任，不怕流血牺牲、顽强英勇奋斗，对国家忠诚、不辜负人民的伟大建设精神，这是中国共产党的理念之源，也是中国红色文化的源泉和根脉。伟大建党精神从根本上确立了中国红色马克思主义文化特质。坚持真理、坚守理想，就是坚守对马克思主义真理的信仰，坚持对共产主义伟大理想的追求。红色文化这棵大树之所以能够在中国大地扎根发芽，历经百年风雨而愈加枝繁叶茂，就是因为从一开始就植入了马克思主义的精神烙印。中国共产党的创建先驱们自成立以来，就确立了对马克思主义的理念，树立了对共产主义伟大理想的追求，无论遭遇到到什么样的挫折和困难，都没有发生动摇和改变。这从根本上确定了中国红色文化是马克思主义性质的文化。

狭义上的“红色文化”是中国共产党独有的文化形态，是中国共产党领导人民进行革命斗争和社会主义建设的历史进程中所形成发展的特定的文明总和。它以社会主义和共产主义为指向，以追求大多数人的幸福为宗旨，融合了马克思主义理论、卓越的中国传统文化与中国共产党自身特质，它代表了马克思主义在我国实践中的历史见证。红色文化的

① 赖宏，刘浩林．论红色文化建设[J].南昌航空工业学院学报：社会科学版，2006(4)：4.

② 曾喜云．红色文化资源开发利用中存在的问题、原因及对策[D].武汉：华中师范大学政法学院，2008.

起源主要源于革命文化，其生动地呈现了新民主主义革命时期的时代特征以及人民群众的精神风貌。在建设中国特色社会主义的新时代与实践活动中，革命文化和革命传统的持续、丰富及发展，成为新时代进步的精神财富，也是推动中华民族伟大复兴的先进文化力量。其主要内涵包括：共产主义理想信念、实事求是、集体主义、群众路线、艰苦奋斗等，这些在新时代仍具有影响力和活力。

二、红色文化的特征

中国红色文化来源于中国共产党领导人民进行革命、建设、改革的伟大实践，从本质上讲就是一种无产阶级的文化，反映出中国最大劳动群众的利益与追求。中国红色文化植根于中华民族悠久历史，曾经受到世界共产主义事业，尤其是苏联红色文化的深远影响，她不仅具有鲜明的自身特色，更早已经内化成为国民精神的一部分，而党领导的中国特色社会主义事业，还在持续推进红色文化增添新的内容。所有这些，构成了红色文化作为一种文化形态的自身特征，即先进性、民族性、实践性、斗争性、开放性、人民性。

第一，中国红色文化的卓越性。红色文化的核心属性是其先进性。历史进程是思想传承的源泉，先进理念随着时代进步不断演化，而过时观念最终将被历史淘汰。在革命、建设和改革开放的各个历史阶段，尽管红色文化的表现形式各异，但其本质所代表的红色传统和红色基因始终得到优秀传承。随着时代的演进，红色文化展现出不断更新的强大生命力。红色文化的先进性源自马克思主义的指引。马克思主义被实践所验证，为一种客观真理，指引着新兴事物的发展趋势。红色文化是马克思主义中国化的产物，其先进性源自马克思主义的先进性，体现为理论体系的科学性和真理性。在我国特色社会主义新时代，必须充分利用红色文化资源、弘扬红色文化传统、传承红色文化基因，使之成为中国特色社会主义文化建设的先导。

第二，中国红色文化的时代性。时代性是红色文化的基本特征。党的十九大报告指出：“发展中国特色社会主义文化，就是以马克思主义为指导，坚守中华文化立场，立足当代中国现实，结合当今时代条件，发展面向现代化、面向世界、面向未来的，民族的科学的大众的社会主义文化。”红色文化的时代性特征表现在两个方面：一是红色文化是马克思主义中国化进程中形成的思想文化，是在中国人民的革命、建设和改革开放历程中产生和发展起来的，是在中国大地上孕育出来的，是服务于中国社会实践的；二是红色文化是中华优秀传统文化创造性转化和创新性传承的成果，其精神内涵与中华优秀传统文化保持一致，展现出鲜明的中国特色和中国气派。推进红色文化的发展需秉持时代文化的基本原则，坚守立场，注重本土性，致力于满足本地区的需求。

第三，中国红色文化的实践性。红色文化的显著特点在于其实践性。首先，红色文化的实践性是建立在坚固的思想理论基础之上。马克思主义理论的实践性和中华文化的重要特征，共同构成了我们所知道的一种理论与文化现象。红色文化，作为马克思主义与中华优秀传统文化相互融合、不断演进的成果，具有其固有的实践性特质。其次，红色文化是在实践中形成和演变的。中国革命、建设和改革开放的历史实践孕育出了红色文化的传统与基因。各种经典的红色文化形态，皆源于特定历史阶段的社会实践，并在实践中获得人民的广泛认同。最后，红色文化的不断发展仅能通过实践来实现。红色文化是指导中国人民进行革命、建设和改革开放的理论武器，它激励全国人民在开辟革命、建设和改革开放事业新境界的过程中发挥精神力量。只有在社会实践中，红色文化才能充分发挥其作用。

第四，中国红色文化的斗争性。红色文化的核心特性在于其斗争性。红色文化，作为一种独特的文化现象，既源于革命文化，又在其基础上实现了超越。这种新型文化形态，不仅继承了革命文化的精髓，也赋予其更为丰富和深远的内涵。在革命战争时期，红色文化呈现为革命文化，其斗争性质表现为通过革命手段推翻不平等的社会制度，进而建立新中国。在我国社会主义建设与改革开放的历史时期，红色文化作为一种先进的社会主义文化形态，其核心斗争目标是消除所有阻碍社会生产力发展的体制机制，从而推动社会生产力的提升和人民生活水平的改善。在中国特色社会主义新时代，红色文化的斗争性依然是超越自我、实现生产力发展的伟大斗争实践。

第五，中国红色文化的开放性。开放性是红色文化的重要特征。从历史的视的红色文化表现出极强的开放性，能够不断地融合多元文化元素。在其主导文化发展过程中，通过汲取各个时代和地域的文化精髓，不断提高自身的文化素养。自革命、建设、改革开放，直至中国特色社会主义新时代，随着历史主题的演变，红色文化一直秉持着开放包容的精神传统，与时代发展同步，内涵不断丰富、主题不断鲜明、形式不断创新，成为推动中国特色社会主义文化繁荣昌盛的助力。从发展的视角来看，红色文化的开放性有利于红色传统的持续弘扬以及红色基因的不断传承。随着历史的进程，红色文化的内涵与形态将呈现出具有独特历史标志的演变。作为一个动态过程，在马克思主义中国化理论成果日益丰富的背景下，红色文化体系将持续演进。在中国特色社会主义的新时代，红色文化必将以与时俱进的姿态，开放包容对待一切优秀文化形态和文化资源，不断增强个性魅力与影响力。

第六，中国红色文化的群众性。人民性是红色文化的核心特质。根据马克思主义理论，人民群众不仅在物质财富的创造过程中发挥着关键作用，还是精神文化领域的创新者。红色文化，作为人民群众的创造成果，始终秉持着“民族性、科学性和大众性”的传统特质。从红色文化的培养、发展、丰富和壮大的整个过程来分析，其主题与目标是由人民群众在各种时期的社会实践活动中提出的，其发展和创新是由人民群众在各种时期的社会实践活动来推动的，其传承永远离不开人民群众的社会实战活动。红色文化的服务对象是人民群众自身和人民群众开创的社会主义事业。红色文化的人民性特质，塑造了其发展路径。因此，在推进红色文化过程中，必须恪守以人民为核心的根本原则，深入社会、密切联系群众、致力于满足人民需求。通过人民群众的实践活动，汲取智慧与创新精神，以促进红色文化的繁荣发展。

第二节　中原各地市红色文化资源概况

中原地区区划历经变迁，说法不一。为便于表述和划分，本书采用豫东、豫西、豫北、豫南、豫中划分方法。其中，豫东地区红色文化资源主要包括开封市、周口市、商丘市三个地市红色文化资源概括总结；豫西地区红色文化资源主要包括洛阳和三门峡两个地市红色文化资源进行概述；豫南地区红色文化资源主要包括驻马店、南阳、信阳三个地市红色文化资源进行概述；豫北地区红色文化资源以安阳、鹤壁、新乡、焦作、濮阳、济源六个地市进行总结概述；豫中地区以郑州、平顶山、许昌、漯河进行总结概述。为了资料整理，编写组发动平顶山学院新闻与传播学院的2020级和2021级的广大学生，进行资料整理与搜集。他们为了搜集信息，做出了极大努力和贡献。然而，限于时间和精力、经费等局限，仍然有部分资源未能一一列表，以待补充。

一、豫东地区红色文化资源概况

（一）开封市红色文化资源概况

开封是一片红色的沃土，谱写了无数红色故事，留下了许多红色文化资源。

初步统计，开封市红色文化遗址有132处之多，市区41处、杞县

31处、兰考县8处、尉氏县4处、通许县7处。

1. 焦裕禄纪念园

焦裕禄纪念园修建于河南省开封市兰考县城北边的黄河旧河堤上，在1966年2月建成，面积约为90余亩，并且于2007年7月更名为焦裕禄纪念园。这座历史悠久的纪念园是为了纪念焦裕禄同志而修建的，焦裕禄，曾任中共兰考县委书记，他一心为民，艰苦奋斗的精神，让人民为之赞颂。

2. 兰考县文化交流中心

兰考县文化交流中心建筑面积共计9000平方米，于2015年10月1日起正式对公众开放。是兰考县的一个重要的文化地标，充分表现了兰考县丰富的历史文化和发展成果。

3. 张梦李庄

张梦李庄村在以前有着一个巨大的风口，不仅沙丘遍布，而且贫困凋敝，那可是出了名的贫困村。20世纪60年代，当时的兰考县委书记焦裕禄在这里找到防风治沙的好方法并经过尝试取得成功。

依托这片沙土地所诞生的“焦裕禄精神”，成立体验基地，开启“梦里张庄”乡村旅游模式，张庄于2017年实现全面脱贫。

（二）商丘红色文化概况

商丘市，位于中国河南省东部，是一座历史悠久的城市，也是一个蕴含丰富红色文化资源的地方。

商丘修建有数个红色文化教育基地和纪念馆，例如中共中央中原局扩大会秘书处旧址，就设立于商丘古城景区内，是重要的革命历史遗迹；闫集镇的淮海战役总前委旧址纪念馆，作为淮海战役期间总前委的临时驻地，承载着重要的历史记忆。

（三）周口红色文化概况

周口市是一片底色浓重的红色沃土。周口是革命老区大区，初步统计全市有9个县级行政单位、99个乡镇单位以及2000余个行政村被河南省人民政府批准为革命老区。当前，周口正凭借所拥有的历史文化资源加快申报国家历史文化名城，并且将周口沙南老街地区划定为历史文化街区。以城市的历史沿革和时代价值来说，这一划定可谓实至名归，因为这里不仅是周口市区的发源地，也是周口红色革命的策源地和最早的周口市人民委员会、周口政府的所在地，一度为老周口的核心区和政治、经济、文化中心，见证了周口新旧时代的更替，承载着不能忘怀的红色记忆。

周口是一座红色文化厚重的城市。周口市现有红色场馆及公园 19 个，红色遗址 30 余处。闻名省内外的红色人物 70 多人。抗日民族英雄吉鸿昌就是扶沟县人，吉鸿昌将军的故居保存完好。在县城建有国家级吉鸿昌将军纪念馆，邓小平、江泽民等党和国家领导为该馆题词。被中宣部命名为全国爱国主义教育基地。

2020 年周口市荣获“弘扬老区精神传承红色基因示范基地”的称号。西华县是中共特别党员、抗日将领魏凤楼的故乡，也是彭雪枫、吴芝圃、萧望东统领三军会师之地，修建的有杜岗会师纪念馆。先后获得中共河南省委宣传部“全省爱国主义教育示范基地”、省党史研究室命名为“河南省中共党史教育基地”等荣誉称号，在 2021 年又获得中国老区建设促进会、河南省老区建设促进会、中共河南省委党史研究室“弘扬老区精神传承红色基因示范基地”的荣誉称号。根据调查结果可以看出周口的红色资源保护现状是良好的，并取得良好的成绩，对它的后续发展起到了很好的支撑作用。而在周口红色旅游资源的发展现状是有优势也有劣势，周口革命老区红色资源影响巨大。每逢清明节或其他重大节日，来纪念馆和烈士陵园拜谒革命先烈的广大党员、干部和人民群众等络绎不绝，对传承红色基因、赓续革命传统起到不可估量的作用。

太康县三官庙纪念馆位于睢、杞、太交界处，自 2018 年开馆以来，吸引周边 200 多万人来此参观学习。到吉鸿昌纪念馆、杜岗会师纪念馆参观学习的人数更是不计其数。省直和市直各单位集体来这里学习和宣暂的也应接不暇。通过分析和整理周口市内的有名的红色旅游景点，如革命旧址、遗址、纪念馆、烈士陵园等，结合景点所获荣誉称号，并综合周口相关红色旅游路线以及互联网相关排行榜 / 榜单，进行排名，排名前十位的有名族英雄吉鸿昌纪念馆、杜岗会师纪念馆、吉鸿昌故居暨学校、周口市烈士陵园、张福林事迹陈列馆、三岗革命根据地、河南黄泛区农场市场馆、周口国防园、李鸣钟故居、李之龙革命旧址。

二、豫西地区红色文化资源概况

（一）洛阳红色文化资源概况

洛阳市位置处于河南省中西部，古称神都、洛邑，居天下之中，拥有 5000 多年的文明，是华夏文明的重要发源地之一，也隋唐大运河的中心，13 朝古都，是我国建都最早、朝代最多的城市之一。曾经作为汉朝和魏晋的都城，唐朝长时间在这里设立了东都。 在 20 世纪初至 20 世纪 40 年代期间，这座城市成为革命战争时期共产党人活动的重要基地之一。在 20 世纪初至 20 世纪 40 年代期间，这座城市成为革命战争时期共产党人活动的重要基地之一。中国共产党成立百年以来，河南这片热土旌旗弥漫，战旗如画，留下了丰富得革命足迹。洛阳城的历史文化非常悠久，与中国近代史和现代史、革命战争史、中国共产党史有着紧密的关系，洛阳红色教育基地更是遍地开花。

1. 中共洛阳组诞生地纪念馆

中共洛阳组诞生地纪念馆位于洛阳市瀍河区，是河南省第一个共产党组织“中共洛阳组”的诞生地。该纪念馆集党史展览陈列与党建教育为一体，被命名为河南省爱国主义教育示范基地、河南省红色教育基地等，是开展革命传统教育、爱国主义教育的重要场所。

2. 木札岭红色教育基地

木札岭红色教育基地位于嵩县东南角，岭头上建有“红 25 军长征木札岭战斗旧址”纪念广场。

3. 小浪底爱国主义教育基地

小浪底爱国主义教育基地位于黄河小浪底水利枢纽区域附近，是一个以水利工程为背景，展示国家建设和民族精神的教育场所。该基地自 1997 年建成以来，已经接待了约 60 万人次的参观者，成为河南省乃至全国的重要教育基地。小浪底爱国主义教育基地不仅是一个展示水利工程成就的地方，更是一个传承和弘扬爱国主义精神的平台。通过丰富的展览内容和互动体验，它让每一位参观者都能够深刻感受到国家建设的伟大成就和民族精神的力量。

（二）三门峡红色文化资源概况

1. 曹靖华故居

曹靖华故居建于清朝末年，属于我国北方农村典型的土木结构组合式庭院，拥有超过三百年的历史，展示了中国传统建筑风格和布局特点。庭院格局完整，部分建筑位于五里川中学校园内，距离故居约一公里。

曹靖华本人是中国现代著名的翻译家、散文家、教育家，为中国文化和国际文化交流做出了重要贡献。他的故居不仅反映了曹靖华的生活环境和成长背景，也是研究其生平事迹和思想的重要场所。2017 年，当地政府在保持原有风貌的基础上，对曹靖华故居进行了修缮与保护，使之成了一个既可以缅怀先贤，又能进行文化学习和红色旅游的地点。游客在此可以深入了解曹靖华先生一生致力于革命事业、文学创作和教育工作的光辉历程，感受其“品似春山蕴藉多，文如秋水波涛静”的人格魅力和文学成就。

2. 八路军渑池兵站纪念馆

在河南省三门峡市的渑池县有一个八路军渑池兵站纪念馆，这是一个具有重要历史意义的红色文化教育基地。纪念馆位于八路军渑池兵站旧址上，是在八路军司令朱德同志的指示下，由刘向三负责与国民党当局谈判后创立的，在当时中国共产党及其军队在抗战时期的一个重要公开机构。

纪念馆占地面积约为200平方米，包含渑池兵站旧址、刘少奇旧居以及豫西扩大干部会议旧址等多个部分。渑池兵站旧址位于渑池县仰韶大街东段的小寨村，而刘少奇旧居则位于县城东关的海露大街。纪念馆对外开放，此地不仅是缅怀先烈、学习革命历史的场所，也成了进行爱国主义教育和红色旅游的热门目的地。通过展出的革命史料、文物档案以及现场教学等形式，纪念馆弘扬了革命传统，传承了爱国主义精神，让参观者能够近距离感受抗日战争时期这一红色枢纽的历史荣光。

3. 窄口水库·水库纪念馆

窄口水库位于中国河南省三门峡市灵宝市境内。水库的建设始于20世纪五六十年代，历经艰辛，最终在老一辈灵宝人的不懈努力下，耗时15年完成，总投资达到2800余万元。窄口水库不仅见证了人民自力更生、艰苦奋斗的精神，也为灵宝市及周边地区的经济社会发展和生态环境改善作出了巨大贡献。

窄口水库纪念馆位于灵宝市大王镇贺村，该纪念馆于2016年1月19日正式开馆。纪念馆以窄口水库的建设历程为核心，通过大量的图片、文字、实物以及多媒体展示，生动再现了水库建设时期的艰苦岁月，展现了数十万水利建设者不畏艰难、勇于奉献的精神风貌。这里不仅收藏了表现水库建设的老物品，比劳动工具、炊事用品、民俗物品等，还设有专门的展厅对这些物品进行展示，使参观者能够直观感受到那段历史的厚重与真实。

窄口水库纪念馆成为作为进行爱国主义教育、水利科普和党风廉政教育的重要场所。众多机关单位、学校和社会团体经常组织党员干部和学生到这里进行学习参观。

4. 马湾红色教育实践基地

马湾红色教育实践基地的建立时间为2019年10月，总投资金额超过1.8亿元人民币，占地面积约为3万平方米。红色文化展览馆内包含2个展厅4个展块，第一展厅“百年党史”和“人文卢氏”，第二展厅分别为“将星闪耀”和“红二十五军长征史”，馆内陈列红二十五军将领塑像、小货郎陈廷贤雕像、刘华清让马雕像等。贺龙旧居出土驳壳枪1把。69式步枪10部、老套筒步枪10部、土造步枪猎枪4把、红军大刀15把、红军药箱、军旗、苏联红军服装若干件、红缨枪头35个、军刺刀等物品。

该基地自成立以来，得到上级部门的高度重视和社会各界的高度评价，先后荣获中国老区建设促进会“弘扬老区精神传承红色基因”示范基地、中共河南省委“党员教育培训示范性乡镇党校”、市委统战部“非公有制人士理想信念教育基地”、三门峡市妇联“巧媳妇创业就业工程示范基地”、卢氏县纪委“红色廉政教育基地”、卢氏县人武部“国防教育示范基地”、微视河南文化传媒中心卢氏分中心特约工作站、卢氏县双拥教育示范基地等各类荣誉，与多个单位开展多方位合作交流。

2021年以来，马湾红色教育基地已圆满承接三门峡市政府、三门峡市司法局、卢氏县纪委监委、卢氏县政协、郑州交运集团、郑州航空港区、郑州大学、郑州市实验中学等50余个重点单位和机构党建教育活动、研学、红色教育、拓展训练、会议培训等活动300余次，共接待参观学习人数59881人次，其中外地参观学习人数14530人次。

5. 灵宝朱阳革命历史纪念馆

朱阳革命历史纪念馆位于灵宝市朱阳镇第二小学西院内，建筑占地面积达到313平方米，于2015年5月开始修建，2016年3月竣工并对外开放。这个纪念馆以红色记忆为主线，展现了朱阳镇在革命历史中扮演的重要角灵宝朱阳革命历史纪念馆是记录着朱阳镇的革命历史，以及山河变迁的重要场所。

馆内陈列着真实的历史实物、照片、文献以及影音资料，通过直观生动的形式向参观者展现朱阳镇的红色历史和文化底蕴。灵宝朱阳革命历史纪念馆具有重要的教育意义，不仅为当地的孩子们提供了爱国主义教育、革命传统教育的生动课堂，也是培育民族精神、凝聚人心的重要阵地。

三、豫南地区红色文化资源概况

（一）驻马店红色文化资源概况

1. 竹沟烈士陵园

竹沟镇是河南省驻马店市确山县的一个小镇，它位于淮河南岸，自古以来就是交通要道。在抗日战争期间，这里曾是河南省境内著名的抗日根据地之一，成为八路军和新四军的后方大本营。许多革命志士和爱国人士在这里积极开展抗日救亡斗争，为保卫祖国的独立和人民的幸福作出了巨大贡献。竹沟烈士陵园就位于河南省驻马店市确山县竹沟镇，是为纪念在抗日战争和解放战争期间牺牲的革命烈士而建立的，陵园建于 1956 该地块的年度面积大约为 24000 平方米。

作为全国文物保护重点单位，竹沟烈士陵园一直以来都备受关注。这里葬有大量的革命烈士，其中包括了抗日战争和解放战争中的许多英雄人物，如杨子荣、王梅、李树钦、夏明翰等。他们用自己的生命为祖国的独立和人民的幸福建立了不朽的功勋，他们的英名将永载史册。

2. 辛亥革命烈士祠

驻马店辛亥革命烈士祠是一座富有历史和文化内涵的纪念馆。展览区是驻马店辛亥革命烈士祠的重要组成部分，主要分为五个部分：历史文物展、辛亥革命展、驻马店护法运动展、中国近现代史展和民俗文化展。历史文物展展示了当地出土的历史文物，包括铜器、陶器、玉器、瓷器等；辛亥革命展则通过图片、文字、实物等多种形式，介绍了辛亥革命的历史背景、经过和影响；驻马店护法运动展则重点介绍了驻马店地区的护法运动历史，让人们更加深入地了解当时的社会背景和民众的反抗情绪；中国近现代史展则从清朝末年一直到新中国成立，全面展示了中国近代史的发展；民俗文化展则介绍了当地的传统民俗文化和风土人情。这些展览不仅丰富了人们对辛亥革命历史和中国近代史的认识，而且也让人们更好地了解当地的传统文化和风俗习惯。

3. 嵖岈山卫星人民公社旧址博物馆

嵖岈山卫星人民公社遗址博物馆坐落于河南省驻马店市遂平县嵖岈山镇，属于遂平县的文化遗产保护重点单位。1957 年，中国在朝鲜战争中取得了伟大胜利，被美国称为“三八线”。1959 年 6 月，毛主席在郑州主持召开了党的八届三中全会，提出“建设社会主义需要大办农业，大办粮食”的口号。从 1962 年起，全国掀起了“大办农业”的高潮。为解决农村吃粮问题，中国农业大学学生王传福提出用小麦种子来代替高粱种子，用红薯来代替地瓜种子。经过两年的试验，1964 年 2 月 12 日在河南省遂平县王楼公社（今遂平县嵖岈山镇）的六亩试验田里第一次试种成功。当年全国推广了王传福试种的小麦品种。同年 10 月 10 日，中央下达了“中国农业学大寨”的决定。

嵖岈山卫星人民公社旧址博物馆建筑面积 970 平方米，分为五个部分：一是革命旧址，二是文物陈列室，三是老照片展，四是书画作品展，五是现代农业展览。主要展示了当年遂平县人民大搞农田水利建设的情况。

（二）南阳红色文化资源概况

南阳市拥有丰富的红色文化场馆，这些场馆不仅是革命历史的见证，更是爱国主义教育和革命传统教育的重要基地是进行相关教育活动的关键场所。

1. 南阳市博物馆

南阳市博物馆是一座集地方综合性与历史文化于一体的大型博物馆，始建于 1959 年，新馆于 2021 年对外开放，成为豫西南地区最大的地方综合性博物馆。这里收藏和展示了大量与南阳地区相关的历史文物和革命文物，是了解南阳历史文化的重要窗口。

2. 彭雪枫纪念馆

彭雪枫纪念馆位于河南省南阳市镇平县，纪念馆于 1984 年筹建。

2004年夏二期扩建工程完成。馆内设有多个展室，共展出图片650余幅，实物50余件，用14个部分详细记录了将军的光辉一生。彭雪枫纪念馆是河南省十大优秀爱国主义教育基地之一，2005年被中宣部命名为“全国爱国主义教育示范基地”，每年都有大量党员干部、学生和社会各界人士前来参观学习，缅怀革命先烈，接受革命传统教育。

（三）信阳红色文化资源概况

信阳自古是南北经济、文化交流的要道，有鄂、豫、皖“三省通衢”之称。这里树木葱郁，风景优美，自然资源独特，素有“北国江南，江南北国”之称；这里受到前人的恩惠，有着厚重的传统文化积累。是我国著名的革命老区、红军摇篮、红色首府、将军故里，红色文化资源十分丰富。

1. 鄂豫皖苏区首府烈士陵园

鄂豫皖苏区首府烈士陵园坐落于新县城南白毛尖，建立于1957年。该陵园占地广阔，包括大门、纪念碑、纪念堂、陈列室等多个部分。园内陈列和珍藏着党和国家领导人的亲笔题词及珍贵的烈士遗物，安葬着众多革命烈士，是纪念鄂豫皖苏区烈士的重要场所。

2. 光山县邓颖超祖居纪念馆

位于信阳市光山县邓颖超祖居纪念馆位于信阳市光山县，邓颖超和他的父亲及祖父曾在这里居住。邓颖超同志不仅是当时的全国政协主席，还是中国妇女运动的领导者之一。这座纪念馆是一座典型的具有南方特点的清代建筑，是了解邓颖超同志生平事迹的重要场所。

3. 鄂豫皖革命纪念馆

鄂豫皖革命博物馆采用红色作为基调，展现了信阳厚重的革命历史。馆内展示了大量珍贵照片、革命历史文物，并采用高科技陈列手段，生动形象地展现了鄂豫皖革命老区30年的光辉历史。该馆还获得了多项荣誉称号，包括“全国爱国主义教育示范基地”等。

此外，信阳市也有红二十五军长征出发地何家冲、田铺大塆、许世友将军纪念馆等红色历史遗迹，每一处都承载具有深厚的革命历史和红色文化底蕴。

四、豫北地区红色文化资源概况

（一）安阳红色文化资源概况

1. 滑县烈士陵园

滑县烈士陵园以前的名字叫作“冀鲁豫军区四分区烈士陵园”，陵园里面安葬的是冀鲁豫军区四分区参谋长胡乃超及四分区牺牲的将士们。这座陵园是在1944年建成的，是安阳红色景点之一。1962年进行迁移，并改名为滑县革命烈士陵园。整个陵园的占地面积198亩，对于整个豫北来说没有比他更大的革命烈士陵园。陵园里有纪念烈士的英烈亭还有刻着英雄们名字的革命烈士纪念碑、记载着整个滑县革命斗争历史的纪念馆、将士们残留下来所存放骨灰的骨灰堂和1707座烈士墓。整个陵园松柏翠绿，肃穆安静，是一个集纪念、参观为一体的现代化园林式爱国烈士教育基地。

2. 安阳市烈士陵园

中国河南省安阳市的洹河北岸有着一个零万千人肃穆敬仰的地方，那就是安阳市烈士陵园。这个陵园不仅是缅怀革命先烈的地方，也是一处重要的红色教育基地和纪念场所。

革命烈士纪念篆刻着那些为了国家独立，民族复兴而抛头颅洒热血的革命英雄们的名字。安阳革命史纪念馆通过展品和史料展示安阳地区革命斗争的历史，教育后人铭记历史，传承革命精神。无名烈士纪念雕塑专门纪念那些身份不详却为国捐躯的英雄们，表达对他们的无限敬仰和哀思。

郭声镛烈士墓以及其他个人烈士墓，为特定的烈士设立，供人们瞻仰与悼念。

有238位在解放安阳的战争中英勇牺牲的英雄长眠于此，有120位为国家独立富强而牺牲的民族英雄的事迹被记录在此。每年，特别是在清明节等重要纪念日，陵园会组织“清明祭英烈”等活动，通过线上与线下相结合的方式，鼓励社会各界人士缅怀先烈，传承红色基因。

3. 安阳革命史纪念馆

安阳市扼豫北咽喉，自古就是兵家争夺的战略要地。自 1921 年起，安阳就建立了中国共产党基层党组织，并开启一系列工人革命运动，抗日战争全面爆发后，安阳成为重要的抗日战场，在林县、内黄、滑县和安阳县以及汤阴县西部山区建立了巩固的抗日根据地，先后发动了漳南战役、磁武涉林战役等一系列战役战斗。解放战争时期，安阳人民与国民党反动派展开了英勇的斗争，取得了滑县战役、豫北战役、安新战役等一系列伟大的胜利，为安阳解放和全国解放作出了巨大贡献。如此多丰富的革命历史资源，不仅见证了安阳在中国革命历史中的重要地位，也成了今天人们缅怀先烈、传承红色基因的重要场所。

安阳革命历史纪念馆，坐落于安阳市烈士陵园内，是一座建筑面积达 2485 平方米的现代化纪念馆，承载着深厚的红色记忆。纪念馆共分为四个展厅，按照时间顺序全面展示了从 1922 年安阳建党至 2009 年安阳革命、建设和改革开放的辉煌历程。馆内不仅收藏了大量反映革命斗争的珍贵文物和史料，还巧妙运用了场景复原、半景画、幻影成像等现代化陈列手段，结合声光电技术，将革命遗址、旧址场景生动复原，使参观者仿佛穿越时空，身临其境地感受那段波澜壮阔的革命岁月。作为爱国主义教育基地和国防教育基地，安阳革命历史纪念馆在传承红色基因、弘扬革命精神方面发挥着举足轻重的作用，是深入了解安阳革命历史、缅怀革命先烈的重要场所。

4. 红旗渠

红旗渠位于中国河南省安阳市林州市，是一项在 20 世纪 60 年代由林县（今林州市）人民在极端艰苦的条件下自主设计和建造的，这个庞大的水利工程，被誉为“人工天河”和“新中国奇迹”。它的建设背景是林县长期遭受干旱缺水的困扰，严重影响了当地的农业生产与居民生活，自古有“十年九旱”之说。1959 年至 1969 年间，为了彻底改变这一状况，林县群众在县委的带领下历时十年，解决各种困难，红旗渠诞生了。

（二）鹤壁红色文化资源概况

1. 石林会议旧址

在河南省鹤壁市的山城区有一个石林会议的遗址，这是一个具有重要历史意义和红色文化价值的地点。

石林会议旧址现已成为豫北地区一个重要的爱国主义教育基地与红色旅游景区，总面积约为 0.5 平方公里（或 750 余亩）。景区内不仅保存有法隆寺这一历史建筑，还建有刘邓大军纪念馆、徽标广场等现代化设施，其中徽标广场占地 16400 平方米，以“红”字为主建筑标志，象征着革命精神。这些场所共同构成了一个回顾历史、缅怀先烈、进行红色教育的重要场所。

2. 裴庄

中原抗战第一村——裴庄村，是著名抗日爱国志士常仙甫的故乡，也是中共卫西工委 1 址所在地。

3. 毛连洞红色教育基地

毛连洞村，曾是抗战时期，多支抗日力量的聚集地。红色地下交通线毛连洞村、抗日学校旧址、红色交通站旧址等都在其附近。抗战时期，毛连洞村成了多支抗日力量的聚集地。 1943 年 7 月，在这里同时成立了汤阴县大队，是县委领导的地方武装。

4. 大石岩村红馆

大石岩基地占地 19.6 平方公里。朝歌寨战斗、红山战斗曾在此打响。大石岩村，同样也是一处红色精神乡村旅游地。红馆是大石岩村新建的红色教育基地，内设有伟人风采、中国精神、光辉历程、将帅名录、英模人物、廉政建设等板块，是大石岩村重要的红色景点，里面有着众多的红色纪念展板和石刻重现了当年的革命历程。

（三）新乡红色文化概况

新乡市，位于河南省北部，在中国革命历史上，新乡地区具有举足轻重的地位。尤其是在抗日战争和解放战争时期，这里涌现出了大批英勇牺牲的烈士，成为红色革命传统的发源地之一。

1. 新乡市博爱县的红色烈士陵园

新乡市博爱县的红色烈士陵园建于1956年，占地面积300亩，是纪念河南省新乡地区的革命烈士而建立的重要场所。陵园内设有大量的纪念碑和雕塑，铭刻着无数英雄的名字和事迹。

2. 辉县市革命烈士陵园

辉县市革命烈士陵园位于辉县市常村镇常东村，内安葬着1299名在抗日战争和解放战争中牺牲的烈士。

3. 太行军区第七军分区司令部旧址

新乡市卫辉市的太行军区第七军分区司令部旧址，记载了皮定均将军在太行山附近作战指挥的事迹，是了解当时这一段历史的最好材料。

（四）焦作红色文化资源概况

焦作市位于中国河南省西北部，是一座历史悠久、文化底蕴深厚的城市，也是中国共产党领导下的革命斗争历史中不可或缺的一部分。焦作的红色文化资源丰富多样，集中体现了太行山地区革命斗争的光辉历程和革命先辈的英勇事迹。

红色教育培训基地，焦作拥有多处红色教育培训基地，通过形式多样的教育活动，如现场教学、体验式学习等，使红色文化鲜活且具有吸引力，不仅面向党员干部，也向广大公众开放，尤其是青少年，旨在传承红色基因，弘扬革命精神。

温县的红色资源温县作为焦作市的一部分，深入挖掘红色文化资源，弘扬红色传统，通过讲述红色故事、打造红色教育基地等方式，激发党员干部和人民群众的爱国热情和创业精神。温县涌现出的英雄人物和革命事迹，如张祥云、张俊山、申亮亮等，成为传承红色血脉的重要内容。北部山区的红色旅游资源，焦作北部山区因靠近太行山，拥有众多革命根据地遗址，包括抗日战争和解放战争时期的旧址，是进行红色旅游和学习的宝贵资源。这些地方见证了中国共产党领导下的人民抗日战争和解放斗争，为游客提供了近距离接触历史、接受红色教育的机会。

1. 十二会村

十二会村地处太行山深处，是焦作市知名的革命老区。在抗日战争及解放战争期间，这里承担了大后方和根据地的功能。特别是 1946 年 10 月，当国民党军队占领焦作地区时，太行区第四专区及焦作市的主要党政机构转移到此，继续领导和指挥当地的革命斗争，因此十二会村对于焦作乃至整个地区的解放事业有着不可磨灭的贡献。

2. 河南焦作烈士陵园

烈士陵园是集纪念、敬仰和悼念于一体的圣地，是国家历史记忆的重要组成部分。河南焦作烈士陵园作为河南省最大的烈士陵园之一，向我们展示了这个英勇牺牲的先烈们的英雄事迹和无私精神。河南焦作烈士陵园的历史可以追溯到解放战争时，当时，焦作是中国共产党领导的河南地区革命斗争的重要战略基地。烈士陵园是为了纪念在这片热土上为国家独立和人民幸福所牺牲的英雄们。建园初期，主要是用来安葬焦作地区的革命烈士，后来又扩建了纪念广场、烈士纪念堂等设施，使其成为一个完整的纪念园区。

在烈士陵园中有众多景点特色。比如纪念广场、烈士纪念馆、烈士墓地等。进入烈士陵园的正门，宽敞而庄重，这就是纪念广场。广场上矗立着高耸的纪念塔，象征着烈士们的崇高精神。在纪念广场上，人们可以欣赏到一座座雕塑和纪念碑，它们生动地表达了先烈们的英勇事迹和革命精神。烈士纪念堂是烈士陵园的核心景点，也是表达对烈士们崇高敬意的地方。纪念堂内，陈列着先烈们的遗像和事迹介绍，让人们更直观地了解他们的英雄事迹。在这里，游客可以静静地缅怀先烈，感受历史的沉重和英烈的伟大。烈士陵园的烈士墓区是一个安息英灵的地方。这里庄重而肃穆，每一座墓碑背后都有一个个无名英雄的故事。游客可以在墓区里默哀、祭拜，向这些为国家和人民付出生命的先烈表示敬意。

河南焦作烈士陵园作为红色旅游景区，通过其悲壮的历史和独特的景观，吸引了众多游客前来参观。它不仅是一个纪念烈士的场所，它更是一个传承和推广爱国主义精神的教育基地。游客在这里可以深入了解焦作地区的革命历史，缅怀先烈的无私奉献，并从中汲取爱国情怀。实地调查结果显示，烈士陵园的历史教育价值、美化环境贡献、志愿者服务和举办纪念活动等方面都受到游客的高度赞赏。在未来的发展中，烈士陵园可以进一步完善其设施，提升游客服务质量，吸引更多的游客前来参观，共同缅怀先烈。

3. 西大井 1919 文旅景区

西大井 1919 文旅景区位于中国河南省焦作市中站区瑞丰路 11 号，是一个 4A 级旅游景区。这个景区的特色在于它将一个昔日的废旧煤矿成功转型为集文化、休闲、旅游及红色教育为一体的综合性文旅目的地。

景区名称中的“西大井 1919”蕴含了深厚的历史意义，标志着其起源于 1919 年的煤矿遗址。这里曾是中国近代工业发展的一个缩影，见证了中国煤炭工业的兴起与变迁。通过创新转型，景区保留并活化了工业遗产，使之成为传承红色文化、讲述革命故事的新平台。景区内不仅保留了许多原有的矿业设施和元素，还有特色雕塑和展览，让游客在怀旧氛围中感受历史的沉淀。其通过各种红色旅游项目和教育活动，向游客传递红色文化与革命精神，成为市民和游客喜爱的打卡地及研学旅行的热门选择。

此外，景区的转型实践也成了其他类似地区学习的典范，展示了如何有效利用和转化工业遗产，有助于推动地区经济与文化的多样化进程。通过不断地提升和完善，西大井 1919 文旅景区正逐步打造成为新的文化高地、城市地标和转型示范。

4. 人民胜利渠

人民胜利渠渠位于焦作市武陟县嘉应观乡秦厂村，享有“新中国引黄第一渠”的美誉。正是因为它的出现，结束了“黄河百害，唯富一套”的历史，让灌区内曾经的盐碱地变成了如今的万顷良田。

（五）濮阳市红色文化资源概况

濮阳是一座拥有丰富红色文化遗产的城市，其红色文化概述涵盖了许多重要的红色教育基地和革命历史遗址。作为革命老区，濮阳在土地改革、解放战争期间都发挥了重要作用，留下了许多珍贵的红色记忆。

濮阳的红色文化遗产不仅展示了该地区在中国革命历史中的重要地位，还通过各种形式传承红色基因，为爱国主义的教育和革命精神的教育提供了丰富的资源和平台。这些红色教育基地和纪念设施不仅缅怀过去，更激励人们不忘初心，继续奋斗。

1. 濮阳第一党支部纪念馆

濮阳第一支部纪念馆是为纪念濮阳市第一个基层党组织——中共佛善村党支部的建立而建。它位于南乐县近德固乡佛善村，是红色教育的重要场所。展览内容详细介绍了南乐县党组织的发展历程，包括早期农民运动、与地主的斗争以及后来的革命活动。总的来说，濮阳第一支部纪念馆不仅是一个展示历史的重要场所，更是一个传承和弘扬革命精神的平台。通过丰富的展览内容和互动体验，它让每一位参观者都能够深刻感受到中国共产党领导下的革命历程和革命先辈的伟大精神。

2. “武联防”纪念馆

武联防纪念馆是南乐县的抗日根据地之一武装抗日联防区的旧址。武联防纪念馆不仅是对那段光辉岁月的缅怀，更是爱国主义教育的重要基地。它时刻提醒后人，在民族危难时刻，中华儿女曾以血肉之躯筑起了一道坚不可摧的防线，这种精神值得永世铭记和传承。

3. 刘邓大军渡黄河纪念馆

刘邓大军渡黄河纪念馆是我国爱国主义教育的重要基地。该纪念馆生动地复现了刘邓大军于1947年勇敢渡过黄河的感人瞬间，彰显了战争时期老区居民与子弟兵之间的深厚情谊。纪念馆占地315平方米，共分9个展厅，每个展厅都有独特的展示内容生动逼真、全面生动地反映了刘邓大军不畏艰险用渡黄河的坚毅精神。

（六）济源红色文化资源概况

济源市，坐落在河南省西北地区，不仅自然景色优美，而且拥有深厚的红色文化底蕴，是中国革命历史中的一个重要组成部分。济源的红色文化主要围绕抗日战争、解放战争期间的革命活动展开，见证了许多英雄为中华民族解放和人民的利益奋斗所做出的牺牲和贡献。济源市通过这些丰富的红色文化资源，建设了许多红色教育基地，通过组织参观学习、主题教育等形式，弘扬革命传统，加强爱国主义教育。

1. 愚公移山精神展览馆

愚公移山不仅是一个寓言故事，更是我们不怕困难用于用双手改造天地的精神象征。展览馆通过现代科技手段，全面展示了愚公移山精神的内涵及其在济源乃至全国的深远影响。

2. 晋豫边革命纪念馆

晋豫边革命纪念馆位于邵原镇北寨村，纪念了1938年成立的八路军晋豫边游击队的光辉历程，反映了在这一区域发生的重大历史事件和英雄人物。

3. 济源干部南下福建纪念碑

济源干部南下福建纪念碑为纪念1949年响应中共中央号召，随军南下接管新区的济源干部所建立，彰显了他们为新中国建设所作的巨大贡献。

4. 杜八联革命纪念馆

杜八联革命纪念馆已经被列入遗址名录，该纪念馆的名字“杜八联”源自清末民国时期实行的“里长”“保甲”制度，当时由杜年庄、留庄等八个村庄组成联保，因而称为杜八联。在漫长的新民主主义革命斗争中，杜八联涌现出众多革命烈士和高级干部。

5. 朱德总司令出太行纪念地

朱德总司令出太行纪念地，位于济源五龙口景区内，是河南省重要的国防教育基地之一。当年朱德总司令在河南山西之间向太行山进发所走出的一条小道，如今作为朱德出太行小道景点，成为济源著名的红色革命纪念地。现在，每年都有成千上万的学员，从全国各地来到这里，重走抗战道路。他们身着八路军军服，喊着响亮的口号，迈着整齐的步伐在景区行进，个个精神抖擞成为五龙口景区的一道亮丽风景。

五、豫中地区红色文化资源概况

（一）郑州红色文化资源概况

郑州拥有悠久的历史文化，也拥有丰富的红色文化资源。红色文化在此主要表现为中国共产党领导下的革命斗争历史以及相关纪念场所，它是中国近现代史的重要组成部分，体现了中华民族不屈不挠的奋斗精神和革命先辈的崇高理想。

1. 二七纪念塔

二七纪念塔是郑州的标志，1923 年在那个动荡的时代，众多的铁路工人为了革命事业举行了大罢工，这次运动有众多的同志牺牲，郑州二七纪念堂便是为了纪念这些革命烈士而建。郑州红色旅游的标志性地点。纪念塔内部常设有展览，展现罢工历史和工人运动的珍贵资料。

2. 郑州烈士陵园

郑州烈士陵园位于二七区，陵园内安葬着多位为国家独立和人民解放事业英勇献身的烈士，包括抗日民族英雄吉鸿昌等，是缅怀先烈、开展爱国主义教育的重要场所。碧沙岗公园不仅是市民休闲的好去处，也蕴含红色文化，通过纪念设施和活动传承红色基因，弘扬红色文化。

（二）平顶山红色文化资源概况

平顶山市，辖 4 县、4 区、2 个县级市，它不但是中国优秀的旅游城市,而且是一个著名的革命老区,拥有众多红色旅游景点和红色教育基地。平顶山市革命遗址和遗迹的数量高达134处。

鲁山县已建成的红色展馆包括豫西革命纪念馆和鲁山航空展览馆,它们通过展示革命历史和航空军事展品,为公众提供了丰富的爱国主义教育和革命传统教育内容。1947年鲁山解放后,豫西革命纪念馆成为豫陕鄂边区行政公署及豫西行政公署办公处。

纪念馆内藏品丰富,包括珍贵图片近800幅,文字7万多字,实物上百件。自2004年8月开放以来,豫西革命纪念馆不仅作为文物保护单位与爱国主义教育基地,还开展了多次教育活动,吸引了大量参观者。

总的来说,鲁山县的红色展馆通过丰富的展品和翔实的历史记录,生动地再现了中国共产党在豫西地区的革命历程和航空军事发展史。这些展馆不仅是历史的见证,更是传承和弘扬革命精神、国防意识的重要平台。对于广大游客和青少年来说,它们是学习和了解中国革命历史、爱国主义教育的重要基地。在这里,人们可以通过参观学习为建设中国特色社会主义贡献力量。

宝丰县的红色教育基地主要包括中原解放纪念馆和多条红色旅游精品线路,它们通过展示革命历史和红色传统,为公众提供爱国主义教育和革命传统教育的重要场所。这些基地是弘扬革命精神的重要平台。宝丰县在抗战时期被誉为"中原红色首府"。这段历史使得宝丰县拥有丰富的红色资源,如中原军区暨中原野战军司令部旧址、中原解放纪念馆等。中原解放纪念馆通过六个单元展示中原解放历史。馆内收藏了683件与解放战争时期有关的各种文物,包括图片、文史资料、武器和生活用品。除了固定展览外,纪念馆还举办各种活动,如红色故事讲解、红色文化节庆等,以吸引更多人了解和传承红色文化。

此外,宝丰县还推出了10条红色旅游精品线路,这些线路涵盖了宝丰县内多个重要的红色景点。"党史记忆"线路通过参观中共中央中原局旧址和中原军区司令部旧址,帮助游客深入体验革命年代的氛围。

总之，宝丰县的红色教育基地不仅展示了这片土地上辉煌的革命历史，也通过多样化的活动和线路设计，吸引和教育公众，特别是年轻一代，传承和发扬红色精神。这些基地不仅是历史的见证，更是未来奋斗的灯塔。

叶县建有叶邑镇段庄革命老区纪念馆、红九军纪念碑广场、中国工农红军第九军纪念碑等。舞钢市建有虎头山新四军烈士陵园等红色遗址。

（三）漯河红色文化资源概况

1. 南街村

南街村是一个面积仅有 1.78 平方的中原村落，但却是个曾摘得“全国文明村”“中国十大名村”“国家级生态村”等荣誉的漯河市红色名村，也是漯河市标志性红色景点。

2. 漯河市烈士陵园

漯河市烈士陵园是一个充满历史与纪念意义的地标，其存在不仅为了纪念那些为国捐躯的英烈，也致力于传承和弘扬他们的爱国精神。漯河市烈士陵园的建立和运营，不仅是对历史的尊重，也是对未来的启迪。通过参观学习，人们可以更好地理解历史，珍惜和平，并在英烈的精神激励下，为社会做出更多的贡献。

3. 陈星聚纪念馆

陈星聚纪念馆，位于陈星聚的故乡——临颍县台陈村，始建于 2008 年 6 月，于陈星聚墓园的基础上扩建而成的。陈星聚为清朝官员，历任福建省顺昌、建安、闽县、仙游、古田知县。其一生以强国富民为己任。

4. 王拱璧故居

王拱璧先生一生都致力于中国的教育事业，他不仅是河南大学的创始人之人，在晚年他还投入中国近代乡村的教育当中去，为我国的乡村教育打下基础。在中国近代政治史、经济史、教育史、文化史、体育史、音乐史上都占有重要地位。他所创办的学校之多，任教学校之广，任教区域之大，在中国近代史中，无人出其右。其故居为一处四合小院，占地面积约1300平方米，院门坐南朝北。东厢房西厢房各有六间，东西厢房的建筑模式相同。东厢房原本是作为教室使用的，后来改成了教师居住室，在1997年被拆除；二十世纪伊始，西厢房被拆除。列为名人故居保留下来。经80多年风雨侵蚀，其间并未修复，至今仍无凹陷、松动迹象。

5. 漯河中州抗战纪念馆

漯河中州抗战纪念馆是一个位于河南省漯河市的纪念性博物馆，专门纪念中原地区在中国抗日战争中的英勇斗争。

漯河中州抗战纪念馆的建立背景与漯河在抗日战争中的特殊地位有关。作为全国十六个受降点之一，漯河见证了中国战区对日本侵略军的抵抗以及胜利受降。为了纪念这一重要历史事件，反映中原地区长达十四年的抗战历程，漯河中州抗战纪念馆应运而生，成为展示中原抗战全貌的综合性专题纪念馆。

漯河中州抗战纪念馆通过举办各类红色文化活动，如抗战故事讲述、抗战胜利演出、抗战胜利纪念酒封坛仪式等，勇担社会责任，积极发挥教育阵地作用，面向社会开放，弘扬爱国主义精神，传承革命基因。

6. 蔡永令故居

蔡永令故居是位于河南省漯河市源汇区大刘镇蔡庄村的抗日英雄蔡永令的出生地，现已成为农文旅融合的重要纪念地 .

蔡永令的一生充满了传奇色彩。在艰苦的革命岁月中，他曾三度被捕入狱，但始终坚贞不屈，从未泄露党的秘密。1944年，他组织领导的郾城抗日游击队，在郾城沦陷期间坚持游击战争，为我国的抗日战争的胜利做出了贡献。为了缅怀这位英雄，大刘镇政府对蔡永令故居进行了修缮，真实还原了蔡永令的生活环境。故居内陈列了他生前使用过的物品，包括工作、学习、休息、农耕和锻炼等方面的用品，为参观者提供了一个真实的历史体验空间。同时，蔡永令故居不仅是漯河市青少年教育和中小学生实践教育基地。

（四）许昌红色文化资源概况

许昌拥有丰富的红色文化遗址，这些地方见证了中国共产党领导下的革命历史，也是今天人们接受爱国主义教育和红色文化传承的重要场所。

1. 中共禹郏县委旧址

禹州市神垕镇老街东段是中共禹郏县委的所在地。这里以前是中共禹郏县委和禹郏县抗日民主政府的办公场所，见证了抗战时期的革命历史。现保存有西厢房的警卫室、正厅的作战指挥部以及抗日名将皮定均将军的居所等。

2. 许昌烈士陵园

许昌烈士陵园是一座纪念革命烈士的公园，位于河南省许昌市。这个场所不仅是为了铭记那些为国家和民族独立牺牲生命的英雄，也是教育后人，传承革命精神的重要地点。许昌烈士陵园始建于 1951 年，历史悠久，见证了中华人民共和国的成长与发展。该陵园占地 3.7 万平方米，建筑面积达 2700 平方米，规模宏大，体现了对烈士们的极高尊重。

3. 中央河南调查组旧址

位于长葛市的中央河南调查组旧址面积约为 10 亩。该基地生动地展示了 1961 年中央河南调查组在长葛蹲点调研的情况，对于理解当时的社会历史背景和党的政策有着重要意义。

第三节　中原红色文化资源的特征

中原地区的红色文化展现出“南北突出、中间横贯、地域明显”的特点，其中信阳和安阳构成“南北两头”，而洛阳、郑州、开封以及商丘则“贯穿中间”，各地又“极具特色”。在内容方面，各地红色文化主题鲜明且具有独特性。

我们认为中原红色文化资源应该根据红色文化不同的主题来进行科学划分，即“主题相异”，河南红色文化资源可以分成如下几种：

一是大别山红色文化片区。主题为“千里大跃进、将军望故里”。以信阳大别山区为中心，有许多红色文化资源，鄂豫皖苏区首府、红二十五军军部、红二十八军军部，鄂豫边区党委、新四军第五师师部、晋冀鲁豫野战军司令部等党政军机关，先后在这里留下了许多闪光的足迹。主要包括新县（鄂豫皖苏区首府所在地）、商城县（金刚台红军洞群）；信阳四望山；罗山县何家冲红二十五军长征出发地；刘邓大军挺进大别山等。

二是中原抗日故地集聚区。主题为“烽火连岁月、中原抗日聚”。以竹沟革命根据地为中心，主要包括确山县（竹沟革命纪念馆、中原局旧址）；镇平县和夏邑县彭雪枫将军纪念馆；扶沟县吉鸿昌将军故里及宝丰县、郏县解放战争、抗日战争纪念馆等。

三是时代精神集聚区。主题为“艰苦再创业，时代绽先锋”。主要包括安阳红旗渠精神、兰考焦裕禄精神、新乡刘庄精神、任长霞事迹等。

概括来看，中原红色文化资源具有以下特点：

第一，知名度高，影响力广。中原地区红色文化的研究内容涵盖了革命精神、革命历史、红色地标、红色艺术以及红色教育等多个方面。这些方面共同构成了中原地区红色文化的丰富内涵，体现了中国革命和中国人民在革命斗争中形成的崇高精神和优良传统。作为红色文化的核心，革命精神包括了坚定的理想信念、为人民服务的热情和牺牲奉献的精神。这些精神在中国革命和中国人民的长期斗争中得以形成和传承，成为我们民族的宝贵财富。包括抗日战争、解放战争等一系列重大历史事件，以及伟大历史人物和英雄烈士的事迹。这些历史事件和人物事迹不仅是我们民族的骄傲，更是我们学习和传承红色文化的重要素材。

第二，地域广泛，资源众多。河南红色文化资源开发该地区的优势主要体现在两个方面：一是交通地理位置优势。河南位于中原地区，形成了一种纵向贯通南北、辐射全国的交通布局，实现了四通八达的交通网络。铁路、公路运输发达，航空运输便利，游客来往便捷；二是客源市场优势。根据全国人口普查公布的数据来看，河南作为人口大省，区域内部市场消费潜力巨大，即本地客源巨大。同步，河南及其周边省份的地理位置均处于适宜范围内，为红色旅游发展提供了优质客源基础。

中国共产党成立以后，为实现民族独立和人民解放，领导人们进行了多次战争，主导了许多重大历史事件，遗留了许多“大事件”发生地的旧址。河南主要有陇海铁路工人大罢工旧址、京汉铁路工人“二七”大罢工旧址、焦作煤矿工人大罢工纪念地、鄂豫陕革命根据地创立地和刘邓大军渡黄河纪念地等。中国共产党围绕着建党、建军和实现民族独立的任务，举行了许多会议，留下了许多重要会议会址。如鄂豫皖边区第一次工农兵代表大会旧址、鄂豫边特区第一次党代会旧址、商丘市中原局扩大会议旧址和京汉铁路总工会成立大会会址等。

同时，存在着各种重要机构的办公地旧址。中国共产党人在根据地和敌占区派出的重要办公机构，办公场所虽简单而简陋，但对革命贡献巨大。河南有较多的红色旧址，如确山县竹沟中共中央中原局旧址、新县中共中央鄂豫皖分局旧址、鄂豫皖军委和红四方面军总部旧址、洛阳的八路军驻洛办事处旧址、商丘淮海战役前委后勤机关旧址、清丰县中国工农革命军第七军司令部旧址等。

也存在着诸多的英雄故居和烈士陵园。英雄故居是英雄人物曾经居住过的地方，是为纪念英雄人物而保留的建筑。河南在革命年代涌现出了不少杰出人物，留下了许多值得追忆的地方，如确山县的杨靖宇烈士故居、信阳新县许世友故居、沁阳宋学义烈士故居等。烈士陵园是为纪念烈士或有重大影响力、有着卓越贡献的人物而建造的园林式建筑或纪念地。河南各个市县均有自己的烈士陵园，如扶沟县的吉鸿昌烈士墓、淮河战役陈官庄烈士陵园、商丘夏邑县的彭雪枫烈士殉国纪念地、永城陈官庄革命烈士陵园和兰考焦裕禄烈士墓等。还包括一些综合纪念馆，主要包括："二七"纪念塔和纪念馆、南阳桐柏英雄纪念馆、开封刘少奇逝世纪念处、林州红旗渠纪念馆、新县鄂豫皖苏区首府革命博物馆、新乡刘庄史来贺纪念馆、郑州任长霞纪念馆等。

第三，伴生性强，吸引力大。中原地区是中国革命和革命运动的重要发源地，如大别山、红旗渠、中原解放战争纪念馆等。它们见证了中国革命的艰辛历程和伟大胜利，成为红色文化的象征和精神符号。红色文化精神是高度凝练的红色文化，是红色文化其他形态的核心和灵魂。河南红色文化中较具代表性的精神形态如下：

杨靖宇精神。杨靖宇是抗日战争中涌现出的伟大民族英雄。纵观杨靖宇的光辉事迹，可以把杨靖宇精神主要概括为对马克思主义和共产主义的坚定信念，并为之不断实践和努力奋斗。忠心报国，把党和国家利益放在首位，把民族利益置于高于一切的位置，为了党和国家、民族的利益，战斗到底，直至牺牲自己的生命，这是杨靖宇精神的核心；艰苦奋战，无论处于何种艰苦极端的情况下，永远保持共产党人本色；英勇献身，就是为了革命事业不屈不挠，视死如归。

焦裕禄精神。焦裕禄同志是党员领导干部的光辉榜样和行为标杆，焦裕禄精神是一座不朽的丰碑，无论何时，"都是鼓舞我们艰苦奋斗、求真务实、开拓进取的精神动力"。

红旗渠精神。五十多年前，河南林县人民在林县政府的带领下，在极其艰苦的条件下，修建了有着世界奇迹之称的人工天河——红旗渠，并造就了自力更生、团结协作、艰苦创业、无私奉献的红旗渠精神。如今，"红旗渠"业已成为河南乃至中华民族的一个精神符号。现在，要实现"两个一百年"的宏伟目标，我们有必要不断深化对红旗渠精神的学习与传承。

在河南红色文化领域，除了已经详细阐述的三种精神形态外，还有诸如将军县精神、任长霞精神等其他重要元素。中原文化的深厚底蕴和丰富内涵，为我国民族以及黄河流域人民的繁荣壮大提供了充足的营养。自诞生之初，中国共产党便坚定地继承并发扬了中华优秀传统文化。河南红色文化的形成，得益于马克思主义的指导和中原文化的深厚底蕴。正是这种基础，塑造了河南红色文化所具备的深邃内涵。

可以认为，河南红色文化作为中原文化的历史必然性，代表了新型的中原文化形态。河南红色文化是中原文明的基础，承载并展现了近代中原地区的主流文化，成为中原文明的引领者，中原文化开放包容，具有极强的根源性、基础性和创造性，与之相对应的河南红色文化也有着丰富的内涵。

红色艺术通过歌曲、电影、舞蹈等艺术形式歌颂革命、赞美英雄、传递革命情感，使红色文化更加生动具体地呈现在人们面前。通过红色教育基地、红色教育纪念馆等形式向广大人民传播红色文化的思想和价值观，增强人们的爱国情感和民族凝聚力。

第二章　中原经典红色文化的传播主体与渠道

第一节　红色文化的传播主体

传播主体是指通过信息的收集加工，依托或不依托媒介载体，在传播的整体过程汇总向受众发出符号信息的传播者。“传播者不仅决定着传播活动的存在和发展，而且决定着信息内容的质量和数量、流量和流向，决定着传播内容对人类社会的作用和影响。”[①] 传播者可以是个人或组织，结合邵培仁先生在《传播学》一书中对传播者层次的划分以及本书研究的需求，我们将红色文化的传播主体分为个人、组织和政府三类。

一、个人传播主体

个人作为红色文化传播主体，指的是通过个人的主动行为，利用自

① 邵培仁．传播学[M].3版．北京：高等教育出版社，2015：105.

身的影响力、资源和渠道来传递红色文化信息。个人传播主体不以传播为生、也不专职于传播，因此他们无须进行专门的传播训练。他们可以自由支配传播时间，灵活运用传播方式，有更强的个人属性。

（一）个人传播主体的构成

个人传播者通常是直接与信息接触并进行自发传播的个体，在中原红色文化传播中，这类主体通常包括：

1. 学者和专家

通过学术研究、讲座、著作等形式，深入挖掘红色文化的历史内涵，并传播给公众。这类个人传播者对于红色文化的深度解读具有重要作用，尤其在解释复杂历史背景时，为大众提供了权威性的信息。

2. 自媒体创作者

随着社交媒体的发展，很多个人通过微博、微信、抖音等平台传播红色文化。他们通过短视频、文章等形式，用生动、平易近人的语言将中原的红色历史介绍给更多人，尤其是年轻人。

3. 志愿者和文化爱好者

许多红色文化的传播依赖于志愿者，他们在红色遗址或博物馆担任导游，或通过组织红色文化活动向他人介绍历史背景和英雄事迹。通过面对面的交流和互动，志愿者在红色文化的普及和传承中起到了基础性的作用。

（二）个人传播主体的特征

在红色文化传播中，个人传播主体具有鲜明的特征，与组织和政府传播主体相比，他们的传播方式更加灵活、个性化，并具有强烈的自主性。

1. 自发性和自主性

个人传播主体通常是出于自身对红色文化的认同、兴趣或情感需求，自发进行文化传播。他们的动机可能源于个人的历史情怀、对英雄人物的崇敬或对革命精神的认同，这种内在动机使得他们的传播更具真诚和感染力。个人传播者不像政府或组织有明确的传播任务和目标，他们的传播活动更多是基于个人意愿，决定传播的内容、形式和节奏。这使他们的传播方式更加灵活和多样化，能够根据个人的兴趣和受众需求进行调整。

2. 个性化表达

个人传播主体往往根据自己的生活经验和思想感悟来诠释红色文化。这种带有个人色彩的表达使文化传播更加生动、亲切。例如，一个个人传播者可能通过分享自己参观红色遗址的感受，或者讲述他对红色经典影视作品的理解来传播红色文化。个人传播者常常在红色文化传播中融入自己的创意与个性表达，如通过撰写文字、拍摄短视频、制作图文故事等形式，使原本历史性的内容更加富有现代感和吸引力。这种创意性表达尤其能够吸引年轻一代的兴趣。

3. 灵活性与及时性

个人传播者可以根据当前的社会热点或纪念日（如建党节、国庆节、烈士纪念日等），迅速做出反应，发布与红色文化相关的内容。他们能够灵活调整传播节奏和主题，使文化传播更具时效性和关联性。例如，在重要的纪念日或特定的政治背景下，个人传播者可能会发布与当下时事紧密相关的红色文化内容，强化传播效果。个人传播主体通常通过多种媒介和渠道进行传播，如各类社交媒体平台。相较于传统媒体，个人传播者能够快速适应新兴传播渠道的变化，并利用这些平台的优势扩大传播的覆盖面。

4. 互动性与参与性

个人传播者往往与受众保持紧密的互动，特别是在社交媒体平台上，个人传播者可以直接通过评论、私信、点赞等方式与粉丝互动，及时回应问题或讨论相关话题。这种双向的交流有助于增强受众的参与感，使红色文化的传播更加亲切和有温度。个人传播主体通过与受众的互动，可能会形成一个具有共同兴趣和认同感的文化社区。这个社区中的成员共同讨论红色文化的内容，分享见解与经验，从而进一步扩大了文化的传播范围。

5. 草根性与普及性

个人传播者通常不是专业的文化传播者，他们的背景多样，可能是普通的文化爱好者、历史研究者或红色文化的受众。这使得他们的传播方式更加贴近大众生活，能够以普通人的语言和视角讲述红色文化故事，避免了过于专业化或严肃化的表达，增强了文化的普及性。个人传播者无须复杂的技术或资源支持即可开始传播活动，通过社交平台或自媒体账号，他们可以轻松地将内容发布到公共空间中。这种草根传播模式，降低了红色文化传播的门槛，使更多人能够参与到传播过程中。

6. 文化创新性与娱乐化

个人传播者通常对红色文化内容进行再创作，以便让受众更易接受。例如，将红色文化的历史故事与现代元素相结合，制作成短视频、图文、歌曲等，或通过“剧本杀”、情景再现等方式将红色历史转化为娱乐体验。这种再创作形式丰富了文化传播的表现手法，增强了文化的吸引力和亲和力。在传播过程中，个人传播者倾向于将红色文化与娱乐元素相结合，使传播过程不再单纯是历史教育或政治宣传，而是融入了娱乐性和趣味性。这种娱乐化的传播方式能够吸引更多年轻人和广泛受众，使红色文化更加生活化和时尚化。

7. 意见领袖与情感共鸣

一些有影响力的个人传播者，尤其是在社交媒体上拥有大量粉丝的博主、网红，他们具有强大的影响力，能够带动红色文化传播的潮流。通过这些意见领袖的引导，红色文化不仅能够快速扩展到更大的受众群体，还能在舆论场中引发广泛讨论和关注。个人传播者往往通过个人化的叙事和情感表达，引发受众的情感共鸣。在红色文化传播中，个人传播者通过讲述英雄事迹、分享个人感悟或解读革命精神，能够唤起受众对历史的敬仰和爱国情怀，增强文化传播的情感深度和影响力。

个人传播主体在红色文化传播中具备自发性、个性化、灵活性、互动性等特征。他们通过个人的视角和创意，使红色文化的传播更加贴近大众生活，具有较强的感染力和普及性。同时，个人传播者的意见领袖作用、文化再创作以及与受众的情感共鸣，使得红色文化能够以新颖、亲民的方式被更多人理解和接受，尤其对年轻一代的文化认同和历史意识产生了积极影响。

（三）个人传播主体的作用

在中原红色文化传播过程中，个人传播主体发挥着独特且不可替代的作用。相比于组织或政府，个人传播者具有自发性、灵活性、个性化和强大的影响力，尤其是在当今社交媒体普及的背景下，个人传播者的力量更加凸显。

1. 推动传播内容的个性化表达

个人传播者往往能通过自己的视角、经历和情感来表达文化内容，这种个性化的表达方式更容易引起受众的共鸣。相比于官方或组织性的传播，个人的表达更加自由，能够灵活选择内容和形式，使文化传播更加亲民。例如，红色文化的爱好者可能通过分享自己在红色遗址参观的个人感悟或日常生活中的文化理解来吸引受众的关注。在这种自我表达的过程中，文化不再是单向灌输的“信息”，而是变成了与个人经验相融合的故事和情感，具有更强的吸引力和感染力。

2. 增强传播双方的互动性

个人传播者通过网络和社交媒体与受众进行直接互动，能够迅速获取反馈并调整传播策略。这种互动增强了文化传播的参与性和互动性，使传播不再是单向的，而是双向的，甚至是多向的。例如，红色文化爱好者在社交平台上发布文章或视频后，可以通过评论区与粉丝互动，回答问题或讨论历史事件，从而加深受众对文化的理解。这种互动让文化传播变得更加亲切，个人传播者能够通过与受众的对话和互动，深入了解他们的需求和兴趣，从而优化传播内容，使其更加贴合受众的心理和需求。

3. 扩大红色文化的影响范围

个人传播者，特别是有影响力的“意见领袖”或“网红”，通过自身的关注度和粉丝基础，能够将文化传播至更广泛的受众群体。他们的个人魅力和影响力可以将传统文化传播给原本可能对该文化不感兴趣的群体，形成新的传播圈层和网络。例如，一些在社交媒体上有大量粉丝的博主，通过发布红色文化的短视频，能够迅速扩展其受众面，将历史故事或文化知识普及给年轻一代。这些个人传播者的影响力通常能够带动大规模的文化传播，甚至引发社交网络上的话题热议。

4. 促进文化创新与再创作

个人传播者在文化传播中往往会进行创造性地再演绎和表达。他们可以通过各种创新手段将传统文化与当代元素相结合，赋予文化新的生命力。例如，许多文化传播者通过创作与红色文化相关的歌曲、漫画、短剧等形式，使得文化内容更加贴近现代生活和当代审美，吸引年轻群体的兴趣。这种文化再创作使得传统文化得以在新时代焕发新的光彩，不仅促进了文化的传播，还丰富了文化的表现形式。

5. 搭建跨文化传播的桥梁

个人传播者在全球化背景下，常常成为跨文化交流的桥梁。他们通过个人经验分享、语言转换和文化融合，能够将一种文化传播到其他文化背景下的受众。例如，许多国际留学生、旅行博主通过社交媒体向全球受众传播他们的本土文化，帮助外国人理解和接受不同的文化。在红色文化传播中，一些个人传播者通过翻译历史资料、制作英文视频等方式，将中国的红色文化介绍给国际社会，增强了文化的国际影响力。

个人传播主体在中原红色文化传播中的作用不可忽视。他们通过个性化的表达、灵活的传播方式、与受众的互动、创新的再创作等方式，为中原红色文化传播注入了活力。他们不仅是文化的传递者，也是文化的再创造者和解释者，通过与组织和政府的互补合作，共同推动了文化的广泛传播和深远影响。

（四）个人传播主体面临的挑战及对策

在中原红色文化传播过程中，个人传播主体虽然发挥了积极作用，但也面临一些挑战，影响了传播的效果。因此，需要针对这些挑战制定相应的对策，以提升传播效果。

1. 内容准确性把握方面

个人传播者由于缺乏历史知识和专业背景，可能误读或误解红色文化历史，进而造成内容偏差。这不仅可能导致传播失准，还可能引发误导和误解，让受众对红色文化产生不正确的认知。因此需要定期举办红色文化培训和讲座，为传播者提供专业历史知识和文化背景，帮助他们掌握更准确的内容。建立由历史学家、红色文化专家提供的权威资料库，并通过线上线下等方式免费开放，确保传播者在创作内容时能够有可靠的参考来源。搭建平台，鼓励传播者与红色文化专家或专业团队合作，确保内容符合历史真实性并增强学术支撑，避免错误信息的传播。

2. 娱乐化和商业化倾向方面

为吸引关注，部分传播者通过过度娱乐化和商业化的方式呈现红色文化，导致文化的严肃性和教育内涵被削弱。例如，可能出现将革命历史戏剧化、情感化，甚至简化成纯娱乐消费，淡化了红色文化的真正价值。因此需要控制娱乐化尺度，倡导适度娱乐化策略，使内容兼具趣味性和教育性，也可以将红色文化故事融入短剧或互动形式，但要保留其核心价值和教育内涵。引导传播者采用符合文化内涵的互动方式，比如线上虚拟参观红色遗址、英雄人物微纪录片等，吸引受众参与的同时让内容保持尊重和深度。鼓励传播者在流量与教育价值之间找到平衡，将关注点放在传承与教育，减少将文化传播完全商业化的行为，避免以牺牲文化深度换取短期流量的倾向。

3. 碎片化传播与深度方面

在短视频、图片等碎片化传播形式中，由于篇幅或时间限制，内容难以呈现红色文化的全貌。这种形式使得文化传播片段化，受众难以全面、深入地理解其历史背景和精神内涵。因此要鼓励传播者进行系列化内容创作，将红色文化划分为不同主题，逐步呈现，例如，可以以革命事件为主题，制作多个短视频系列，从起因、过程、结果等多角度剖析事件；引导传播者从简单的文化符号逐步深入到历史背景和精神内涵；通过分阶段呈现，将受众带入更深入的文化体验，逐步增加受众的理解层次。鼓励传播者尝试多种传播形式，例如将短视频与长文章结合，或者制作小型纪录片，通过丰富多样的传播形式提升红色文化传播的深度。

4. 系统性和持续性方面

许多个人传播者的传播行为零散且缺乏系统规划，通常基于兴趣或热点，偶尔发布红色文化内容。这种不持续的传播方式无法有效建立起系统的文化知识体系，导致文化认知片面化。因此要鼓励传播者根据年度重要纪念日、历史节点等制定系统化的内容发布计划，使传播更具连续性和目标性；利用重要历史纪念日、全国性节假日等，将红色文化内容嵌入热点话题，增强传播的持续性和节奏感；搭建平台支持个人传播者，通过提供长期内容发布的奖励或资源支持，帮助其建立系统、持续的内容发布机制，逐渐积累传播影响力。

5. 内容主观性方面

个人传播主体往往带有个人价值观，可能将自身观点、态度融入内容，导致信息偏见，损害传播内容的公正性，甚至出现误导现象，影响受众对红色文化的客观认知。因此需要通过设立内容审核和发布指导，确保内容公正、客观，避免极端化、情绪化的叙事影响文化的客观表达；通过培训教育传播者了解红色文化的复杂性和多元性，引导他们在内容创作时保持客观，避免将个人立场带入历史内容的解读中；引导传播者理解红色文化的重大意义，帮助他们树立传播的责任意识和历史使命感，将其个人传播内容朝更客观、专业的方向发展。

6. 社交平台流量导向方面

个人传播者在社交媒体上发布内容时，容易受平台算法导向影响，过分迎合平台流量需求，导致传播内容趋向于短平快，难以保持内容的高质量和高深度。因此要在社交平台设立红色文化专题专栏，引导优质内容进入推荐机制，为高质量传播内容开辟固定流量入口；鼓励平台优先推送深度、优质的文化内容，通过推荐机制提升有内涵的红色文化传播效果，吸引更多关注；引导平台进行个性化推送，将红色文化内容推荐给更适合的受众群体，避免短期流量导向削弱文化传播的质量和深度。

目前来看，个人传播者虽然具有一定的传播优势，但是他们的数量和影响力是很有限的，他们通常借助单个、某一平台进行传播，更多是对个人生活的记录，而非专业传播。中原经典红色文化是宝贵的红色资源，每一位中原人民都有资格也应该主动参与到传播过程中来，更多个体传播者的加入也可以使传播更具有时代新活力，传播的过程本身也是对红色文化的保护和传承。所以，建议中原经典文化传播要接收和采纳更多个体传播者，发挥传播者自身的优势，利用新媒体技术，对经典红色文化进行创造性传播和创新性发展。

（五）个人传播主体的案例分析

随着新媒介的发展，传播者和受传者的界限越来越模糊，传统媒体时代内容的被动受传者也可以同时成为内容的创造者和传播者。“而广大受众的话语权也伴随着随着社交媒体的发展而更大扩张，个人的传播能力和影响范围也在增强。”[①] 然而，通过在某社交平台上搜索“红色文化”和“红色旅游”，可以发现以个人为主体的红色文化传播者数量相对较少。虽然社交媒体为个人发声提供了平台，但在红色文化这一特定领域，个人参与的热度仍显不足。例如，在某社交媒体平台上与“红色文化”相关的话题中，“红色文化讲演节目闪亮的坐标”成为讨论的热点，阅读量和讨论量分别达到了 4 万，而其他相关话题的热度则相对较低。这表明，在红色文化传播中，个人的声音和创作尚未得到足够的重视。

① 周秦琼．安徽红色文化传播与策略研究[D].安庆：安庆师范大学，2020.

与此形成对比的是，关于“红色旅游”的搜索结果显示，相关话题的热度相对较高，尤其是95后和00后成为红色旅游的主要出游人群，相关话题的阅读量高达2.3亿，讨论量为1.2万。用户在这些话题下的留言展示了他们对家乡所在地红色文化和旅游景点的关注和讨论，许多用户通过文字、图片和视频等形式积极参与，展现了红色文化的传播和接受主体正趋于年轻化的趋势。这种年轻化不仅为红色文化注入了新鲜活力，也为其传播方式带来了多样性。

尽管如此，当搜索“河南红色文化”和“河南红色旅游”时，发现相关话题和用户参与极为有限。用户大多是河南省高校的红色文化社团，且大部分与红色文化相关的内容都停留在6–7年前。这种现象揭示了地方红色文化传播的不足，尤其是在社交媒体平台上的缺失，表明地方文化的传播亟须更多个体参与和创新。

二、组织传播主体

相对于个人传播者来说，组织传播者更规范，具有更大的传播范围和影响力。在红色文化传播方面，组织传播者也往往具有更大的传播专业性，传播的内容更加规范，传播的组织更加系统化，传播的流程安排更有组织性。

（一）组织传播主体的构成

在红色文化传播中，组织传播主体是指以集体身份参与传播活动的各类机构和组织。这些主体往往具有明确的传播目标、组织架构、资源支持和传播计划，在红色文化的传承与推广中起到了中坚作用。

1. 文化机构

博物馆和纪念馆：红色文化博物馆、纪念馆、革命历史遗址等是红色文化传播的重要载体和场所。这些机构通过展览、讲解、互动体验等方式向公众展示革命历史和英雄事迹，起到了保存、传承和传播红色文化的作用。

文化研究机构：研究红色文化、革命历史的专门机构，如历史研究院、党史研究机构，通过学术研究、出版物、学术会议等方式传播红色文化。这些机构通过深入的学术研究，为红色文化的传播提供权威的历史资料和理论支持。

2. 媒体机构

主流媒体：如《人民日报》、新华社等国家级媒体机构以及各级地方媒体，定期推出红色文化专题报道、纪实节目、影视作品等内容，通过报纸、电视、广播、网络等多种形式传播红色文化。这类机构具有较强的公信力和广泛的受众基础，是红色文化传播的核心渠道之一。

新媒体平台：以各类社交媒体为代表的新媒体平台，逐渐成为红色文化传播的重要载体。许多媒体机构通过开设官方账号，定期发布与红色文化相关的内容，如短视频、图文报道、直播讲解等。这些平台的互动性和广泛的用户群体，使得红色文化传播更加生动、丰富。

3. 社会团体和非政府组织

红色文化社团：一些社会团体专注于红色文化的传承与研究，如红色文化研究会、地方红色文化保护协会等。这类组织通过举办讲座、组织研讨会、开展文化活动等方式，推动红色文化的传播与发展。

志愿者组织：一些志愿者团队致力于红色文化传播和教育，参与组织红色文化节、宣传活动等。这类组织通过参与和推动红色文化活动，提升社会公众对红色文化的关注度和认同感。

4. 企业和商业机构

文化创意企业：一些企业通过生产与红色文化相关的文化产品（如电影、电视剧、纪念品等）进行传播。例如，《建国大业》《长津湖》等红色影视作品通过文化产业渠道，广泛传播了红色文化精神。同时，很多红色文化产品（如纪念章、书籍、文创产品等）也通过市场化的方式广泛流通。

互联网公司：互联网公司通过线上平台、搜索引擎、社交媒体等技术和渠道，为红色文化传播提供技术支持与流量导向。例如，一些互联网公司会在特定节日期间推出红色文化专题，通过互联网传播扩大红色文化的影响力。

5. 教育和学术机构

学校和大学：红色文化在学校的教育系统中占据重要位置，特别是在党史教育、政治课程、历史课程等领域。学校通过课堂教学、参观活动、主题实践、社团活动等多种方式传播红色文化。

学术研究机构：大学、科研院所等机构的历史学、政治学、文化学等相关专业通过研究、出版、教学等方式深入挖掘和传播红色文化。这些学术机构不仅是红色文化知识的传播者，还是理论创新的重要源泉。

6. 红色文化场馆与景区

红色旅游景区：红色旅游景区是红色文化传播的重要平台，遍布全国的革命遗址和纪念地，如井冈山、延安、西柏坡等，通过旅游和教育相结合的方式进行文化传播。这些景区通过实地讲解、展览、互动体验等方式，帮助游客更加直观地感受红色文化的魅力。

革命旧址和纪念地：这些场所是革命历史的重要见证，通过保存和展示革命时期的历史遗迹，成为红色文化传播的历史基地。

组织传播主体在红色文化传播中起到系统性、权威性和广泛性的重要作用。文化和媒体机构、教育和学术机构等通过各自的职能和资源支持，将红色文化的精神、历史和价值观通过多种渠道向全社会传播，推动了红色文化的传承与发展。同时，社会团体、企业等也通过多元化的手段丰富了传播的形式和内容，使红色文化能够更广泛、更深入地融入人们的生活中。

（二）组织传播主体的特征

组织传播主体在红色文化传播中具有以下显著特征，这些特征帮助他们在文化传播中发挥系统性、权威性和广泛影响力。

1. 系统性与计划性

组织传播主体通常有清晰的文化传播目标和长期规划。他们会制定详细的传播计划，设定具体的任务、时间表和评估指标，以确保红色文化传播的有效实施。组织传播主体往往具备明确的组织结构和分工，确保传播活动有序进行。这种系统化的安排有助于协调各部门的资源和力量，实现全面的传播效果。

2. 权威性与公信力

组织传播主体，如主流媒体和文化研究机构，通常具备较高的公信力，能够提供权威的红色文化解读和历史资料。权威性增强了传播内容的可信度，使受众更易于接受和信任。这些组织通常遵循标准化的内容审查和制作流程，以确保传播内容的准确性和一致性。这种标准化有助于维护红色文化传播的质量和统一性。

3. 资源充足与规模效应

组织传播主体拥有丰富的资源，包括资金、人力、技术和设施。例如，政府和大型文化机构可以利用财政预算、专业团队和先进的传播技术进行文化传播。组织传播主体能够通过广泛的宣传活动，如大型展览、文化节、媒体报道等，覆盖大量受众，产生广泛的传播效果。这种规模效应使得红色文化能够迅速影响更广泛的社会群体。

4. 持续性与长期性

组织传播主体通常具备长期的文化传播战略，并且会定期进行活动和评估，以确保传播活动的持续性。例如，政府部门和教育机构会在年度计划中安排红色文化教育活动，保持长期的传播力度。组织传播主体通过制度化的方式进行文化传播，例如将红色文化教育纳入学校课程、设立红色文化日等，这些制度化措施有助于确保文化传播的稳定性和常态化。

5. 传播内容的多样化与创新性

组织传播主体能够利用多种传播方式，如影视作品、文化活动、展览、出版物等，以适应不同受众的需求和兴趣。这种多样化的传播形式有助于提升红色文化的吸引力和感染力。随着新媒体技术的发展，组织传播主体积极探索创新传播手段，例如利用虚拟现实（VR）、增强现实（AR）、社交媒体等技术，使红色文化传播更加生动和互动。

6. 影响力广泛与层级化

组织传播主体通常有从中央到地方的层级化结构，能够实现全国范围内的文化传播。中央机构负责宏观指导和总体规划，而地方机构则负责具体实施和本土化推广。组织传播主体往往通过跨部门、跨行业的合作进行文化传播，例如政府部门、企业、教育机构联合举办活动，形成联动效应，扩大传播影响力。

7. 专业性与学术性

组织传播主体，尤其是研究机构、博物馆和大学，拥有专业的团队和丰富的学术资源，能够进行深入的研究和权威的文化解读。这种专业性确保了红色文化传播的深度和学术性。学术机构通过举办红色文化研究会议、出版专业书籍和论文等，推动红色文化在理论和学术上的发展。这为文化传播提供了坚实的学术基础和理论支持。

组织传播主体在红色文化传播中具有系统性、权威性、资源充足性和长期性等特征。通过多样化的传播方式、创新的技术应用、广泛的影响力和层级化的传播网络，组织传播主体能够在全国范围内有效地推动红色文化的传承与发展。同时，专业性和社会责任感也使得他们在传播过程中保持高水平的文化内容和积极的社会影响。

（三）组织传播主体的作用

组织传播主体在红色文化传播中扮演着至关重要的角色，具有以下几个主要作用：

1. 对中原红色文化进行系统化传播与规划

制定传播战略：组织传播主体能够制定系统化的传播战略和计划，根据中原红色文化的传播目标和需求，设计长期和短期的传播活动。这种战略规划有助于确保传播活动的连贯性和有效性。

整合传播资源：组织传播主体具备整合各种资源的能力，包括资金、技术、人才等，以支持红色文化的传播。这种资源整合使得传播活动能够覆盖更广泛的受众，提升传播效果。

2. 提供权威性与可信度

权威性的信息发布：政府机构、主流媒体、学术研究机构等组织通过发布经过严格审查的信息和研究成果，提供权威的红色文化资料，确保信息的准确性和权威性。例如，党史研究中心的研究成果被广泛引用，提升了红色文化传播的公信力。

官方背书与支持：组织传播主体，特别是政府部门，通过官方背书和政策支持，增强红色文化传播的公信力和影响力。例如，通过国家级的纪念活动和红色文化项目，提升社会对红色文化的重视和认可。

3. 增加覆盖面与影响力

多渠道传播：组织传播主体能够利用多种传播渠道，如传统媒体、数字媒体、社交平台等，实现红色文化的广泛传播。这种覆盖面的扩展有助于将红色文化传递给不同年龄段和社会群体的受众。

全国性或全球性影响：大型组织传播主体具有较强的传播能力，能够在全国范围甚至国际范围内推广红色文化。例如，通过国际文化交流活动，红色文化的影响力可以跨越国界，增强中国文化的国际认同。

4. 促进文化教育与传承

教育体系中的融入：教育部门和学校通过将红色文化纳入课程体系，开展红色文化主题的课堂教学、活动实践等，推动红色文化在青少年中的传播与教育。例如，学校的红色文化教育项目有助于培养学生的历史意识和爱国情怀。

专业研究与出版：学术机构和研究中心通过进行深入的红色文化研究，出版学术论文和书籍，推动红色文化知识的传播和学术讨论。专业研究提供了深入的历史背景和文化解读，丰富了红色文化的内涵。

5. 提升公众参与与互动

社会动员与参与：组织传播主体能够动员社会力量，鼓励公众积极参与红色文化传播活动。例如，志愿者组织和社会团体通过社区活动、红色文化讲座等形式，提升社会对红色文化的关注和参与。

互动式传播：通过现代数字技术和社交媒体平台，组织传播主体能够与公众进行互动，收集反馈，及时调整传播策略，增强红色文化传播的互动性和亲和力。

6. 弘扬核心价值观与精神

传递革命精神与价值观：组织传播主体在红色文化传播中，不仅仅是传递历史事实，还注重弘扬革命精神、爱国主义精神和社会主义核心价值观。通过各种形式的传播活动，帮助公众理解和认同这些核心价值观。

塑造国家文化认同：通过系统化的红色文化传播，组织传播主体能够塑造国家文化认同，增强公众的民族自豪感和文化自信。例如，红色文化活动和纪念仪式能够增强民族凝聚力和社会认同感。

7. 推动文化创新与发展

支持文化创意产业：组织传播主体，如文化创意企业和政府文化部门，通过支持红色文化相关的影视作品、文创产品等，推动文化创新和产业发展。例如，通过制作红色题材的电影、电视剧，丰富红色文化的表现形式。

促进跨领域合作：组织传播主体能够促进文化、教育、科技等领域的跨界合作，推动红色文化的多元化传播和创新发展。例如，通过与科技公司合作开发红色文化数字展览，利用虚拟现实技术提升观众体验。

组织传播主体在红色文化传播中发挥着系统化、权威性、广泛覆盖、教育传承、活动组织、公众互动、价值弘扬和文化创新等多方面的作用。它们通过规划和实施长期传播战略，利用资源整合和专业化支持，推动红色文化的广泛传播和深入人心。这些作用不仅促进了红色文化的传承和发展，还增强了公众的文化认同感和社会凝聚力。

（四）组织传播主体面临的挑战及对策

在红色文化的传播中，政府机构、文化单位和大型传媒组织拥有丰富的资源和平台优势，但也面临若干挑战。通过以下对策，可增强其传播效果。

1. 内容深度和创新方面

如果内容创作中创新力不足，缺乏新颖的表达方式，就难以吸引年轻群体。因此要鼓励组织传播主体积极引入虚拟现实、增强现实、人工智能等现代技术，使内容更加生动有趣。与高等院校、技术研发公司合作，打造体验式的红色文化项目，如VR实景体验、3D重现历史场景等，增强受众的沉浸感。此外，推动创意团队和年轻创作者的参与，结合他们的创新思维，将红色文化与现代艺术形式如音乐、动画、短视频创作等相结合，让红色文化贴近年轻人生活方式，激发受众自发传播的热情。

2. 传播形式方面

如果传播手段单一就难以满足不同群体的需求。因此要拓宽传播渠道，充分利用新媒体平台如短视频平台、直播平台等，制作多样化内容，如微电影、纪录片、红色文化短视频专栏等。此外，设置有趣的互动环节，例如直播间互动问答、线上知识闯关、集赞挑战等，增加参与感。在线下，开展跨界活动，将红色文化与艺术展、读书会、红色文化手工制作等多种形式结合，形成内容矩阵。设立红色文化专题栏目，使其成为社交媒体中的常规话题，从而实现线上线下的联动传播。

3. 受众定位方面

在传播过程中忽视了受众的多样性和差异性。因此要加强对受众群体的调研，充分了解不同年龄、职业、文化背景的受众需求。通过数据分析，根据不同受众的偏好定制个性化内容，如针对年轻人制作风趣且互动性强的短视频和社交话题，设计符合其兴趣的互动游戏；对中老年人，则通过历史回顾、文化讲解的形式突出文化的纪念性和历史性。在不同平台上分发相应的内容，通过精准推送实现差异化传播。同时，定期收集受众反馈，进行传播内容的优化调整，以保证传播效果的持续提升。

4. 传播持续性方面

如果缺乏长期的传播规划，就会导致影响力无法持久。因此要制定长期传播计划，将红色文化传播纳入日常运作。通过每年设立红色文化宣传月、文化讲堂等长期项目，形成常态化的传播活动。可以将红色文化与纪念日、历史事件周年等节点结合，举办主题宣传，定期更新内容，保持传播的连贯性和丰富性。建立线上红色文化档案馆，逐步完善相关资料库，使受众可以在任何时间查阅相关内容，从而构建一个信息获取和文化教育的长期阵地。

5. 互动和参与方面

传播过程中缺乏互动性和参与性的话，受众就难以深度参与。因此要通过增设互动环节增强受众的参与感。例如，开展红色文化体验营、线上历史情景剧、红色文化知识竞赛等活动，让受众在趣味中学习和体验。鼓励受众参与“传承红色记忆”主题活动，如写作、绘画、摄影比赛等，通过多种互动形式增强文化的代入感。在社交媒体平台上组织红色文化话题讨论，引导受众分享自己对红色文化的见解，从而提升传播的深度和广度，激发受众对红色文化的自发传播和理解。

6. 专业人才方面

在组织传播的过程中，具备红色文化知识和传播技巧的复合型人甚为重要。因此要制定人才培养和引进计划，设立专项基金，支持红色文化传播人才的培养与进修。可以与高校、研究机构联合培养复合型人才，通过开设专题课程或组织行业培训，提升传播团队的专业素质。此外，引进外部专家学者或有经验的红色文化传播者，与团队共同开发传播内容；还可以设立专家顾问组，提供内容审核支持，确保红色文化内容的专业性和深度。设立长期的传播人才晋升机制，确保组织中始终有一支具备专业能力的高素质传播团队。

（五）组织传播主体的案例分析

媒体机构是指专门从事大众传播活动以满足社会需要的社会单位或机构，他们的成立是经过国家权威部门认定和社会大众认可的。中原经典红色文化的媒介组织传播者的传播平台覆盖传统媒体和网络媒体，主要是报纸、广播、电视以及社交媒体平台和地方官方网站等。

通过调查研究发现，河南各县市的主流媒体，包括其他省市甚至全国范围的官方媒体、媒体组织，都在不同程度上参与到中原红色文化的传播中。人民网、新华网、光明网等多次发布中原红色文化相关内容，尤其是关于特殊的时间节点和重要的事件。2023 年 8 月 16 日，在焦裕禄同志诞辰 101 周年之际，新华网发表《那年今日 |# 原来你是这样的焦裕禄 #》；2023 年 8 月 18 日，人民网发表《跟着总书记看中国 | 弘扬红旗渠精神跑好乡村振兴“接力赛”》等。河南广播电视台高频率发布红色文化相关报道、资讯等，同时不断探索新思路，创新中原经典红色文化的传播形式。例如，2023 年“七夕奇妙游”中的芭蕾舞节目《飞扬的蒲公英》，通过 120 秒芭蕾舞演绎了吴焕先夫妻为大爱舍小爱的凄美爱情，利用舞台表演、声光技术让观众体验了别样的红色故事。整体来说，各大媒介平台上对于中原红色文化的宣传大部分以时效性新闻和文化旅游信息为主，偶有红色文化产品的推介。另外，在短视频平台上，有关中原红色文化的传播明显不足，比如“河南卫视”官方抖音号看的作品中有关中原红色文化的内容较少，大都是新闻资讯以及传统文化类内容，传统文化类内容居多可能与河南广播电视台因传统文化类节目出圈有关，但还是希望各大媒介平台都能给予红色文化更多关注。

通过某社交媒体平台搜索可以看到，以河南大学红色商城暑期调研团、河南理工材料红色记忆实践团、河南工业大学红色中原团队、河南农业大学信管红色微博、河南农大经管学院红色微博、河南理工 JSJ 爱心红色服务团、河南师大追忆红色足迹、河南师大红色井冈家风接力团、民商红色文化探索团等为代表的社会组织主要是各类学校或者学校的二级学院组织的三下乡实践团队，这些团队对中原红色文化的传播大多以实践活动为主，包括对商城、新县等地区的红色资源调研、对老红军的采访、走进社区践行新时代红色精神等。社会组织对于中原红色文化的传播具有更明确的指向性和目的性，以具体的传播活动为主。近年来，社会组织参与红色文化传播的积极性、主动性有所提高，特别是在建党百年、二十大召开等重要时间节点，比如2021年6月河南省摄影家协会承办了《百年风华人民至上——庆祝中国共产党成立100周年系列摄影展》，2022年9月又承办了“人民的风采——献礼党的二十大胜利召开摄影展”巡展。2023年2月，平顶山市集邮协会与平顶山摄影艺术主题邮局联合举办了“癸卯正月十五元宵节”红色主题集邮展览，邮集内容丰富，通过邮票的独特视角展现了中国共产党百年的光辉历程，该展览吸引了大量集邮爱好者和市民到场观看。

三、政府传播主体

由于红色文化的独特性，一直以来政府在红色文化的传播中发挥着重要的作用。政府对于红色文化传播重视度较高，传播的主动性更强，传播的内容更具权威性，在红色文化资源的保护和开发方面也更有话语权和执行力。因此在中原红色文化传播主体的调查过程中，可以看到河南省各级政府对于中原红色文化的传播力度之大，范围之广，传播主体包括共青团、党中央、党史资料相关部门、文化旅游部门、文明办、档案局、宣传部等。此外，在传播红色文化方面政府还有着其他传播主体无可比拟的优势，特别是相关的政策和资金支持让政府能够在中原红色文化传播中产生更大的作用。

（一）政府传播主体的构成

政府传播主体在红色文化传播中扮演着核心角色。政府传播主体与组织传播主体有交叉重合的部门和机构，主要包括以下几类。

1. 中央政府部门

中共中央宣传部：负责中央层面的宣传工作，包括红色文化的推广与宣传。中宣部制定政策，指导各级地方宣传部门，并通过官方媒体和宣传活动，推动红色文化的传播。

国家广播电视总局：负责国家级广播电视媒体的管理和监督，通过电视、广播等渠道传播红色文化，组织制作相关的红色文化节目、电影和纪录片。

国家新闻出版署：负责新闻出版业的管理，涉及红色文化相关的书籍、期刊和其他出版物的出版和审查。

国家文化和旅游部：负责红色旅游资源的开发和管理，通过红色文化旅游项目和纪念活动，推动红色文化的传承和普及。

2. 地方政府部门

地方宣传部门：各级地方宣传部门（如省、市、县级宣传部）负责在地方范围内实施和推广红色文化传播活动。这些部门根据中央的指导方针，结合地方实际情况，组织地方性的红色文化活动、展览和教育。

地方文化和旅游部门：地方文化和旅游部门负责地方红色文化资源的开发与推广，组织地方性的红色文化节庆、纪念活动等，推动地方红色文化的普及。

地方教育部门：负责在地方教育体系中融入红色文化，通过制定地方教育政策、编写教材、组织红色文化教育活动等，推动红色文化在地方学校的传播。

3. 中央和地方政府直属机构

革命历史博物馆：如中国革命博物馆、全国各地的革命历史博物馆等，由政府设立并管理，负责保存和展示红色文化遗产和革命历史，进行红色文化的宣传教育。

红色旅游景区管理机构：如井冈山管理局、延安管理局等，这些机构负责红色旅游景区的运营和管理，通过旅游活动传播红色文化。

4. 政府资助和支持的文化机构

国家和地方文化研究中心：如中国社会科学院历史研究所、各省市的历史文化研究中心等，负责红色文化的研究与推广，出版红色文化相关的研究成果。

红色文化创意企业：政府通过资助或合作的方式支持一些文化创意企业，制作红色题材的影视作品、书籍、纪念品等，推动红色文化的创意传播。

5. 政府主办或支持的媒体平台

国家级主流媒体：如《人民日报》、新华社、中央电视台等，这些媒体通过新闻报道、专题节目、纪录片等形式传播红色文化。

地方媒体：地方电视台、广播电台、地方报纸等，通过地方新闻和专题节目，报道和宣传地方的红色文化活动。

6. 政府主办的纪念设施和教育基地

革命历史纪念馆：如抗日战争纪念馆、人民英雄纪念碑等，负责展示和宣传革命历史和红色文化，通过展览和纪念活动进行文化传播。

红色文化教育基地：如红色文化教育中心、青少年红色教育基地等，组织红色文化教育活动，向青少年和公众传播红色文化。

（二）政府传播主体的特征

政府传播主体在红色文化传播中具有一些独有的特征，这些特征使得政府能够有效地组织、管理和推广红色文化。

1. 权威性与公信力强

政府传播主体具有官方背书和法律授权，传播的红色文化内容被视为权威和可信的信息来源。这种权威性使得政府主办的红色文化活动和宣传更容易获得公众的信任和认可。政府传播主体通过政策和法规支持红色文化的传播，例如制定相关法律法规、文化政策，确保红色文化传播的正规化和制度化。

2. 系统性与计划性强

政府传播主体通常会制定长期的传播规划和战略，涵盖多个层级和领域，确保红色文化传播活动的连贯性和系统性。例如，政府每年可能会制定红色文化宣传计划，涵盖不同的活动和项目。政府传播涉及中央、地方、部门等多个层级，通常具有较强的协调和组织能力，能够有效地整合各方资源，推动红色文化的广泛传播。

3. 资源整合性强

政府能够提供资金支持，资助红色文化的宣传活动、教育项目和文化建设。例如，政府可以拨款支持红色文化主题的展览、纪念馆建设和文化创意项目。政府拥有专业的人员和技术资源，如文化专家、宣传人员、技术团队等，能够保证红色文化传播活动的专业性和质量。

4. 覆盖面广泛

政府传播主体具有广泛的覆盖面，能够在全国范围或地方区域内进行红色文化传播。例如，中央政府通过全国性媒体传播红色文化，地方政府通过地方媒体和活动推广红色文化。政府传播主体能够利用多种传播渠道，如电视、广播、报纸、互联网等，实现红色文化的多层次传播，覆盖不同受众群体。

5. 规范性与标准化强

政府传播主体通常有较为严格的管理规范和标准，例如制定红色文化宣传的标准和流程，确保传播活动的规范性和一致性。政府传播主体对红色文化传播内容进行审查和审批，确保信息的准确性和符合相关法规，避免不准确或不合适的内容传播。

6. 社会动员能力强

政府传播主体能够组织大型的红色文化活动，如纪念日庆典、文化节、展览等，动员社会各界广泛参与，提高红色文化的社会影响力。政府能够动员社会力量，如志愿者、社会团体等，参与红色文化的传播和宣传活动，增强活动的覆盖面和效果。

7. 教育与传承功能强

政府通过教育部门将红色文化融入中小学、大学的课程体系，通过教材编写、课堂教学、课外活动等形式，推动红色文化的教育和传承。政府主办或资助建立红色文化教育基地和培训中心，组织青少年和公众参与红色文化教育和体验活动，促进红色文化的学习和理解。

8. 创新与适应能力强

政府在传播红色文化时，能够运用现代技术，如数字化、网络平台等，创新传播方式。例如，通过制作红色文化的虚拟展览、线上教育课程等，增强传播效果。政府传播主体能够根据社会变迁和受众需求的变化，调整和优化传播策略，以适应新的传播环境和挑战。

（三）政府传播主体的作用

政府传播主体在红色文化传播中发挥着多方面的作用，包括规划与实施、资源整合、权威发布、教育引导、文化传承、社会动员和评估反馈等。

1. 推进战略规划与实施

制定传播战略：政府传播主体负责制定全国或地方层面的红色文化传播战略和规划，明确传播目标、重点内容和实施步骤。这种战略规划确保了红色文化传播的系统性和连贯性。

组织实施活动：政府主办各类红色文化活动，包括纪念日庆典、文化节、展览、讲座等，通过这些活动推动红色文化的广泛传播和社会认同。

2. 促进资金支持与资源整合

资金支持：政府能够提供资金支持，用于红色文化项目的实施、红色文化设施的建设和维护，以及相关活动的开展。资金支持确保了项目的顺利进行和资源的充分利用。

整合资源：政府传播主体通过整合各类资源，如人力、物力、财力，推动红色文化传播活动的高效运作。例如，通过与文化机构、教育部门和社会组织合作，形成多方协作的传播网络。

3. 提升信息准确性与权威性

提供权威信息：政府传播主体通过官方媒体和正式渠道发布红色文化相关信息，确保信息的准确性和权威性。例如，通过中央电视台、新闻网站等发布红色文化相关报道和专题节目。

塑造正面形象：通过官方宣传，政府传播主体塑造红色文化的正面形象，提升社会对红色文化的认同和尊重，增强文化自信和国家认同感。

4. 促进红色文化传承

融入教育体系：政府将红色文化纳入教育体系，通过编写教材、开展红色文化课程和教育活动，向青少年传授红色文化知识，培养他们的历史意识和爱国情怀。

建立教育基地：政府支持建立红色文化教育基地，如革命历史博物馆、纪念馆等，通过展览和教育活动，传播红色文化的历史和精神，促进文化的传承。

5. 扩大文化传播覆盖面

组织大型活动：政府能够组织规模宏大的红色文化活动，如纪念大会、文化节庆等，动员社会各界广泛参与，增强红色文化的社会影响力。

动员社会力量：政府通过志愿者服务、社会组织参与等方式，动员社会力量参与红色文化的传播活动，扩大文化传播的覆盖面和影响力。

6. 加强社会引导与舆论管理

引导社会舆论：政府通过主流媒体和公共宣传，引导社会舆论，塑造公众对红色文化的正确认知和态度。例如，通过新闻报道、专题节目等，讲述红色文化的历史背景和核心价值观。

促进社会和谐：通过弘扬红色文化的核心价值观，政府传播主体能够促进社会的和谐与稳定，增强社会凝聚力和共同价值观的认同。

7. 推动文化创新与发展

推动文化创新：政府支持和鼓励红色文化的创新表达形式，如影视作品、文创产品、数字展览等，通过创新手段提升红色文化的吸引力和传播效果。

推动文化产业发展：政府通过资助和政策支持，推动红色文化相关的文化产业发展，如红色旅游、文创产业等，促进文化经济的增长和发展。

政府传播主体在红色文化传播中发挥着战略规划与实施、资源整合与支持、权威发布与信息传播、教育与文化传承、社会动员与参与、社会引导与舆论管理、文化创新与发展以及评估与反馈等多方面的作用。通过这些作用，政府能够有效推动红色文化的传播与传承，增强社会对红色文化的认同和支持。

（四）政府传播主体面临的挑战及对策

在红色文化的传播过程中，政府传播主体面临多重挑战，但通过有效的策略可以克服这些障碍，增强传播效果。

1. 传播方式

过于依赖传统方式，缺乏创新，难以吸引年轻群体。政府应积极探索多样化的传播渠道，结合新媒体和社交平台，利用短视频、直播等现代传播手段。例如，可以利用短视频平台，制作短小精悍的红色文化宣传片，吸引年轻人的关注。同时，可以建立在线平台，鼓励年轻人参与内容创作，通过创意比赛或互动活动，提升他们的参与感和归属感。此外，政府还应与相关科技企业合作，借助虚拟现实技术打造沉浸式体验活动，让年轻受众在参与中更深入地了解红色文化的精髓，激发他们的兴趣与热情。

2. 传播内容

传播内容往往缺少情感共鸣。政府应注重讲述红色文化的真实故事，以生动形象的方式传递情感。例如，可以通过人物访谈、历史情景重现等方式来增强传播内容的感染力，建立与受众之间的情感联系。同时，政府可以邀请艺术家、作家等创意人才参与内容创作，确保内容不仅准确传达红色文化的核心价值，还能打动人心。此外，鼓励参与者分享个人故事和体验，通过设立在线平台或社交媒体活动，收集和展示这些故事，增强共鸣感和归属感，让更多人感受到红色文化的生动和鲜活。

3. 传播效果

通常采取大规模宣传，难以做到精准投放。政府要加强对不同受众群体的调研，制定细分传播策略。通过数据分析和市场调研，了解不同年龄、职业和地域群体的兴趣和需求，为其量身定制传播内容。针对年轻人，可以开发符合其兴趣和接受习惯的内容，如采用流行文化元素；对中老年人，则侧重历史和文化价值的宣传，使用更为传统的传播方式，如电视、广播等。同时，通过社交媒体进行针对性推广，利用精准广告投放，确保信息能够精准到达目标受众。此外，定期评估传播效果，及时调整策略，以提高整体传播的有效性。

4. 传播过程

往往缺少互动，受众参与感不足。因此要鼓励政府组织线上线下的互动活动，如红色文化体验营、知识竞赛等，提升受众的参与感和归属感。例如，可以定期举办“红色文化月”，通过展览、讲座、比赛等多样化活动吸引大众参与。通过社交媒体与受众建立互动机制，收集反馈，增强传播的双向性和灵活性。政府还可以开发互动性强的应用程序或小程序，让受众在平台上参与调查、投票或讨论，以增加他们的参与感，并根据反馈不断优化内容和传播策略。

5. 资金资源分配

红色文化传播资源在地方分配不均，导致区域性差异。政府应制定公平合理的资源分配机制，确保经济欠发达地区能够获得必要的资金和支持。可以通过设立专项资金、提供技术和人才支持，帮助这些地区开展红色文化传播活动。同时，鼓励地方政府和民间组织联合申请项目资金，利用当地资源进行创新宣传，以提升整体效果。此外，可以建立区域协作机制，促进不同地区之间的文化交流与合作，形成良性互动。

（五）政府传播主体的案例分析

为深入贯彻落实党中央、国务院推动文化旅游融合发展决策部署，河南省委省政府实施文旅文创融合战略，塑造“行走河南·读懂中国”品牌。河南省委省政府整合全省优势资源，协调全省各级各类相关部门，做好顶层设计，全面头筹规划，推进“行走河南·读懂中国”品牌建设。

一是加快建设博物馆群。将郑州作为“行走河南·读懂中国”品牌落地的主舞台，高水平谋划建设省博物馆群，集中展示中国通史及重大专题史，打造“行走河南·读懂中国”一站式体验旅游目的地。

二是优化遗址遗存展示利用。支持贾湖、仰韶村、庙底沟、大河村、平粮台、二里头、郑州商城、殷墟、郑韩故城、城阳城址、内黄三杨庄、汉魏洛阳故城、隋唐洛阳城等国家考古遗址公园（含立项）开展大遗址利用示范，充分融入旅游服务功能。

三是打造自然人文打卡地。支持龙门石窟、殷墟、登封“天地之中”历史建筑群、丝绸之路河南段、大运河河南段 5 处世界文化遗产，培育打造首批 10 家“行走河南·读懂中国”旅游景区打卡地。

四是建设主题旅游公路。突出“行走河南·读懂中国”主题形象，重点建设沿黄 1 号旅游公路、太行山 1 号旅游公路、伏牛山 1 号旅游公路、大别山 1 号旅游公路，链接沿线重要资源点，完善形象标识及公共服务设施。

2023 年 6 月 29 日在洛阳举行的“行走河南·读懂中国”文化旅游季暨第五届全球文旅创作者大会上，现场发布了“行走河南·读懂中国”九大主题旅游线路。其中有一条线路为红色基因传承之旅，该路线涵盖了确山竹沟革命纪念馆、信阳市红色旅游系列景区、林州红旗渠等大部分中原红色遗址遗迹，大大有利于中原经典红色文化的传播。2023 年 9 月 14 日，“行走河南·读懂中国”中外媒体黄河行启动仪式在郑州商代都城遗址博物院举行。此次活动旨在深入挖掘黄河文化蕴含的时代价值，讲好新时代“黄河故事”，让世界通过黄河文化进一步了解郑州、认识河南、读懂中国。这些活动体现了政府在传播红色文化上的统筹力、号召力、组织力和协调力。

此外，在各类新媒体平台上，政府也在不断发挥传播主体的作用。某平台上，一些政府、事业单位的官方账号，如河南党史方志（中共河南省委党史和地方史志研究室）发布了大量中原红色文化相关内容。河南省文化和旅游厅在该平台及时推介河南省十八地市的红色文化旅游动态，并推广特色红色旅游产品，如青春版豫剧《焦裕禄》。其他，如河南发布（河南省人民政府办公厅）、平顶山发布（平顶山市人民政府办公室）、平顶山市文化广电和旅游局、洛阳旅游（洛阳市文化广电和旅游局）、文旅许昌（许昌市文化广电和旅游局），也不同程度地传播地方红色文化。在其他平台上，以政府为主的传播主体包括以河南省文化和旅游厅（河南省文化和旅游厅官方微博）、各县市命名的“XX 发布”（各县市人民政府办公室官方微博）等，在某短视频平台上的河南红色文化传播主体包括河南省文化和旅游厅（河南省文化和旅游厅官方抖音号）、青春河南（共青团河南省委官方抖音号）、文明安阳（安阳市精神文明建设指导委员会办公室官方抖音号）等，紧跟时代步伐，利用新媒体平台和技术讲述中原红色故事。

四、不同传播主体的协同作用

虽然个人、组织和政府在红色文化传播中的角色不同，但它们之间的协同作用是确保中原红色文化广泛传播的关键。有效的协同能够整合资源、优化传播效果，并扩大中原红色文化的影响力。

（一）信息整合与统一

个人、组织和政府传播主体应共享和整合红色文化的信息资源，如历史资料、宣传内容和活动计划，以避免信息重复和资源浪费。各类传播主体应协同制定统一的宣传口径和信息发布标准，确保红色文化传播的内容一致性和权威性。政府可以提供指导，组织和个人则根据指导进行具体实施。

（二）多渠道传播

政府和组织传播主体可以利用传统媒体（如电视、广播、报纸）和新兴媒体（如社交媒体、数字平台）进行红色文化传播。个人传播主体则可以通过社交平台和个人网络，推动内容的广泛传播和讨论。组织和政府可以组织线下活动（如展览、纪念活动），同时通过线上平台（如直播、社交媒体）进行实时传播和互动，提高覆盖面和参与度。

（三）资源共享与合作

政府提供的资金支持和组织资源可以与个人和社会组织共享。例如，政府资助的红色文化项目可以邀请社会组织参与实施，个人可以通过捐赠或志愿服务支持项目。政府和组织可以提供文化设施（如博物馆、纪念馆）和传播平台（如展览空间、讲座场所）给个人和社会组织使用，促进资源的高效利用。

（四）活动协同与联合举办

政府、组织和个人可以联合策划和举办红色文化活动，如红色文化节、纪念日庆典等。政府提供政策和资金支持，组织负责活动的具体执行，个人和社会组织则可以参与活动的宣传和推广。在活动中，组织和政府可以设计互动环节（如讨论会、问答环节），邀请个人和社会团体参与，增强活动的互动性和吸引力。

（五）教育与培训

政府和组织可以联合开发红色文化教育资源和培训项目，将其融入教育体系和社会培训中。个人可以通过参加培训或教育活动，提升对红色文化的理解和传播能力。政府和组织可以邀请专家和学者进行红色文化讲座和培训，个人则可以利用这些机会提升自己的知识水平，并传播红色文化。

（六）反馈与优化

各类传播主体应共同收集和分析受众的反馈信息。政府可以通过调查和数据分析了解红色文化传播的效果，组织可以通过活动评估和参与者反馈进行优化，个人可以提供实际的意见和建议。根据反馈信息，政府和组织可以调整传播策略，改进活动内容和形式，以提高传播效果。个人也可以根据实际经验提出改进建议，推动传播策略的优化。

（七）宣传与推广

政府、组织和个人可以协同开展红色文化的宣传推广活动。例如，政府通过官方媒体发布宣传内容，组织通过活动推广红色文化，个人通过社交媒体分享和讨论。政府和组织可以联合打造红色文化品牌，通过品牌建设提高红色文化的知名度和影响力。个人则可以通过参与和推广品牌活动，帮助扩大品牌影响力。

（八）危机管理

在红色文化传播过程中出现危机或问题时，各类传播主体应协同应对。例如，如果出现误解或负面信息，政府可以提供权威解释，组织可以开展澄清活动，个人可以通过传播正面信息进行引导。建立统一的危机应对机制，各类传播主体协同制定应对方案，确保在出现传播问题时能够快速有效地解决问题，维护红色文化的传播效果和形象。

第二节　中原经典红色文化的传播渠道

在新时代背景下，随着信息技术的飞速发展和全球化进程的深入，对河南地区丰富而独特的红色文化进行系统性、创新性的传播，已成为推动地方文化繁荣、经济社会发展的重要途径。这一过程不仅是对历史记忆的深刻缅怀与致敬，更是对红色文化所蕴含的历史文化价值进行深度挖掘与广泛传承的生动实践。通过多渠道、多形式的传播手段，如利用互联网、新媒体平台以及传统媒介的深度融合，河南地区红色文化，能够得到更为立体生动的呈现，通过媒介的创意性演绎与开发，以更符合当下大众审美需求的方式展示河南红色文化的独特魅力和深刻内涵。

一、传统媒体传播平台

从媒体传播形式界定，传统媒体通常指印刷媒体（如报纸、杂志）、广播媒体（如广播电台）和电视媒体（如电视台），它们以实体载体（例如纸张）传播信息。基于传播媒介的特点，传统媒体平台在内容传递上通常采用单向、集中式的传播模式，信息由媒体机构控制和发布，受众被动接受信息。虽然在媒介快速变化发展的今天，以数字技术和互联网为主导的新媒体传播成为大众传播的主导，传统媒体在内容生产发布周期上虽然节奏较慢，需要一定时间安排和调研，但也因此在公信度方面有着长足的优势，对公众舆论、社会意识形态和政治议程有一定的影响力和塑造力，因而在社会文化中扮演着重要的角色。红色文化作为“在革命战争年代，由中国共产党人、先进分子和人民群众共同创造并极具中国特色的先进文化，蕴含着丰富的革命精神和厚重的历史文化底蕴”[①]在对其进行传播时，更要求严谨，实事求是的态度，这与传统媒体的优势相契合。因而，在中原经典红色文化传播媒介中，传统媒体传播平台仍占据不可忽视的地位。

（一）报纸、杂志

中原地区自古以来便是华夏文明的璀璨发源地，其深厚的文化底蕴孕育了丰富多彩的报业发展历程。早在唐代，随着社会的繁荣与信息的流通需求增加，河南便率先发行了“邸报”，这一古代报纸的雏形，标志着河南乃至中国报业史的开端。及至北宋，政治经济的高度发达催生了更为规范的新闻传播形式——进奏院状报，作为具有明确政府性质的

① 渠长根．红色文化研究与实践[M]．北京：红旗出版社，2019：4.

官方报纸，它不仅传递了朝廷政令，也促进了社会信息的广泛交流。

进入近代，随着中国社会的剧烈变革，河南的报业更是与红色革命文化紧密相连，谱写了光辉的篇章。1920 年，伴随着中国共产党早期组织的共产主义小组在河南地区的活跃，一系列旨在宣传马克思主义理论和建党学说的报刊应运而生。其中，《中州评论》作为这一时期的标志性红色刊物，开启了河南红色报刊的先河，它们在黑暗中点亮了思想的明灯，迅速在民众中传播开来，成为引导革命潮流的重要力量。抗日战争时期，中原大地成为各方势力争夺的焦点，战争频仍，意识形态斗争尤为激烈。在这一背景下，各革命根据地纷纷创办红色刊物，如《雪枫报》《拂晓报》《豫西日报》等，它们如同烽火中的号角，不仅及时报道了战况，更大力宣扬了红色革命精神，激励着无数中华儿女英勇抗敌。这些红色报刊，在历史的洪流中留下了深刻的印记，成为中原乃至全国范围内珍贵的红色文化资源，见证了革命先烈的英勇与牺牲，传承了不屈不挠的民族精神。

中华人民共和国成立后，河南报业迎来了崭新的发展阶段。《中原日报》《河南日报》《南阳日报》等相继创刊并发展壮大，它们作为党的喉舌，积极宣传党的方针政策和社会主义建设成就，成为团结教育广大人民群众的重要思想文化阵地。至 1959 年，河南省县级以上报纸数量已达到 132 种，日发行量超过 220 万份，展现了河南报业蓬勃发展的强劲势头。进入 20 世纪 90 年代，随着改革开放的深入和市场经济的发展，河南报业迎来了快速发展的黄金时期。报业数量大幅增加，同时，以党报为主体，“一社多报”“一城多报”的报业格局逐渐形成，满足了不同层次、不同领域读者的信息需求。进入新千年，河南报业更是迈上了集团化、规模化的新台阶，河南日报报业集团、商丘日报报业集团、洛阳日报报业集团、中原报业传媒集团等相继成立，这些报业集团在坚持党媒官媒责任的同时，不断向外延发展，积极探索数字化转型和融媒体发展的新路径，为中原红色文化的传播注入了新的活力与动能。它们以更加开放包容的姿态，向世界展示着河南的深厚文化底蕴和红色革命精神，让中原之声更加响亮地传遍四海。

《河南日报》作为中原地区发行量最大的报纸，在传播红色文化方面，充分发挥地方主流媒体在展现地方文化特色方面的重要作用及优势。2019 年，《河南日报》联合河南省委党史研究室，自 7 月 1 日开始，策划“探访中原‘红色地图’系列报道”，以智媒和全媒体报道联动配合的形式，立体生动地报道河南省内的红色印记。先后走访李大钊郑州讲学旧址、河南省军区机关旧址、豫西抗日先遣支队司令部旧址、八路军豫北办事处旧址等多个红色遗址，并在每一期报道的版面上放置河南省地图，将每次报道的红色遗址所在位置进行具体标识，在内容的策划选取上，从历史当事人的角度切入，以小见大，使文章在贴近历史原貌的同时，更具有可读性。在 2021 年建党 100 周年时，《河南日报》推出了“百年中原共产党”系列评论，充分展现中原共产党人精神品格。该系列评论长达一个月，共计 30 篇，字数近 10 万字，内容涵盖了中原地区从苏维埃革命到改革开放时期的红色历史。通过回顾中原各地在不同历史时期的革命斗争和建设成就，向读者全面展示了中原共产党人不忘初心、牢记使命的精神力量。

除此之外，各地方报刊也积极策划参与红色经典文化的传播报道，2022 年，为弘扬伟大建党精神，赓续红色血脉，讲好红色故事，凝聚奋斗力量，郑州报业集团正观新闻、《郑州晚报》推出了“光荣的传承”主题系列报道，对诞生于河南的大别山精神、焦裕禄精神、红旗渠精神等红色精神在中原热土上的传承与发展进行了深入挖掘、生动呈现。系列报道共刊发 5 篇，以“小人物”入手，从“大时代”落笔，“见人见物见思想，有声有色有故事”。长征胜利 80 周年时，《开封日报》推出了“重温革命历史开启新征程”专题报道，进一步加强了对红色记忆和革命传统的认同与继承。这个专题报道采用了多种形式，包括文字、图片、视频等，系统地讲述了开封作为在长征过程中具有重要地位的“英雄城”，所涌现出来的动人的红色故事，通过大量的历史实证素材，凸显了开封在长征伟大实践中所做出的不可磨灭的贡献，进一步激发了中原地区民众对红色记忆的回忆和对革命传统的传承。

丰厚的历史文化资源，使中原地区文脉源远，除了种类繁多的报刊，更在杂志刊物领域展现出蓬勃的生命力与多元的发展格局。作为全国知名的历史文化资源大省，河南的杂志刊物行业发展得尤为成熟，种类繁多，内容广泛覆盖文化、旅游、历史、科技等多个领域，形成了一幅幅色彩斑斓的知识画卷。在这片沃土上，孕育并滋养了一批又一批极具影响力的刊物，如《莽原》以其深邃的文学探索著称，《奔流》则如江河般奔腾不息地传递着时代的强音，《百花园》绽放着各类文学作品的芬芳，《散文选刊》精选佳作，引领散文创作的新风尚，《时代报告》紧贴时代脉搏，记录社会变迁的点点滴滴，《躬耕》则深耕于农业与文化的交汇点，讲述着土地与人的故事。尤为值得一提的是，这些刊物在传播红色文化方面扮演着举足轻重的角色，它们以独特的视角和丰富的形式，将红色文化的精神内涵深深植根于民众心中。

以《大河》诗刊为例，作为河南省作家协会的旗舰刊物，它不仅承载了河南文学界的希望与梦想，更在传承与弘扬红色文化上做出了卓越贡献。在庆祝中华人民共和国成立 70 周年的重大时刻，《大河》诗刊精心策划并推出了“不忘红色故事”红色文学专辑，这一举措不仅是对国家历史的深情回望，更是对红色精神的一次深刻致敬。该专辑以“红色记忆”为核心主题，精心选编了 30 余位中原作家的优秀作品，这些作品横跨诗歌、散文、小说等多种文学体裁，以各自独特的艺术风格和真挚的情感表达，生动再现了从革命烽火岁月到新时代脱贫攻坚战中的红色故事。每一篇作品都是对红色历史的一次深情凝视，是对革命先烈英勇事迹的崇高颂扬，也是对当代社会正能量的一次集中展现。近 20 余篇精选作品，如同一个个生动的历史片段，串联起中原大地上的红色记忆，让读者在字里行间感受到那份跨越时空的震撼与感动。

尤为难能可贵的是，参与此次专辑创作的作家群体呈现出鲜明的代际特征，既有老一辈革命文学家的深情回望，他们以丰富的阅历和深厚的情感底蕴，为红色故事增添了厚重的历史感；也有80后、90后年轻作家的新鲜血液注入，他们以独特的视角和新颖的表达方式，让红色文化焕发出新的时代光芒。这种跨代际的创作合作，不仅展现了红色记忆在中原作家群体中的薪火相传，也预示着红色文化在新时代的无限生机与活力。

《大河》诗刊通过河南省作家协会这一桥梁，将这份承载着红色精神的文学盛宴传递到全省乃至全国的作家和读者手中。它不仅在中原地区激起了强烈的红色文化共鸣，让人们在阅读中重温历史、缅怀先烈、感悟时代变迁；同时，也以其独特的文化魅力和深远的影响力，向其他地区传递了中原人民对红色文化的热爱与传承，进一步促进了全国范围内红色文化的交流与传播。通过《大河》诗刊这一平台，中原地区的红色文学作品得以跨越地域限制，广泛传播至五湖四海，让更多的人有机会了解和感受中原这片热土上发生的红色故事，共同铭记历史、传承精神、开创未来。

需要注意的是，随着技术和媒体环境的快速变化，报纸刊物等此类传统媒体平台与新兴媒体之间的界限变得模糊，许多静态纸质的内容也常常与数字化、互联网相互联动，形成全媒体传播矩阵，如前文所提到的《河南日报》"探访中原'红色地图'系列报道"，在每一期报道的版面上都加入二维码，读者在阅读纸质报刊时，只要打开"扫一扫"，便可在手机端看到红色遗址所对应的视频内容，视频策划与纸质内容彼此呼应，为红色文化讲述提供新渠道，使受众更为沉浸式感知红色文化，以获得更好传播效果。

（二）书籍

作为拥有丰富红色资源文化底蕴的大省，河南省的出版行业在"十四五"规划的战略引领下，明确提出要深入挖掘并广泛传播河南地域独特的红色文化资源，将弘扬焦裕禄精神、红旗渠精神、大别山精神、愚公移山精神等精神内涵作为核心任务，致力出版一系列具有深远影响的优秀作品。这些精神不仅是河南人民宝贵的精神财富，更是激励全国人民不忘初心、牢记使命、奋勇前进的强大动力。

在“十四五”时期，河南出版行业将主动响应时代号召，紧密围绕国家重大历史节点和重要纪念日，如孙中山逝世100周年、中国人民抗日战争暨世界法西斯战争胜利80周年、红军长征胜利90周年等，通过精心策划与组织，深入挖掘这些纪念日背后蕴含的历史价值与当代意义。这些纪念日不仅是历史的见证，更是民族精神的集中体现，对于传承红色基因、赓续红色血脉具有不可估量的价值。为了更好地传播这些红色文化资源，河南出版行业将不断创新出版形式，打破传统出版物的局限，构建全形态、多维度的出版产品体系。这包括但不限于纸质图书、电子书、有声读物、视频纪录片、互动展览、虚拟现实体验等多种媒介形式，旨在通过多元化的呈现方式，让红色文化更加贴近群众、深入人心。

同时，河南出版行业还将注重打造精品力作，邀请国内外知名专家学者、作家及艺术家参与创作，确保出版物的思想性、艺术性、可读性达到高度统一。这些作品将深入挖掘红色故事背后的细节与情感，以生动的笔触和独特的视角，展现河南人民在革命、建设、改革各个历史时期所展现出的英勇奋斗、无私奉献的精神风貌，为新时代提供强大的精神力量和文化支撑。①

以此为基础，河南省内外以河南党史和地方志研究所为引领的各地级市党史研究部门，积极响应时代号召，充分发挥其专业职能与地域文化优势，深耕细作，推出了一系列与中原红色文化紧密相连的书籍海洋。这些出版物不仅丰富了我国红色文化宝库，更为传承与弘扬中原地区的

① 孙保营，赵常信，白利莹．“十四五”时期河南出版业高质量发展路径分析[EB/OL].(2022-04-26)[2024-05-15].https://theory.dahe.cn/2022/04-26/1009313.html.

红色精神提供了坚实的文献支撑。以中共信阳市委党史研究室为例，自1989年起，该机构便踏上了系统挖掘与整理信阳红色历史的征途，至今已硕果累累，陆续编撰并出版了如《丰碑》般矗立不倒的英雄史诗，《功垂大别山》中记载的壮烈与牺牲，《中原突围》展现的智慧与勇气，《中共信阳红色旅游》引领的寻根之旅，《大别山红色文化研究》的深度剖析，以及《红色之旅·信阳》《北上先锋·红二十五军长征画史》等近三十余部力作。这些著作全方位、多角度地挖掘并展现了信阳地区独特的红色文化资源，让后人得以窥见那段烽火连天岁月中的光辉与坚韧。

为了进一步拓宽中原红色文化的传播广度与深度，2019年，大象出版社隆重推出了河南省首部全面、系统地记录中原革命史的红色文化通俗读本——《红色中原》。该书以深入浅出的笔触，通过“光辉旗帜革命历程”“伟人足迹英模风采”“红色圣地时代记忆”三大板块，巧妙地将历史的厚重与叙述的生动融为一体，既回顾了中原大地波澜壮阔的革命篇章，又生动再现了革命先驱的光辉形象与中原英模的传奇故事，成为广大读者学习了解中原红色革命不可或缺的生动教材。

尤为值得一提的是，为了将红色文化的种子深植于青少年心中，相关出版机构更是精心策划，推出了一系列适合青少年阅读的红色经典读物。其中，“大别山红色经典故事丛书”作为第一套以弘扬大别山精神为主题的青少年读物，由民革郑州大学委员会名誉主委、郑州大学马克思主义学院教授及“近现代河南与中国研究中心”研究员孙俊杰同志主编，丛书共六册，包括《情深谊长》《引路》《长征路上儿童军》《红军母亲》《信念之花》《播火》，于2022年全部入选河南省中小学图书馆推荐书目。这套丛书以青少年喜闻乐见的故事形式，生动再现了风起云涌的革命斗争场景，旨在激发青少年的爱国情怀与责任感，让红色基因在新一代心中生根发芽，茁壮成长。此举不仅是对红色文化传承的创新实践，更是对青少年价值观培育的深远考量。

（三）广播、电视

画面的双重感官刺激，为受众构建了一个全方位、沉浸式的红色文化体验空间。这种视听结合的形式，不仅让红色故事更加鲜活生动，也让观众仿佛穿越时空，亲历那段波澜壮阔的革命岁月，深刻感受到红色文化的精神内核。河南作为中原文化的发源地，其广播电视机构积极响应时代号召，充分利用自身媒介优势，创新节目形式，打造了一系列贴近群众、接地气的红色文化精品节目。这些节目不仅丰富了人民群众的精神文化生活，更为中原红色文化的传承与传播注入了新的活力。

河南广播电视台作为新型主流媒体集团的佼佼者，下辖的各个频率、频道成为传播红色文化的重要阵地。2022 年，河南广电更是迈出了重要一步，通过重构采编发流程，整合全台优质文化资源，集中力量打造了一系列高质量的中原红色经典文化视听精品。这些作品不仅数量众多，而且质量上乘，充分展现了河南广电在红色文化传播领域的深厚底蕴和创新能力。

在电台领域，河南电台的系列节目尤为引人注目。《中原燎原》作为一部百集大型系列节目，自 2016 年推出以来，便以其宏大的历史视野和细腻的叙事手法赢得了广泛好评。该节目通过多个角度深入挖掘中原地区在革命年代的斗争历程，让听众在聆听中感受到革命先烈的英勇与牺牲。《仰望星空》则是另一部力作，通过采访多位曾在中原战场上空英勇作战的老飞行员，生动再现了那段鲜为人知的空战史，让听众在震撼与感动中铭记历史。《我心安处是吾乡》则是以老红军的亲身经历为主线，讲述他们如何克服重重困难，跋山涉水到达中原苏区的感人故事。这些人物访谈节目不仅记录了历史，更传递了革命先辈们坚定的信念和无畏的精神。

这些红色广播节目不仅内容丰富、体裁多样，还巧妙地融合了知识性与艺术性。它们不仅让听众在轻松愉快的氛围中获取了宝贵的历史知识，更通过真实感人的故事激发了听众内心深处的爱国情怀和民族自豪感。同时，这些节目还注重与听众的互动，通过热线电话、微信公众号等多种渠道收集听众反馈，不断优化节目内容，提升传播效果。

与广播这一传统而强大的传播媒介相辅相成，电视以其更为直观、生动的视听体验，成为红色文化传播不可或缺的重要渠道。在河南省的文化版图上，一系列精心编创的电视剧作品犹如璀璨星辰，照亮了红色文化的传播之路。其中，《难忘岁月——红旗渠的故事》以其深刻的历史内涵和精湛的艺术表现，荣获中宣部第七届精神文明建设“五个一工程”奖，生动再现了红旗渠建设者们战天斗地、自强不息的奋斗历程，激发了无数观众内心的共鸣与敬仰。而另一部力作《任长霞》，则以其真实感人的故事情节，在中原大地乃至全国范围内引起了强烈反响，荣获中宣部第十届精神文明建设“五个一工程”奖，展现了当代人民警察忠诚为民、无私奉献的光辉形象。

河南电视台在红色文化传播上的努力远不止于此。他们还推出了多部高质量的电视纪录片，如《初心永恒》等，这些纪录片以独特的视角和深刻的剖析，向观众全方位展示了中原老区的革命历史，以及中国共产党在这片土地上留下的深刻印记。仅在 2022 年这一年间，河南卫视就推出了超过 30 部的红色纪录片，涵盖了从革命战争到新中国建设、改革开放的各个历史时期，为观众呈现了一幅波澜壮阔的红色历史画卷。

在电视节目策划上，河南台党组高瞻远瞩，提前布局，明确提出要将红色宣传做足、做深、做出彩。他们坚持“以新闻立台，以文化兴台”的宗旨，不仅在新闻类节目中深入挖掘红色资源，更在文化类节目中巧妙融入中原红色文化元素，积极探索红色传承与创新的路径。2021 年初，“奋斗百年路启航新征程”专栏应运而生，“追寻初心中原印记”专题更是深入探访了党史上河南省内发生的重大事件和重要遗迹遗址，通过镜头语言讲述了一个个感人至深的故事，充分展示了中国共产党为国家、为民族建立的丰功伟绩，以及这些红色精神如何在新时代的河南建设中激励中原儿女继续前行，再谱新篇。

为庆祝中国共产党成立100周年，河南广播电视台更是推出了一系列特色鲜明的红色节目。《对话中原》的“红色传家宝”系列，通过讲述红色传家宝背后的故事，唤醒了人们对峥嵘岁月的记忆，感受到了崇高信仰的力量。《华豫之门》的建党百年特别节目“红色百宝话百年”，则借助珍贵的红色珍宝，让观众在品味家国情怀的同时，更加深刻地理解了中原红色文化的独特魅力。

尤为值得一提的是，河南广电还勇于创新，跨界融合多种节目形态，将纪录片、真人秀等多种节目类型作跨界融合，打造大学生红色舞台剧实境记录节目《那时的你》。节目以大学生为主要载体，打造红色舞台实景演绎，以新时代大学生重温革命历史，与时代英雄人物对话为主题，触摸历史的“你”，激励新时代的“我”，探寻革命前辈的初心，传承红色精神基因。节目播出后，获全网阅读量突破12亿的市场反馈，相关话题共登热搜36次，在青年群体中产生了深远的影响，成为红色文化传播的一次成功尝试。

在省级媒体平台的引领与示范效应下，河南全省各地市的相关机构积极响应，纷纷行动起来，深入挖掘各自地域内独具特色的红色文化资源，致力于运用多元化的传播手段，生动地向广大观众展现这些珍贵的历史记忆与革命精神。此举不仅推动了红色文化的继承与演进，还极大地充实了民众的精神文化生活。

2021年，作为这一浪潮中的佼佼者，大河网携手平顶山市文化广电和旅游局，精心策划并推出了电视专题片《红色鹰城》。该项目得到了平顶山市老区建设促进会和平顶山市委党史研究室的权威指导，确保了内容的准确性和权威性。同时，平顶山博物馆（河南博物院平顶山分院）作为摄制主体，充分发挥其专业优势，为专题片的制作提供了坚实的支撑。《红色鹰城》这部专题片，以平顶山博物馆（河南博物院平顶山分院）内举办的“红色印记——平顶山革命历史展”为蓝本，通过精心编排和剪辑，最终呈现出一部时长45分钟、内容丰富的影视作品。该片被巧妙地划分为三个篇章，即“上篇：鹰城大地星火燎原”“中篇：坚持抗战遍地烽烟”以及“下篇：逐鹿中原红旗漫卷”，每个篇章均包含两集内容，共计六集，全面而系统地展现了中国共产党在平顶山地区不同历史时期所经历的波澜壮阔的革命斗争历程。 在上篇中，观众将跟随镜头穿越时空，回到那个风雨飘摇的年代，见证中国共产党在鹰城大地上播撒革命火种，点燃希望之光的艰辛历程。中篇则聚焦于抗日战争时期，展现了平顶山人民在党的领导下，英勇抗击日寇，保卫家园的壮丽画卷。而下篇，则将镜头对准解放战争时期，描绘了中原大地上红旗招展、战鼓雷动的壮阔场景，以及最终取得胜利、迎来新中国的辉煌时刻。

《红色鹰城》不仅通过详实的史料和生动的画面，深入挖掘了平顶山地区的红色历史，更通过讲述一个个感人至深的故事，展现了当地人民在革命斗争中所展现出的英勇无畏、坚韧不拔的精神风貌。这些故事不仅让观众深刻感受到了革命先烈的崇高牺牲和伟大贡献，也激发了人们内心深处的情感共鸣和民族自豪感。同时，该片的播出也为平顶山乃至河南的红色旅游和文化产业发展注入了新的活力和动力。

总之，在当今信息爆炸的时代背景下，与众多传统媒体领域所经历的变革相呼应，媒介之间的互融互通已成为不可逆转的趋势。在这一进程中，中原红色文化的传播也紧跟时代步伐，积极拥抱现代科技，力求在传承与创新之间找到最佳的平衡点。各类传统媒体平台，如报纸、广播、电视等，不再局限于单一渠道的传播方式，而是主动寻求与互联网、社交媒体等新媒体平台的深度融合。它们利用现代科技手段，如大数据分析、人工智能推荐算法等，对中原红色文化的传播进行精准定位与个性化推送，使得红色历史故事和英雄事迹能够跨越传统媒介的界限，以更加广泛和深入的方式触达受众。

在内容输出方面，传统媒体平台深入挖掘中原红色文化的丰富内涵，通过精心策划与编排，将那些感人至深的革命故事和英勇无畏的英雄事迹以生动、鲜活的形式呈现给公众。同时，它们还注重内容的多样性与创新性，通过不同角度、不同维度的解读与阐述，让红色文化更加贴近现代人的审美与认知。在形式表达上，传统媒体平台更是大胆尝试，积极借鉴新媒体的传播优势，将短视频、音频节目、网络文章等多种形式引入红色文化传播之中。短视频以其短小精悍、易于传播的特点，成为推广红色文化的重要载体；音频节目则以其独特的魅力，让听众在轻松愉悦的氛围中感受红色文化的力量；而网络文章则以其深刻的思考与详尽的论述，为受众提供了深入了解红色文化的窗口。

通过媒介联动的方式，这些多样化的红色文化传播形式得以在互联网和社交媒体平台上广泛传播。它们打破了时间和空间的限制，让红色文化内容以更加便捷、更加灵活的方式呈现给更广泛的人群。这种全新的传播模式不仅激发了公众对红色历史的兴趣和热爱，还促进了红色文化的普及与传承。越来越多的人开始关注红色文化、了解红色文化、传承红色文化，使得红色文化的精髓在新时代焕发出更加璀璨的光芒。

二、新媒体传播平台

传统媒体作为长期以来社会信息传播的中流砥柱，凭借其深厚的历史底蕴、广泛的受众基础以及严谨的内容生产流程，在主流舆论场中始终占据着举足轻重的地位，其特殊作用在引导社会舆论、传承历史文化方面尤为显著。在推动中原红色文化这一具有深厚历史积淀与文化价值的内容传播时，传统媒体不仅扮演着传承者的角色，更是通过深度报道、专题策划等形式，深入挖掘红色文化的内涵与外延，为受众提供了丰富而深刻的学习资源，其影响力与感染力不容忽视。

与此同时，随着信息技术的飞速发展，新媒体以其无与伦比的及时性与高度的互动性，迅速崛起并渗透到社会生活的每一个角落，成为广大受众获取信息的首选渠道。新媒体平台如雨后春笋般涌现，不仅打破了传统媒体在时间与空间上的限制，更通过多样化的表现形式（如图文、视频、直播等）和个性化的信息推送机制，极大地提升了信息传播的效率和覆盖面。在中原红色文化的传播过程中，新媒体的加入无疑为这一古老而又神圣的文化注入了新的活力与生机。

面对这一趋势，相关政府及部门展现出了高度的前瞻性与敏锐性，他们充分认识到新媒体在文化传播中的巨大潜力，并积极采取措施，充分发挥新兴媒体平台的作用。通过搭建专门的红色文化网站、开设微信公众号、入驻短视频平台等举措，政府及部门不仅拓宽了红色文化的传播渠道，还积极探索创新传播模式，如利用 VR 技术重现革命历史场景、通过直播互动讲述英雄故事等，力求以更加直观、生动、有趣的方式吸引并留住受众的目光。

此外，政府及部门还注重倾听受众的声音，了解他们的需求与喜好，努力打造受众喜闻乐见的中原红色文化传播平台。他们通过数据分析、用户反馈等方式，不断优化传播内容，提升传播质量，力求让红色文化更加贴近受众的生活实际，更加符合现代人的审美与认知。在这一系列努力下，中原红色文化的传播效果得到了显著提升，不仅让更多人了解并热爱上了这一独特的文化遗产，也为传承与弘扬中华民族精神做出了积极贡献。

（一）移动新媒体平台

随着科技的日新月异，媒体技术正以前所未有的速度不断跃升，传统主流媒体，作为信息传播领域的中坚力量，其产业结构框架不再局限于固有的形态，而是展现出强大的适应性和创新力，不断向外蔓延与拓展其边界。在这一背景下，传统媒体与新媒体之间的界限日益模糊，两者不再是对立竞争的关系，而是携手并进，通过深度融合与协作，共同构建了一个覆盖广泛、形态多样的融媒体矩阵。这一矩阵的形成，不仅标志着媒体融合发展的新阶段，也成为当下主流媒体主导发展的明确方向。基于这一趋势，各级各类媒体平台积极响应时代号召，纷纷行动起来，利用自身资源和优势，构建起了包括官方网站、微博、微信公众号等在内的多元化新媒体端口。这些新媒体端口如同信息传播的桥梁，将传统媒体的内容与新媒体的形式紧密结合，实现了信息的快速传递与广泛覆盖。同时，媒体平台还充分利用现代化全媒体矩阵的强大功能，通过精准分析不同媒介平台的特点以及受众群体的差异化需求，量身定制符合受众审美与兴趣的红色经典文化内容。

大河网作为河南首家全国重点新闻网站，在2013年就创建了名为“红色记忆”的新媒体矩阵，旨在推动红色文化的传播。这个矩阵包括与中原红色文化相关的新闻客户端、红色文化专题网站、相关新媒体公众号等多个平台。大河网在其官方网站、河南学习强国端口均设有专门的红色记忆专题，该专题以红色文化为主题，提供丰富多样的红色文化内容，包括红色历史、红色经典、红色故事等。用户可以通过网站浏览和搜索相关的红色记忆内容，深入了解红色文化的背景和内涵。其中，大河网开设“红色记忆”讨论话题，推送大量关于红色历史事件、红色故事、红色旅游景点等内容，取得了显著的传播效果。仅在2022年，该账号的总阅读量就达到了3000万人次。除了大河网，中原地区的其他新闻网站如长江日报网、郑州新闻网等也在自媒体平台上创建了多个红色文化账号，以扩大传播的覆盖面。据不完全统计，2022年中原地区各大新闻网站的新媒体矩阵传播红色文化的总阅读量就超过了2亿人次。除了专业媒体移动端口，各地文化广电和旅游管理部门联合成立的融媒体中心与政务相关APP彼此合作，在传播中原地区红色文化方面也获得了良好的传播效果。“如郑州市城市综合服务平台‘郑好办’App中发起‘红色二七打卡’活动，重点宣传‘红色二七精神’，打卡地有二七纪念塔、二七纪念堂、郑州烈士陵园、中原英烈馆等郑州市红色文化重要讲述地。”[①] 可见，移动新媒体的高覆盖率和用户黏性使其成为红色文化传播的重要平台。

① 刘向阳．新媒体背景下红色文化传播路径研究[J]．学习论坛，2021，37（5）：110-114.

作为红色资源大省，除本省之外，中央及其他各级各类新媒体宣传报道活动亦层出不穷。2021年6月16—20日，“在这里读懂初心使命——网络媒体革命老区行”网络主题宣传活动走进河南，“来自中国日报网、光明网、中国新闻网、中国军网、人民政协网、中青在线、大河网、映象网等近20家中央及地方网络媒体深入豫南革命老区开展采访报道活动”①。活动期间，采访团借助图文、短视频、航拍、直播等丰富活泼的各类新媒体手段，“在豫南地区的南阳市方城县、桐柏县，信阳市新县等地，围绕红色革命历史、美丽乡村建设、中医药产业发展等方面，深入挖掘鲜活的老区故事，积极宣传革命老区弘扬传承红色文化、全面打赢脱贫攻坚战、推动脱贫与乡村振兴有机衔接等方面取得的历史性成就”②。

（二）短视频平台

随着交互性、娱乐性、传播性更强的短视频的出现，以抖音、快手等短视频网站为代表的新媒体平台成为近年来更为大众所喜爱的强大视频平台。短视频的兴起，从根本上打破了传统媒体时代信息发布的专业壁垒与垄断格局。它赋予了每一个普通人成为内容创作者与传播者的权利与机会，极大地满足了现代社会中个体自我表达与展示的需求。无论是记录生活点滴、分享知识技能，还是传递情感价值、弘扬正能量，短视频都以其直观、生动、易于传播的特点，成为大众表达自我、联结彼此的重要桥梁。

具体到中原红色文化的传播而言，短视频的兴起无疑为其提供了一个前所未有的广阔舞台与巨大空间。庞大的受众群体给中原红色文化传

① 【网络媒体革命老区行】“在这里读懂初心使命——网络媒体革命老区行”网络主题活动走进河南[EB/OL].（2021-06-16）[2024-05-25].https://www.chinanews.com/gn/2021/06-16/9500346.shtml.

② 【网络媒体革命老区行】“在这里读懂初心使命——网络媒体革命老区行”网络主题活动走进河南[EB/OL].（2021-06-16）[2024-05-25].https://www.chinanews.com/gn/2021/06-16/9500346.shtml.

播提供了极大的传播空间及舞台。以抖音为例，截至2023年9月底，笔者输入“河南红色文化”或“中原红色文化”检索出相关用户近150余个，通过对相关账号的进一步了解，大致可将其分为三种类型：商业性质、公益性质、业余爱好。其中，商业属性相关的账号占比最大，此类账号多以红色文化培训、红色研学活动相关联，其短视频内容多围绕其展开的各类红色培训活动的介绍为中心，少数配有与其红色培训相关联的红色文化的介绍说明。

公益性质的账号以公共事业单位成立，承担着引领社会舆论导向、传播先进文化及培育国家所需人才的重任，其宗旨在于生动讲述红色历史故事，传承红色文化基因。根据其在传播中原红色文化频次及范围出发，又可细分为两类，一种是河南省内各个红色纪念展馆、红色文化博物馆等公益机构的官方账号。例如“郑州二七纪念馆”“确山红色纪念馆”“竹沟革命纪念馆”等，此类账号虽然数量也较为可观，且以河南地区红色文化为主要的宣传对象，但是其粉丝关注度很低，除了个别较为知名的展馆之外，大部分账号作品数量极少，从作品的内容质量看，相关机构也很少进行对应红色文化短视频的运营与维护。另一种是各个省市县融媒体所负责的官方短视频账号，此类账号所包含的内容需要涉及所覆盖的媒体服务区域，中原红色文化仅作为其日常报道的一部分夹杂存在，因而数量有限。但该类账号由于出自官方专业媒体，往往质量相较于其他几种红色短视频账号类型更为优秀，并且原创度极高。同时此类账号作为官方媒体平台，拥有巨大的分数数如：如河南报业集团旗下的正观新闻，其抖音官方账号拥有粉丝203.9万，累计获赞过亿，其短视频依托河南报业集团新媒体矩阵，实施媒体融合，跨屏传播。其新闻报道《护桐到“富”桐，兰考人与泡桐奏响“命运交响曲”》除了在新闻客户端进行图文报道之外，其同题短视频，通过讲述蕴含焦裕禄精神的“焦桐”59年来的发展变化的故事，生动演绎焦裕禄精神的传承及其取得的成就。该视频发布1小时后，登上微博同城热榜第15位，先后被

"学习强国"、极目视频等40多个平台转发，微博话题总阅读量达280万+。除了省级官媒的短视频平台，乡镇级广播电台短视频账号，在挖掘传承地域红色文化方面的表现，同样可圈可点。例如镇平县广播电视台官方账号"云上镇平"拥有粉丝111.6万，账号利用镇平县丰厚的红色文化资源，相继拍摄制作《出彩镇平人》《行走镇平》等多个系列短视频对中共豫西南地委机关旧址、彭雪枫纪念馆等进行生动介绍，并利用地方媒体优势，获得良好传播效果。

以个体为主导的业余爱好性质的河南红色文化短视频账号，则更多从个人视角出发，实现自我对中原地区红色文化的传承传播。其短视频内容包含以下几个方面：对红色革命遗址展示。部分创作者会前往红色革命遗址，如河南省博物院红色文化展览馆、竹沟革命纪念馆等地，拍摄相关红色旅游的短视频，在记录旅行的同时，向观众展示这些地方的历史意义和红色文化的底蕴。例如，一位创作者在抖音上分享了自己前往红旗渠旅行经历，通过短视频展示了红旗渠的壮丽景色和感人故事，激发了观众对革命先辈的敬意和红色文化的思考。另一类是红色经典电影重现：一些创作者通过短视频平台重新演绎了红色经典电影片段，将经典场景和经典对白重新呈现给观众。通过精心的剪辑和演绎，再现了电影中的英雄壮举和红色精神。这样的短视频引发了观众的怀旧情绪，也让更多年轻人对红色经典电影产生了兴趣，促进了红色电影文化的传承。红色文化元素创意融合：一些创作者巧妙地将红色文化元素与流行文化元素相结合，制作出富有创意和趣味性的短视频。例如，一位创作者在抖音上制作了一支以红色文化为背景的舞蹈视频，将红军服装和红色旗帜融入现代舞蹈中，引起了广泛的关注和转发。这样的创意融合不仅让观众感受到红色文化的魅力，也使红色文化与当代流行文化产生了有趣的碰撞，进一步拓宽了红色文化的传播渠道。

（三）线上直播/展演活动

近年来，随着信息技术的飞速发展，直播这一新兴媒介形式凭借其低成本、高效率、广泛覆盖的独特优势，在全球范围内迅速崛起并广泛普及。它不仅改变了人们的娱乐方式和信息获取渠道，更为文化传播开辟了全新的路径。在这样的背景下，利用直播平台对中华大地上深厚的红色文化进行传承与弘扬，逐渐成为各级政府、文化机构及社会组织探索和实践的重要方向。中原地区，蕴含着丰富的红色文化底蕴，通过直播平台，这些珍贵的红色文化资源得以跨越时空界限，以更加生动、直观的方式展现在公众面前，特别是吸引了大量年轻观众的关注与参与。

为了确保红色直播的吸引力和影响力，相关机构部门在内容制作上精益求精，力求将历史事件的真实性与现代传播手法的创新性相结合。通过高清摄像技术还原历史场景，结合精心编排的解说词、访谈实录以及互动问答等环节，使观众仿佛置身于那段波澜壮阔的革命岁月之中，深刻感受红色文化的魅力与力量。

同时，在运营策略上，这些机构也积极探索符合年轻人口味的传播方式，如利用短视频、直播带货等形式，将红色文化与当代流行元素相融合，打造出一系列既具教育意义又富有趣味性的内容产品。这种创新性的传播方式不仅拓宽了红色文化的受众基础，更激发了青年群体对红色文化的兴趣与共鸣，有效促进了红色文化在新时代的传承与发展。

通过直播这一平台，红色文化不再局限于固定的物理空间，而是成为一种跨越时空、连接过去与未来的文化桥梁，让更多人尤其是青年一代能够近距离感受红色文化的魅力，从而更加坚定文化自信。因此，红色直播已成为近年来红色文化传播的“新常态”，其影响力和价值将持续发酵，为中华文化的繁荣兴盛注入新的活力。

据不完全统计，仅2022年中原地区就有100多个红色场馆通过抖音、快手等平台开展了网络直播，内容涉及重要纪念日活动直播、红色主题展览直播、网上红色讲座等。如郑州华凤烈士陵园便是其中典例。该陵园除了进行建军节祭奠直播外，还在抗日战争胜利纪念日当天进行了全天直播，配合纪念活动向网民呈现献花、默哀等内容，获得超过50万人次观看。近期，华凤烈士陵园又开展了回族烈士主题直播，重点推介回族英雄事迹。洛阳市博物馆在今年五一期间，通过脉脉平台直播了“洛阳工人运动特展”，累积观看量超过100万，还开展有奖互动，进一步调动网民的参与热情。一些红色资源丰富的地区，也纷纷利用新型媒介传播方式，广泛进行新闻等宣传传播。以河南信阳新县为例，“2020年9月16日，由中共河南省委宣传部中心策划，大型文化融合新媒体红色直播教育活动《出彩路上》在新县正式启动。新县相关媒体部门，对该场活动进行了全程直播，并邀请当地第一书记、专家名人、优秀青年、文化学者、百姓代表等参与直播”①。通过采访、文艺演出、直播连线等方式，在提升受众互动性与参与度的同时，以立体生动的方式讲述了在新县地区红色基因得以传承，红色精神促使新县高质量发展的生动典例。

除实景直播外，各类线上平台还承办了许多以中原红色文化为主题的在线讲座和研讨会。如河南省教育厅思政处联合河南高校思政课名师工作室，深入挖掘中原热土中的红色文化，将红色精神融入思政课堂，打造“河南本土红色文化精神”系列思政课，河南各个知名专家学者通过网络直播的形式，分享关于中原红色文化的研究成果和见解。观众可以通过在线平台参与互动，提问问题，与专家进行交流。这种线上讲座和研讨会为广大观众提供了学习和探讨中原红色文化的机会，促进了知识的传承和交流。

同时，依托新兴发展的媒体技术手段，部分线上展演活动加大创新力度，借助如全景展示等虚拟现实技术，增强受众沉浸式感受红色文化的体验感，深化用户对红色历史事件的理解和认知。其中，河南党史网上展览馆是目前国内展览面积最大、展线最长的省级党史网上展览馆。该线上展览馆首次全景式反映了中国共产党河南历史的辉煌篇章，以新

① 曾晶芳，赵梁玉，冯德岭．红色文化的新媒体传播研究[J]．传媒论坛，2021，4(20)：114-115.

媒体平台为依托，采用先进技术，生动再现展览全貌。广大网友可以通过扫码，随时随地访问网上展馆，获得沉浸式观展体验，了解一百多年来中国共产党在河南取得的历史性成就。展馆中第九部分，为专题“河南红色精神图谱”，通过视频、图片、数字档案等多种形式，介绍河南红色文化内涵。中原红色博物馆同样通过线上平台推出了虚拟展览，展示了中原红色文化的丰富内容。通过该虚拟展览，观众可以在线浏览红色博物馆的珍贵文物，如毛主席的手迹、革命时期的照片等。观众可以通过放大、旋转等操作，近距离欣赏这些珍贵的红色文化遗产，深入了解中原红色文化的历史和价值。

这些创新的线上展览，将中原红色文化与现代科技相结合，在为大众提供了丰富的红色文化资源的同时，还为观众提供了与陌生的红色文化，接触和互动的机会，为受众带来更加多样与丰富的体验，进一步深化大众对中原红色文化的理解。同时，线上展览也打破了时间和空间的限制，让更多人能够方便地参与到中原红色文化的传播中来，拓展中原红色文化的传播方式，提升中原红色文化的传播效果。

三、实体传播渠道

实体传播这一概念相较于抽象的符码传播而言，其核心在于传播内容的直观性与具体性。它强调在信息传递过程中，被传播的信息不仅仅是一串符号或代码的堆砌，而是实实在在、能够触手可及的对象或事物。从这一维度出发，实体传播所指向的，是那些必须通过实际存在、在场展示才能完整传达其意义的信息载体。在宣传中原地区丰富而深厚的红色文化时，实体传播展现出了其独特且不可忽视的价值。

具体而言，实体传播通过直接展示红色文化遗址、纪念馆、博物馆中的文物、照片、雕塑等实物，以及通过历史场景的重现、现场表演的互动等方式，为受众营造了一种身临其境的体验感。这种直观且生动的展示方式，极大地增强了信息的真实性和感染力，有效吸引了在场受众的注意力和兴趣，使得他们能够更加深刻地理解和感受到红色文化的历史内涵和精神价值。因此，在传播中原红色文化的过程中，实体传播成为一种重要且有效的手段。

然而，值得注意的是，实体传播对于场景空间、实物展示等实体环境有着较高的需求。这意味着，在充分利用红色资源进行文化传播的同时，还需要考虑如何将这些资源与其他产业形态相结合，以实现资源的最大化利用和效益的最大化提升。在这一背景下，“红色＋旅游”“红色＋演艺”“红色＋研学”等融合发展模式应运而生。这些模式通过将红色文化与旅游、演艺、教育等产业进行有机融合，不仅丰富了红色文化的传播形式和内涵，还带动了相关产业的发展，创造了可观的经济效益。

（一）中原红色文化景区

红色旅游是近年来传播红色文化的一种非常有效载体，相较于直白的图文说明，借助旅游这一方式使红色文化“活”起来，使大众在旅行的过程中感受鲜活的红色事迹，重温红色历史，进而产生民族自信心、自豪感，形成国家认同。中原地区作为鄂豫皖抗日根据地、冀鲁豫抗日根据地等革命老区发源地，留存有众多革命历史遗址。这些红色遗址经整理修缮后，已发展成为重要的红色文化景区，“每一个红色旅游景区都是一个常学常新的生动课堂，能够为游览者提供丰富的道德滋养；每一条红色旅游精品线路，都能够吸引更多的游客接受红色文化教育”①。在此基础上，河南深度挖掘其丰富的红色文化资源，“植根于中原深厚的红色文化底蕴，紧密结合当前时代特征与发展实际。以重点项目为实施载体，以内容创新为发展核心，致力于进一步优化红色文化与旅游资源的配置。同时，河南省积极推动文化遗产的发掘与保护工作，力求拓宽红色旅游的发展空间，着力打造一批红色文化旅游的精品区域，以期提升资源的

① 王太广，邵莲芬．传播红色文化 赓续红色血脉[N]．河南日报，2021-12-05（4）．

开发、整合及利用效率”①。在相关政策的积极引导之下，河南各地区充分发挥本地现有资源，并在此活动中，逐渐形成了像安阳林州红旗渠、兰考焦裕禄纪念园、郑州二七纪念堂等全国知名的红色旅游经典景区，据现在不完全统计，河南现有各级各类红色旅游景区百余个，河南红色旅游发展渐成气候。其中，20 世纪 60 年代由林县人民完成的引漳入林水利工程——红旗渠，被称为“人工天河”“世界第八大奇迹”。现为国家 5A 旅游景区，全国重点文物保护单位，游览区始建于 1990 年，总面积 5 平方公里，总投资 500 多万元。红旗渠风景游览区于 1991 年对外开放，由红旗渠纪念馆（分水苑）、青年洞、络丝潭三个景区组成。作为红旗渠精神的发源地，自景区开放每年前来参观的游客络绎不绝，特别是随着近年来红色教育的深入普及，前往红旗渠景区进行学习的人数激增，据不完全统计仅 2021 年，红旗渠景区全年接待相关游客 94 万人次，年均增长超 20%。

与红旗渠一样，同样作为全国知名的红色旅游目的地，焦裕禄精神发源地兰考县，近年来不断深挖红色旅游资源，将红色文化与乡村振兴相结合，将红色文化游与黄河生态休闲游整合到一起，实现红色文化与绿色生态双向循环，打造特色乡村旅游的新模式。其中，位于九曲黄河最后一弯处的张庄村，是新中国成立前知名的大沙窝、大风口，焦裕禄同志当年带领同志们乡亲在此地找寻防风治沙的方法，留下了宝贵的焦裕禄精神。为了摆脱贫困落后的帽子，“张庄村按照‘乡村旅游、红色旅游、双轮驱动’的旅游发展思路，留住乡愁、记住老家，发展乡村旅游，打造一村一景一特色。2020 年，全年接待旅游团队近 1800 批次、近 10 万人次，综合旅游收入 800 余万元，带动周边 220 余人从事旅游活动，农民人均纯收入由 2014 年的 4200 元增长到 2020 年的 15600 元。先后被

① 郭立场．立足中原大地 打造党性教育特色平台 [N/OL]. 光明日报 ,2021-01-14(6)[2024-06-16].https://epaper.gmw.cn/gmrb/html/2021-01/14/nw.D110000gmrb_20210114_1-06.htm.

评为‘全国乡村旅游重点村’‘河南省乡村旅游特色村’”[①]。

（二）中原红色文化研学基地

“革命博物馆、纪念馆、党史馆、烈士陵园等是党和国家红色基因库，每一处革命遗址旧址、每一件革命文物、每一块革命烈士墓碑都是进行红色文化教育、革命传统教育和爱国主义教育的鲜活教材，都体现了革命先辈的崇高理想、坚定信念、初心使命和爱国情操。”[②]在我党光辉历程的宏伟画卷中，引领着全国各族人民，历经了无数艰难险阻与不懈奋斗，展开了一场场波澜壮阔、影响深远的伟大斗争。这段历史，不仅深刻改变了中国的命运，更在世界历史上留下了浓墨重彩的一笔。在这片广袤的中原大地上，每一寸土地都镌刻着革命先烈的英勇事迹与不朽功勋，无数革命志士以生命和热血为代价，谱写了一曲曲可歌可泣的英雄赞歌，留下了宝贵而丰厚的红色印记，成为激励后人砥砺前行的精神灯塔。

河南，作为中原文化的发源地之一，不仅承载着厚重的历史底蕴，更拥有着极为丰富的红色文化资源。这些资源如同璀璨的星辰，镶嵌在中原大地的每一个角落，见证了中国共产党领导人民进行革命斗争的光辉历程。为了深入挖掘和传承这些宝贵的精神财富，河南省政府及社会各界高度重视，充分利用现有资源，积极投入到红色文化教育培训基地的建设之中。这些教育培训基地，不仅复原了当年的革命场景，再现了党的故事、革命的故事、根据地的故事以及英雄和烈士的感人事迹，还通过现代化的展示手段，如多媒体互动、虚拟现实体验等，让参观者能够身临其境地感受到那段烽火连天的岁月，深刻理解革命先辈们坚定的理想信念和无私奉献的精神，有效地教化、影响了广大人民群众。

① 崔学庆．开封兰考：“梦里张庄”引客来 乡村绘就“新画卷”[EB/OL].[2024-06-16].https：//www.hntv.tv/rhh-8459055106/article/1/1439126850480451586.

② 王太广，邵莲芬．传播红色文化 赓续红色血脉[N]. 河南日报客户端，2021-12-05（4）.

此外，河南省还注重将红色文化教育与旅游、研学等产业相结合，推出了一系列红色旅游线路和研学产品，吸引了大量游客和学生前来参观学习。这种寓教于游、寓教于学的方式，不仅丰富了人民群众的精神文化生活，也进一步推动了红色文化的传承与发展。

为了更好地挖掘红色文化，使河南精神得以更好传播，产生更广泛的影响，自 2013 年起，河南先后成立焦裕禄干部学院、红旗渠干部学院、大别山干部学院和愚公移山精神教育基地、新乡先进群体教育基地、南水北调精神教育基地即“三学院三基地”，形成了特色建设、体系发展的红色精神教育平台。为了用好红色资源，用活红色资源，“三学院三基地”研究开发了一系列立体鲜活的红色教育资源，打造河南精神特色培训。在课程讲述上，摆脱此前单纯的理论学习，开发百余个寓情于景的现场教学点，充分调动学员学习的主观能动性，“坚持以现场体验提高学习效果，开发‘探寻红色足迹、接受群众教育’系列情景党课，以实地实景实情再现当年的经典红色故事，以震撼场景激发使命担当。坚持以互动研讨碰撞思想，以真人真事真情强化学员参与感，引导学员在思辨中感悟精神价值”①。通过“理论讲授、现场体验、互动交流、深度点评”四个方面，借助情境教学、案例教学、实践锻炼等多种形式，将学与用、思与悟结合。不断的探索创新，使“三学院三基地”的发展日渐迅猛，不到 5 年时间，“三学院三基地”由小到大，由弱变强，逐步形成具有全国知名度的红色教育培训机构。

随着“三学院三基地”建设日渐成熟，影响力逐渐覆盖到外省其他地区，越来越多的省外党员干部前往“三学院三基地”开展红色精神的学习。河南的红色文化资源不仅得到了更为广泛的传播，对于树立河南良好形象，展示河南独特魅力也发挥了十分重要的作用。

① 郭立场. 立足中原大地 打造党性教育特色平台[N/OL]. 光明日报, 2021-01-14(6)[2024-06-16]. https://epaper.gmw.cn/gmrb/html/2021-01/14/nw.D110000gmrb_20210114_1-06.htm.

（三）中原红色文化演艺活动

作为基础性文化产业的关键一环，演艺产业在我国文化产业版图中占据着举足轻重的地位，是驱动文化产业创新与发展的重要引擎。它以其高度的创意性和劳动力密集性特征，不仅促进了就业与经济增长，还展现出了强大的低碳环保特性，为可持续发展贡献了重要力量。演艺产业的辐射效应广泛而深远，它能够带动旅游、餐饮、住宿、广告等多个相关行业的发展，形成良性的经济循环与文化生态。 随着时代的快速进步与经济的蓬勃发展，民众的生活水平显著提升，对精神文化生活的追求也日益高涨。文化娱乐支出在家庭消费中的比重持续增加，人们愿意投入更多时间和金钱于文化消费之上，这不仅体现了社会对文化产品需求的日益增长，也反映出民众文化品位的提升与文化选择的多样化。在这一背景下，观看高质量的演艺节目，尤其是那些富有娱乐性、思想性、艺术性和影响力的作品，已成为人们日常文化消遣的重要组成部分，极大地丰富了民众的精神世界，提升了社会的文化氛围。

面对新时代的新需求，中原红色文化以其独特的历史底蕴和革命精神，积极响应时代召唤，主动融入演艺产业的大潮之中。它深入挖掘红色文化的精神内涵，将那些感人至深的革命故事、英勇无畏的英雄事迹、坚韧不拔的革命精神，通过创新的文艺形式进行再创作与演绎，使之成为富有时代气息的红色文艺作品。这些作品不仅传承了中原大地的红色基因，更在潜移默化中滋养了民众的心灵，激发了人们的爱国情怀与奋斗精神，实现了文艺作品培根铸魂、凝神聚力的深远意义。同时，这也为演艺产业注入了新的活力与内涵，推动了演艺产业与红色文化的深度融合与共同发展。

作为戏曲大省，河南除了拥有中国第一大地方剧种——豫剧外，还有越调、二夹弦、怀邦等多种地方本土特色的小剧种；在曲艺方面，被誉为“中国十大民俗”的宝丰马街书会，源远流长。近年来，河南各戏剧剧团，积极开展红色剧目的编创，把红色基因融入文艺产品创作的全过程。建团已有70余年的河南豫剧三团，有着“全国编演现代戏旗帜”的美誉。团内老一辈艺术家多为奔赴过战场的革命文艺工作者，红色革命历史始终伴随着豫剧三团的发展，红色的革命精神被一代代工作者传承。作为河南戏剧剧团的代表，河南豫剧三团始终以传播红色文艺作品为己任，经典剧目《刘胡兰》《朝阳沟》《焦裕禄》《重渡沟》都反映了不同时期，我党的奋斗历程、感人事迹。进入新时代，豫剧三团相继推出现代豫剧《红嫂颂》《守望红旗渠》《大河安澜》等一系列反映河南红色精神的戏剧作品。相关部门，充分利用河南戏剧大省的资源优势，开展各类红色戏剧作品演出活动，如河南省重要的文化惠民活动——“中原文化大舞台”，相继组织红色经典折子戏专场、现代红色经典名段专场，为广大观众带来《杜鹃山》《红灯记》《沙家浜》等经典红色戏曲选段。

在实景舞台演出这一充满活力的艺术领域内，随着近年来国内各类现代化剧场与剧院如雨后春笋般涌现，不仅为观众提供了更为丰富多元的观演体验，也催生了以特定文化主题为核心的新型演艺空间。其中，以中原红色文化为核心精髓的“红色剧场”，凭借其深厚的文化底蕴、鲜明的时代特色以及强烈的情感共鸣，逐渐成为广大观众心中的一抹亮色，受到了前所未有的喜爱与热烈追捧。

这些“红色剧场”不仅承载了讲述中原儿女英勇抗争、艰苦奋斗历史的重任，还通过创新的艺术形式与表现手法，让古老的红色故事焕发出新的生命力。传统舞台剧如《红色大别山》《红旗渠》以及《焦裕禄》等经典之作，以其扎实的剧本、精湛的演技和震撼人心的舞台效果，深刻展现了中原地区在革命历程中的壮丽篇章，激发了观众对红色文化的敬仰与自豪感。

而步入2021年，一座全新的文化地标——“只有河南·戏剧幻城”横空出世，更是将实景舞台演出推向了一个新的高度。这座集戏剧演出、艺术展览、文化旅游于一体的综合性项目，巧妙地将中原地区的红色历史与红色文化故事融入其中，通过一系列精心策划的戏剧作品和别出心裁的艺术装置，为观众打造了一场前所未有的沉浸式观演体验。在这里，观众不仅可以欣赏到精彩的戏剧表演，还能在漫步中感受到中原大地的历史沧桑与文化底蕴，仿佛穿越时空，亲身经历了那些动人心魄的红色岁月。

“只有河南·戏剧幻城”以黄河文明为创作根基，展现河南从发源，繁荣到苦难，斗争的整个发展历程，对河南精神进行了生动的诠释演绎。通过搭建复原的历史场景，“只有河南·戏剧幻城”将传统的舞台演出与现代的音乐、灯光、影像等技术相结合，打造出视听效果独特的演出体验，再现了中原地区的红色历史。观众可以在演出中亲身体验河南发展的不同历史时期所发生的故事、英雄事迹等，感受到红色文化的力量和魅力。现代化的演绎方式，吸引了大量游客前来观看，截至2023年6月，“只有河南·戏剧幻城”开园两年来，接待来自全国235个城市的155万名游客，成为展示河南形象，传递河南历史精神的窗口。[①]

“只有河南·戏剧幻城”的成功，不仅在于其宏大的规模与精致的布景，更在于其对红色文化核心价值观和精神内涵的深刻挖掘与弘扬。它不仅仅是一场场演出的集合，更是一次次心灵的洗礼，让观众在享受艺术之美的同时，也能深刻领悟到红色文化所蕴含的爱国主义情怀、革命英雄主义精神和自强不息的民族精神。这种独特的艺术体验，无疑为中原红色文化的传承与发展注入了新的活力与动力。

① 成燕.只有河南·戏剧幻城开城两年，成中原璀璨文旅名片[EB/OL].[2024-06-16]. https：//www.sohu.com/a/689674650_121687414.

第三章　中原经典红色文化传播现状

自党的十八大胜利召开以来，习近平总书记以其深邃的历史视野和强烈的文化自觉，多次亲临河南这片承载着厚重历史与红色记忆的土地进行考察调研。在信阳、南阳、兰考等中原红色资源的发源地，总书记不仅深切缅怀了革命先辈的丰功伟绩，更多次强调要继承并发扬光大这份宝贵的红色文化，将其作为激励新时代中国人民不懈奋斗的强大精神动力。

在习近平总书记的重要指示精神引领下，河南省委、省政府高度重视红色文化的保护、深入挖掘与科学利用工作，将其视为推动文化繁荣兴盛、增强文化自信的重要举措。为此，河南省相继出台了一系列重要政策文件，如《河南省革命文物保护条例（草案·征求意见稿）》，旨在通过法律手段加强对革命文物的保护与管理，确保红色记忆得以永续传承；《关于建设文化旅游强省的意见（讨论稿）》则进一步明确了将红色文化作为文化旅游发展的重要内容，推动红色旅游与绿色生态、历史文化等深度融合，打造独具特色的文化旅游品牌；同时，《华夏历史文明传承创新区建设方案》的编制完成，为中原地区包括红色文化在内的优秀传统文化的传承与创新发展绘制了宏伟蓝图，提供了行动指南。

除了坚实的政策支撑外，河南省各级政府及相关部门机构还积极响应号召，投入大量资金与人力物力，围绕中原红色文化展开了全方位、多层次的建设活动。从修缮维护革命遗址遗迹、建设红色文化纪念馆、展览馆，到开发红色旅游线路、举办红色文化主题活动，再到利用现代科技手段如 VR、AR 等创新红色文化传播方式，一系列扎实有效的举措不仅让中原红色文化焕发出新的生机与活力，也极大地提升了公众对红色文化的认知度与认同感，取得了显著的成效。这些成绩的取得，不仅为中原红色文化的传承传播奠定了坚实基础，也为全国其他地区提供了可资借鉴的宝贵经验。

近年来，河南省在红色文化传播领域展现出了蓬勃的活力和显著的进步，取得了诸多令人瞩目的成绩，无论是通过丰富的文化活动、创新的传播手段，还是在红色旅游资源的开发上，都展现出了强大的生命力和广泛的影响力。但随着传播生态环境的变化，尤其是传播媒介的更新，传播客体对于经典红色文化在内容呈现、表现形式等方面均提出了新的诉求，例如在调研中，笔者发现在实际传播过程中，受众对于红色经典文化深层次的内涵挖掘有了更强烈的诉求，他们不满足于对中原红色文化浅尝辄止的了解，特别是对于许多富有深刻历史意义和文化价值的故事、事件、人物希望获得更为全面而深入的阐释与展现。以此激发内心深层次的情感共鸣与价值认同。除此之外，随着对红色资源的日益重视，围绕红色资源而展开的各项开发、传播活动日渐丰富，这同时需要传播主体及相关部门提高警惕，避免一些地方和机构在开发红色旅游资源时，出现急于求成，盲目追求游客数量和经济收益，而忽视了对红色文化精神的深入挖掘与传承的现象。此类做法不仅容易导致红色文化传播活动流于形式，更可能损害红色文化的严肃性和神圣性，使其失去应有的教育意义和社会价值。这些都是后续河南在推进中原红色文化传播的进程中可能面临的压力与挑战。

第一节　传播主体的发展现状

传播主体，这一术语在信息传播的广阔领域中占据着举足轻重的地位，它指的是那些在信息传播链条上主动担当起传播职责的个体或组织。作为信息的最初发端，传播主体不仅承载着信息筛选、精心制作的重任，还负责将信息准确无误地传递给目标受众，并通过多样化的手段促进信息的广泛认知与接受。他们的角色，犹如灯塔之于航行者，为信息的海洋指引方向，确保有价值的内容能够穿越时间与空间的界限，触达每一个渴望知识与启迪的心灵。在信息传播的过程中，传播主体的重要性不言而喻。他们不仅决定了哪些信息将被带入公众的视野，还通过自身的价值观、立场和视角，对信息进行筛选、加工和呈现，从而影响信息的本质面貌和受众的感知方式。这种影响，不仅体现在信息内容的选择上，更渗透于信息的传播策略、表现形式和传播渠道等各个方面。因此，传播主体不仅是信息的搬运工，更是信息的塑造者和解释者，他们的专业素养、道德观念及创新能力，直接关系到信息传播的效果和社会影响力。

具体到中原经典红色文化的传播中，传播主体所扮演的角色更是至关重要。中原地区作为红色文化的重要发源地，其丰富的历史资源、深厚的文化底蕴为红色文化的传播提供了得天独厚的条件。而传播主体，则成为连接过去与未来、历史与现实的桥梁。他们通过深入挖掘中原红色文化的内涵与价值，将其以生动鲜活、易于接受的方式呈现给广大受众，不仅增强了人们对红色文化的认同感和自豪感，还激发了人们学习历史、缅怀先烈、珍惜和平的热情与动力。同时，传播者主体在中原红色文化传播中还需承担起引领社会风尚、弘扬正能量的责任。他们应当积极倡导正确的历史观、文化观和价值观，抵制历史虚无主义和文化虚无主义的侵蚀，确保红色文化的传播始终沿着正确的方向前进。通过他们的努力，中原红色文化不仅能够得到更好的传承与发扬，还能为构建社会主义核心价值观、推动社会和谐进步贡献出不可估量的力量。

经过多年发展，中原经典红色文化传播主体现状呈现出政府主导、媒体推动、社会参与的特点。政府、媒体、社会组织与民间力量等共同参与到中原红色文化的传播工作中，形成合力，推动着红色文化的传播和弘扬。其中，政府及相关机构是中原经典红色文化传播的主要推动者。他们通过政策引导、资金支持、活动组织等方式，积极推动红色文化的传播和弘扬。例如河南省文旅部门会组织红色旅游活动、红色文化展览等，以吸引游客和市民参与，感受红色文化的魅力。同时，政府还会投资建设红色教育基地、纪念馆等，为红色文化的传播提供实体平台。媒体与平台是中原经典红色文化传播的重要载体。随着新媒体技术的发展，互联网、社交媒体、短视频等平台成为红色文化传播的新阵地。这些平台通过发布红色文化内容、举办线上活动等方式，吸引了大量年轻人的关注和参与。同时，传统媒体如报纸、电视等也在继续发挥重要作用，通过报道红色文化故事、制作红色文化节目等方式，推动红色文化的传播。社会组织与民间力量在中原经典红色文化传播中也扮演着重要角色。他们通过自发组织红色文化活动、捐赠红色文化藏品等方式，为红色文化的传播贡献自己的力量。例如，一些志愿者团体会组织红色文化宣讲、红色文化展览等活动，向公众普及红色文化知识。此外，一些企业和个人也会通过赞助红色文化活动、捐赠红色文化设施等方式，支持红色文化的传播。

本章节以上述三类传播主体作为核心研究对象，聚焦传播主体公信力与受众黏性两大影响传播效果的关键因素，分析不同传播主体在传播过程中所扮演的独特角色，全面揭示中原红色文化传播主体可能面临的差异化挑战，为未来发展提供相关依据。

一、中原经典红色文化传播主体的公信力

公信力作为衡量一个传播主体在公众心目中信任度与影响力高低的标尺，是衡量其信息传播效果与社会接受程度的关键要素。尤其在红色文化的传承与弘扬过程中，公信力扮演着不可替代的角色。红色文化，承载着革命历史的记忆与民族精神的内核，其有效传播不仅依赖于内容的真实性与深度，更依赖于传播主体的公信力，这是确保红色文化能够被广泛接受、深刻理解并内化为公众价值观的重要前提。中原地区，作为中国革命历史的重要组成部分，拥有丰富的红色文化资源。中原经典红色文化传播主体的公信力，特指这些主体在传播中原地区独特红色文化时，所展现出的信誉积累与公众对其传播内容的信任程度。这种公信力是长期以来通过准确、客观、全面的信息传播，以及积极的社会责任担当所逐步建立起来的，它直接关系到红色文化传播的广度、深度与持久性。为了更全面地把握中原经典红色文化传播主体公信力的现状与特点，下文主要从历史资源、主体专业能力、传播方式手段、受众接受认可四个层面逐一展开分析说明。

首先，丰厚的历史渊源为中原红色文化传播公信力提供深厚基础。作为外部客观因素，传播主体的公信力深受其深厚的历史渊源和传统基础的影响。从历史的长河中溯流而上，我们可以清晰地看到，中原地区不仅是中国革命的重要发源地，更是红色文化孕育与成长的摇篮。这一地区所拥有的红色文化资源，无论是从数量上还是从类型上来看，都堪称丰富多样，涵盖了革命遗址、纪念馆、英雄人物事迹、红色文艺作品等多个方面。这些真实存在的历史事件和深厚的文化积淀，如同璀璨的星辰，照亮了中原红色文化传播的道路。它们不仅为中原地区赋予了独特的红色文化身份，更为当地的红色文化传播主体构建了一座坚实的公信力基石。在这座基石之上，中原红色文化传播主体得以站稳脚跟，以更加自信和坚定的姿态，向外界传递着红色文化的精神与力量。以河南

所弘扬的“三大精神”——“焦裕禄精神”“红旗渠精神”和“愚公移山精神”为例，这是中原红色文化宝库中的瑰宝。这些精神所蕴含的先进事迹和英雄故事，不仅家喻户晓、妇孺皆知，更在广大人民群众中产生了深远的影响。它们如同一股股强大的精神力量，激励着人们不断前行，为中原红色文化的传播提供了坚实的群众基础和广泛的社会认同。

其次，中原红色文化传播主体的公信力与其展现出的专业能力和素质水平紧密相连，构成了公信力构建的又一核心要素。与先前讨论的历史渊源和传统基础等相对客观的外部条件不同，传播主体的专业能力和素养更多地聚焦于传播者个人及团队的主观能动性，这是决定红色文化传播质量与效果的关键因素。

在红色文化传播的广阔舞台上，传播者不仅是历史的讲述者，更是文化的传承者与创新者。他们承担着从浩如烟海的红色文化资源中精挑细选、去伪存真的重任，确保传递给公众的每一份信息都准确无误，充满正能量。这一过程要求传播者具备高度的历史敏锐性、深厚的文化底蕴以及敏锐的市场洞察力，能够准确把握时代脉搏，将红色文化与现代审美相结合，创作出既尊重历史又贴近生活的传播内容。进一步而言，红色文化的传播并非简单的信息传递，而是一个包含资源筛选、内容创意、形式设计、渠道选择、受众分析以及反馈收集等多环节的复杂系统工程。在这一系列传播过程中，传播者的专业能力如内容策划与创作、媒介运用与创新、受众心理把握等，以及他们的综合素质如政治素养、文化素养、道德素养等，都直接或间接地影响着红色文化传播的深度、广度和接受度。

因此，传播者个人的能力素养在中原红色文化传播中占据着举足轻重的地位。一个具备高度专业素养和良好综合素质的传播团队，能够更有效地挖掘红色文化的内涵价值，创新传播方式，增强传播效果，从而提升公众对红色文化传播主体的信任与认可，进一步巩固和扩大其公信力。反之，若传播者能力不足或素养欠缺，则可能导致红色文化传播的失真、浅薄甚至误导，损害传播主体的公信力。故而，加强传播主体的专业培训和素质提升，对于维护并提升中原红色文化传播主体的公信力至关重要。

基于前文对中原红色文化传播主体的划分，目前不同传播主体所具备的能力与素养水平也各不相同：

（一）政府等相关组织机构

政府等相关组织机构诸如媒体机构、政府部门、非营利组织等，其构成了当前开展中原红色文化传播的主力军。这些组织机构不仅拥有广泛的社会影响力和资源调配能力，还汇聚了一支由经验丰富、专业素养高的专业人员组成的队伍。作为权威传播机构的代表，它们相较于个人传播主体，在信息筛选、内容制作及传播策略的制定上，展现出了更为成熟和稳健的一面。在信息选择环节，这些传播主体能够依托其专业背景和深厚资源，对海量红色文化信息进行严格筛选，确保所传播内容的真实性和准确性。在制作过程中，它们注重内容的深度挖掘和创意呈现，力求以生动、形象的方式展现红色文化的独特魅力。而在传播过程中，它们则更加注重信息的公正、客观和真实传达，审慎处理每一则信息，避免散播虚假内容或误导公众，从而承担起应有的社会责任。

正是因为这些传播主体能够严格把关信息的真实性和可靠性，为公众提供有益、有价值的红色文化内容，它们才逐渐赢得了公众的信任和支持，获得了较好的公信力。但值得注意的是，在维护并提升公众对传播主体的公信力认可度的同时，组织机构应该努力确保传播内容的平衡性和客观性，避免片面宣传，以免公众对传播主体的公信力产生怀疑，认为其缺乏客观性和真实性。因此主体机构在展现红色文化正面价值的同时，也要勇于面对和探讨其中的不足和挑战，全面呈现红色文化的多个方面，全方位赢得公众的广泛认可和信赖，为中原红色文化的传承与发展贡献更多的力量。

（二）相关专业领域的从业个体

深耕于学术研究的学者专家、活跃在新闻前线的记者编辑以及各相关机构的负责人等，构成了中原红色文化传播中不可或缺的一股力量。这类传播主体，凭借其深厚的专业知识积累和丰富的实践经验，往往能够根据个人所掌握的信息资源，对中原红色文化进行深度剖析和独到解读。他们的分享，不仅仅是信息的传递，更是基于个体视角的专业见解和独到思考，为公众提供了多元化的认知路径。相较于政府及相关职能部门在信息传播中可能带有的官方色彩和宏观视角，此类传播者的传播方式更加贴近民众，以个体出发，用平易近人的语言和生动的案例，将红色文化的精髓和内涵娓娓道来。加之他们较为专业的学识背景，使得他们的分享内容既具有深度，又易于被大众所理解和接受，因此成为大众接受度较好的一类传播主体。尤其值得一提的是，一些极具个人风格魅力的传播者，如那些能够以独特视角解读红色文化、用生动语言讲述革命故事的学者或记者，往往能够吸引并聚集起数量可观的受众群体。他们的存在，不仅丰富了红色文化传播的形式和内容，也极大地提升了公众对红色文化的兴趣和关注度。

然而，正是由于此类传播主体所发布的红色文化内容主要依赖于个人所拥有的信息资源，这在一定程度上限制了其传播内容的广度和深度。来源的单一性可能导致传播内容尤其是传播观点的全面性受到影响，使得公众在接收信息时可能无法获得一个完整、全面的红色文化图景。这种情况下，公众对传播主体公信力的认可度可能会因此而有所降低。

因此，对于这类传播主体而言，如何在保持个人风格和专业性的同时，拓宽信息来源，提升传播内容的全面性和客观性，是其在

未来发展中需要思考和努力的方向。只有这样，才能更好地满足公众对红色文化的多元化需求，进一步提升自身的公信力和影响力。

（三）普通公众

普通公众这一广泛的群体，在自媒体时代的浪潮中，逐渐成为中原

红色文化传播中一股不可忽视的力量。随着自媒体平台的日益普及和便捷，越来越多对红色文化怀有深厚感情的普通公众，开始基于自身的兴趣爱好，积极利用微博、微信公众号、短视频平台等自媒体工具，进行相关河南红色文化的传播和分享。他们或撰写文章，或制作视频，或发起线上活动，以多种形式展现着红色文化的魅力，为红色文化的传承与发展贡献着自己的力量。

然而，此类传播主体虽然具有巨大的传播热情和积极性，但由于一部分公众缺乏足够的专业素养和知识水平，他们在传播红色文化时，往往仅从个人兴趣爱好出发，难以准确传达中原红色文化的深厚内涵和历史事实。这种情况下，受众在接收信息时可能会产生误解或偏差，对传播内容的准确性和可靠性产生怀疑，从而影响红色文化传播的效果和公信力。此外，由于此类传播者多为非职业从业人员，他们并不像专业从业者那样接受过系统的培训和严格的职业操守教育。因此，在部分传播者中，可能存在为了吸引公众关注、提高个人影响力而夸大红色文化的影响和意义，甚至故意传播虚假信息的情况。这种行为不仅严重损害了公众对传播主体的信任，也破坏了红色文化传播的生态环境，对红色文化的传承与发展带来了极为不利的影响。

因此，对于普通公众这一传播主体而言，提升专业素养、加强知识学习、坚守职业道德信念，是其在参与红色文化传播过程中必须重视的问题。只有这样，才能确保传播内容的准确性和可靠性，赢得公众的信任和尊重，为中原红色文化的传承与发展贡献出更加积极、健康的力量。

中原红色文化传播主体的公信力，不仅取决于其传播内容的真实性与深度，还与其所采用的传播方式和手段的合理性及透明度紧密相连。在这方面，中原经典红色文化不同的传播主体深刻理解并把握各种传播媒介的独特性质，以及自身作为传播者的特定属性，精准地选择最适合的传播渠道与平台，以确保红色文化的有效传播与广泛接纳。

在传播方式的选择上，与大部分政府机构较为相似，河南政府及其组织机构在中原经典红色文化传播上同样展现出了高度的责任感和使命感。他们不仅通过制定一系列扶持政策，如设立专项基金、提供税收优惠等，为红色文化传播提供资金支持和政策保障，还积极推动如安阳红旗渠、焦作圆通寺革命纪念地等红色文化资源的保护和开发，将这些珍贵的历史遗产打造成传承红色基因、弘扬革命精神的重要载体。同时，河南政府还精心策划并组织了一系列大型的红色文化活动，如“中原红色文化月”“红色故事宣讲大赛”等，通过纪念大会、展览、主题教育等多种形式，以官方名义推动红色文化的广泛传播。这些活动不仅让公众更加深入地了解了中原地区的红色历史，也激发了人们的爱国热情和民族自豪感。

媒体平台则通过新闻报道、专题报道、纪录片等多种形式，对中原红色文化事件、人物、故事等进行深入挖掘和广泛传播。例如，河南卫视推出的《红色中原》系列纪录片，就通过生动的画面和感人的故事，向观众展示了中原地区丰富的红色文化资源和革命历史。在传媒媒介的选择上，河南相关媒体机构紧跟时代潮流，既考虑传统媒体如报纸、电视的稳定受众基础，也充分利用新媒体如社交媒体、短视频平台的广泛覆盖与互动性。他们通过开设官方账号、发布短视频、直播互动等方式，形成线上线下相结合、多媒体融合的传播网络，让中原经典红色文化以更加生动、形象的方式走进千家万户。

民间团体在传播活动的组织形式上则更为灵活，他们通过组织如“红色文化进社区”“红色旅游线路推广”等基层活动，将中原经典红色文化融入人们的日常生活。特别值得一提的是，一些民间团体还注重创新和创意，如通过制作红色文化主题的微电影、动漫作品，以及举办红色文化主题的创意市集等方式，吸引更多年轻人的关注和参与。这些活动不仅丰富了红色文化的传播形式，也增强了红色文化的吸引力和感染力。

综上所述，河南政府、媒体平台以及民间团体在中原经典红色文化传播中各司其职、各展所长，共同构建了一个多元化、立体化的传播体系。他们通过政策引导、媒体传播、基层活动等多种方式，不断推动中原经典红色文化的传承与创新，

在传播信息透明度方面，政府通常会通过官方网站、新闻发布会等渠道，公开红色文化传播的相关政策、资金使用情况、活动进展等信息，确保公众知情权。例如，河南省文化和旅游厅就曾在官方网站上详细公布了红色文化保护与开发项目的资金分配、使用情况及项目进展，让公众对红色文化传播工作有了更加清晰、全面的了解。在进行信息筛选与发布的关键环节，河南的相关机构部门更是严格注重事实查证，坚决避免任何形式的夸大其词和歪曲事实。他们始终坚持客观、真实、全面的传播原则，确保每一条发布的红色文化信息都经得起历史和实践的检验。这种严谨的态度和做法，不仅提升了红色文化传播的公信力，也赢得了公众的广泛赞誉和信任。

媒体平台在报道红色文化相关事件时，会遵循新闻真实性和客观性原则，确保报道内容的准确性和透明度。通过舆论监督的方式，对红色文化传播中的不当行为进行曝光和批评，推动红色文化传播的健康发展。民间团体或个人在组织红色文化活动时，通常会通过社交媒体、公告栏等方式，公开活动的时间、地点、内容等信息，方便公众了解和参与。在传播红色文化时，更注重自律和互信机制的建立，通过成员间的相互监督和信任，维护传播活动的透明度和公信力。

总之，中原经典红色文化的传播主体，在不同层面针对各自组织活动特点，属性，在信息透明度方面展现出了高度的自觉性和责任感。政府、媒体平台以及民间团体或个人都积极发挥作用，共同维护了红色文化传播的透明度和公信力，为红色文化的传承与发展奠定了坚实的基础。

最后，中原红色文化传播主体的公信力，还深受公众认可和接受程度这一关键因素的影响。公众对传播主体的积极认可与坚定支持，构成了评估其公信力不可或缺的重要基石。在当下这个以受众为核心导向的

媒体传播时代，受众的地位被提升至前所未有的高度，“受众为王”已成为传播领域内一个普遍且深刻的现状。对于旨在传承红色基因、充分发挥红色文化育人功效的中原红色文化传播活动而言，更加注重公众的实际需求，密切关注公众的反馈信息，显得尤为重要。这意味着，传播者需不断审视并调整自身的传播策略，通过改进和优化传播方式，力求提升中原红色文化的传播效果与感染力，使之更加贴近公众的心灵，激发更广泛的共鸣。

在审视当前中原红色文化相关传播活动的实践时，我们观察到，尽管围绕中原红色文化这一主题，各地区各层级都开展了多样且富有创意的传播活动，但在传播模式上，无论是传统媒体还是新兴媒体，红色文化的传播往往侧重于传播者的视角。这种模式下，传播主体与公众之间的交流与对话难免不够充分和深入，导致公众对于红色文化传播活动的真实感受与宝贵建议未能得到充分展现和及时吸纳。

针对此类情况，部分传播平台已经搭建了各类互动渠道，各类新媒体、短视频平台均提供有实时留言功能，为公众表达意见提供了便利。然而，在实际操作中，这些互动机制并未得到充分利用。不少传播主体对于公众的反馈响应或是回复数量有限，或是处理速度缓慢，难以及时有效地回应公众的期待与疑问。这种情况可能在一定程度上影响了公众与传播主体之间的紧密联系，使得双方的理解与共鸣有待进一步加强。

鉴于此，中原红色文化的传播者可在现有基础上，进一步优化升级反馈与纠错机制。鼓励公众在接收相关中原红色经典文化信息的过程中，积极提供宝贵的意见和建议，并根据受众的需求和喜好，调整传播策略和内容，使红色文化传播更加贴近实际、贴近生活、贴近群众。同时，对于公众的关切与质疑，传播主体给予积极的回应，特别是当公众发现传播内容中存在错误时，应及时进行纠正，确保传播内容的准确性与可靠性。同时，传播主体还应积极借助自我监督和外部监督的力量，通过建立健全的监督机制，对传播过程进行全程跟踪和评估，从而确保中原红色文化传播的健康、有序进行。

二、中原经典红色文化传播的受众黏性

“受众黏性”这一概念，其根源可追溯至“用户黏性”，在消费领域的语境下，它原本被用来描述顾客对于某一品牌或产品的忠诚度、信任感以及良性体验等因素相互交织，共同作用下所形成的依赖程度和再次消费的期望程度。简而言之，它关注的是如何增强用户与品牌或产品之间的紧密联系，促使双方的使用数量得以持续增长。而本文所探讨的“受众黏性”，则是在这一基础上，将研究的视角聚焦于传播者与受众之间关系的稳定性与持续性，旨在深入探讨如何构建并维护这种长期、稳定的互动关系。

正如前文所详细阐述的那样，近年来，随着各地对于红色文化传承与保护工作的日益重视，不同媒介载体和传播主体纷纷采用丰富多样的方式，从多个层面、多个角度对中原地区的红色文化进行了深入的挖掘和生动的演绎。这些努力无疑为中原红色文化的传播注入了新的活力，也为其更广泛地触达受众奠定了坚实的基础。然而，值得注意的是，形式仅仅是传播过程中的一种方法或路径，它虽然重要，但并非决定性因素。对于中原红色文化的传播者们而言，更为关键的是如何借助现有的传播媒介，在成功激发受众兴趣之后，进一步留存并深化这种兴趣，甚至影响受众自觉接受中原红色文化的感召，从而使其传播效果得到更大程度的发挥。这不仅要求传播者们在内容制作上精益求精，更需要在传播策略上不断创新，以更加贴近受众需求、更加符合时代特点的方式，让中原红色文化在广大受众心中生根发芽。

因此，如何进一步扩大中原红色文化的受众范围，提升其在社会中的影响力和认知度，成为相关传播主体必须认真思考和亟待解决的问题之一。这不仅是对中原红色文化传播工作的一次重大挑战，更是推动其实现更高质量、更广泛传播的重要机遇。

从目前中原红色文化传播现状来看，通过一系列具有创新性的内容表达，中原红色文化能够在一定程度上吸引大众对于其的关注度，并在观看、了解中原红色文化的过程中，产生较为强烈的情感认同，例如在对红旗渠等红色旅游景点展开游览参观时，多数游客都能够被在艰苦条件下，艰苦创业、团结协作、无私奉献的红旗渠精神所打动，但在脱离红色文化的场景后，相关情感精神会随着其他事物的冲抵而淡去弱化。在此过程中，梳理与把握影响中原经典红色文化受众黏性的因素，成为不断提升受众黏性的关键。

第一，注重传播内容与传播受体的实际需求之间的平衡。但在现实的传播过程中，传播的内容与传播受体的实际需求之间往往存在着或多或少的不对称现象。这种不对称性的产生，其根本原因在于传播主体可能未能准确捕捉到受众的真实需求和兴趣所在，从而使得传播的内容与受众的期望之间产生了较大的偏差。

从传播主体的分类角度来看，当前中原红色文化的相关传播活动主要以政府或相关专业的主流媒体为主导。这类传播主体在传播过程中，以引导大众对中原红色文化的认知和了解，以及发挥中原红色文化的社会功能为主导。在这种以引导为主的传播模式下，传播主体容易出现注重自身的传播意图的倾向，而相对忽略了对受众偏好的深入了解和尊重。另外，以个人为主的中原红色文化传播主体，无论是专业的个体还是普通的红色文化爱好者，他们在传播过程中往往更多地从个人角度出发，表达自身的感受和感知。这种个体化的传播方式，虽然能够展现出独特的视角和观点，但同样难以展开全面的受众分析与调研，从而难以准确把握受众的真实需求和喜好。

基于上述分析可知，目前大多数中原红色文化的传播内容仍然以传播主体为主导，受众在一定程度上更倾向于被动接受传播者所提供的关于中原红色文化的相关内容。这种信息不对称的现象，容易导致受众对传播主体精心准备的传播内容并不感兴趣，从而大大降低了传播的实际效果。

为了深入了解受众需求，近年来中原红色文化的传播主体，尤其是政府及群体组织的相关传播机构，充分利用现有的资源条件，在开展较为重要或大型的中原红色文化传播活动之前，进行深入的市场调研和受众分析。在筛选和确定所要传播的红色文化及其表现形式时，围绕“真正渴望了解哪些中原红色文化精神”“期待看到什么形式的中原红色文化内容作品”等相关问题展开深入的前期调研或咨询。通过这些工作，传播主体得以更加准确地了解受众的真实需求和喜好，从而提供更加符合受众期望的内容，进而提升传播的效果和影响力。例如，在筹备“红色记忆·中原行”这一大型文化传播活动之前，主办方设计了包含多选、单选、开放性问题在内的详细问卷，通过线上线下多种渠道（如社交媒体、官方网站、社区活动现场等）广泛发放，收集不同年龄层、职业背景受众对于中原红色文化的认知、兴趣点及期望看到的内容形式。除了问卷调查，还组织了多场面对面或线上深度访谈，特别邀请了历史学者、教育工作者、退休老兵及青年学生代表，深入了解他们对中原红色文化的看法及期待。随后主办方将收集到的数据通过专业软件进行分析，提炼出受众最关心的红色文化主题，确立了“红色故事微电影大赛”“红色足迹互动展览”等系列活动，活动吸引了大量公众参与，根据活动后的反馈调查，超过 90% 的参与者表示活动内容贴近他们的兴趣和需求，对中原红色文化有了更深的理解和情感共鸣。

第二，文化和时代的隔阂也是制约中原红色文化受众黏性提升的一个重要因素。中原红色文化，作为特定历史时期的产物，诞生于那个烽火连天的革命年代，并在河南建设与改革的长期实践中不断成熟与发展。它深刻地彰显了中原地区人民群众在党的坚强领导下，通过独立自强、拼搏奋斗的历程，所铸就的种种崇高精神和优良品质。这些红色精神，即便在今天看来，依然历久弥新，闪耀着时代的光芒。

然而，要深刻理解这些红色精神，必然需要与它们产生的历史环境背景紧密相连。这就意味着，在传播过程中，传播主体可能会不自觉地运用到一些专业术语或特定的文化符号。这些表达，对于不熟悉那个时代背景的受众来说，往往带有一种时代的陌生感，从而增加了他们理解和接受传播内容的难度。从另一个层面来看，前来接受中原红色文化的受众，他们可能来自五湖四海，拥有不同的文化背景和学识素养。他们对红色文化的了解程度自然也不尽相同，有的可能只是略有耳闻，有的则可能有着深入的研究。因此，在接触中原红色文化的过程中，由于学识素养、能力储备等方面的差异，受众对于中原红色文化的关注度也会受到不同程度的影响。

为了有效克服这个问题，近年来中原红色文化的传播主体积极采取更加贴近受众接受习惯的传播策略。一方面，使用通俗易懂的语言和符号，尽量避免使用过于专业或难以理解的术语，以降低受众的理解门槛。例如，在介绍刘邓大军千里跃进大别山这一伟大革命历史事件时，传播者摒弃了晦涩的军事战略术语讲解。他们将复杂的军事行动通过简洁明了的语言描述为“刘邓大军就像一把利刃，插入敌人的心脏地区”，同时配上生动的图片，包括战士们风餐露宿、艰难行军的画面，以及生动的视频资料，如战争场景的重现、当地百姓欢迎解放军的片段等，让受众能够轻松理解事件的背景是解放战争战略反攻的关键时期，了解刘邓大军一路克服艰难险阻、突破敌人围堵的过程，以及这一行动对于扭转战局的重大意义。另一方面，传播主体主动提供相关中原红色文化的背景知识和详细解释，帮助受众更好地把握其历史脉络和文化内涵，从而增强他们对中原红色文化的认同感和关注度。比如在宣传焦裕禄精神时，不仅讲述焦裕禄治理兰考“三害”的感人故事，还详细介绍当时兰考县风沙、内涝、盐碱地肆虐的恶劣环境，以及焦裕禄来到兰考后深入基层调研、带病坚持工作等一系列行为的思想根源，包括党的宗旨意识在他身上的深刻体现，他对人民群众疾苦的深切关怀等。通过这些深入的背景阐释，人们更能理解焦裕禄精神为何在中原大地乃至全国成为一座不朽的丰碑。通过这样的努力，逐步消除文化和时代的隔阂，让中原红色文化在新时代焕发出更加绚丽的光彩。

第三，信息过载和碎片化传播模式的盛行，也是影响中原红色文化在传播过程中受众黏性的重要因素之一。随着媒体技术的飞速进步，信息时代下的受众每天都需要面对海量的信息输入，这些信息以极快的速度更新迭代，且往往以碎片化的形式呈现。在这样的媒体环境中，中原红色文化的传播主体不得不与众多其他类型的内容提供者展开激烈的竞争。中原红色文化，作为承载着深厚历史底蕴和崇高精神价值的文化形态，其本身的严肃性和崇高感，使得它在众多以趣味性、娱乐性为主导的媒体内容中显得尤为突出，但也难以轻易吸引受众的眼球。在信息爆炸的时代，受众的注意力成为一种稀缺资源，而基于大数据的算法推荐系统，虽然在一定程度上能够帮助受众筛选信息，但往往也会因为过度追求点击率和流行度，而导致真正有价值的内容被淹没在信息的海洋中。

为了有效增强中原经典红色文化受众黏性，中原红色文化的传播主体采取一系列策略。

首先，它们通过整合信息资源的方式，将散落在各个渠道的中原红色文化内容进行系统化的梳理和归类，为受众提供一个清晰、全面的信息框架。例如，在建设与中原红色文化相关的数据库时，工作人员深入挖掘了包括地方党史资料馆、各级图书馆古籍文献库、民间收藏家手中的资料，以及散布在网络各个角落的相关信息。像对鄂豫皖苏区革命历史资料的整合，他们把涉及苏区建立、发展过程中众多分散的历史事件记录、革命先辈事迹、当时的宣传标语等内容从不同渠道收集起来。经过详细考证和梳理，按照时间脉络将这些资料分为苏区创建期、发展壮大期、艰苦斗争期等不同阶段，又从军事斗争、政治建设、文化发展等多个维度进一步归类，形成了一个条理清晰、内容丰富的信息体系。这样，无论是研究人员还是普通爱好者，都能从中清晰地了解鄂豫皖苏区完整的红色文化发展历程。

其次，提供内容导航也是至关重要的，这可以帮助受众在纷繁复杂的信息中快速定位到自己感兴趣的内容，从而提高信息的获取效率和阅读体验。以某中原红色文化专题网站为例，网站首页设置了智能搜索栏和详细的导航菜单。导航菜单中，按照地域分为豫东、豫西、豫南、豫北等板块，每个地域板块下又细分出如著名战役、革命英烈、红色地标等子菜单。受众如果对豫南地区的红色文化感兴趣，点击进入后，可以进一步选择查找像王大湾会议相关的内容。同时，搜索栏支持关键词搜索，当用户输入“桐柏英雄”，就能迅速获取与桐柏地区革命英雄相关的故事、影视资料、研究文献等内容，极大地方便了用户在海量信息中找到自己所需。

当然从更根本的层面来讲，传播主体还需要深入了解和准确定位受众的需求。这意味着，他们不仅要关注受众的表面兴趣点，更要深入挖掘其潜在的文化需求和价值追求。在此基础上，传播主体应致力于提供具有针对性和高质量的内容，这些内容不仅要能够准确传达中原红色文化的核心精神，还要以新颖、生动的方式呈现，以吸引受众的关注和信任。通过这样的努力，中原红色文化才能在信息过载和碎片化传播的时代中脱颖而出，赢得更多受众的喜爱和认同。

最后，传播内容的创新与多样性无疑是增强中原红色文化传播受众黏性的核心所在。在当下这个以受众为导向的传播环境中，提升受众黏性的根本途径在于内容质量本身的不断优化与升级。中原红色文化的传播主体深刻认识到，只有不断创新和丰富传播内容，才能有效吸引来自不同层次和背景的广大受众。在近年来所开展的各级各类创新性中原经典红色文化的项目中，一个值得借鉴的例子是中原出版传媒集团数字文创研学中心为林州打造的特色研学项目——红旗渠精神营地。该项目巧妙地将课本上的红旗渠故事与林州红旗渠的真实场景相结合，通过实体演绎的方式，让受众身临其境地感受红旗渠精神的伟大力量。更值得一提的是，该项目还融入了科技感、国潮范儿等现代元素，为红旗渠精神赋予了更多年轻化的内涵，成功打造了红旗渠精神的独特 IP。这种贴合现代人接受偏好的传播方式，不仅吸引了广大青少年的积极参与，还取得了良好的教学效果。它充分证明了创新与多样性在提升中原红色文化传播受众黏性方面的重要作用。因此，中原红色文化的传播主体应当积极借鉴这一成功案例，不断探索和实践新的传播方式和手段，以更加生动、有趣、多样的方式呈现红色文化，从而吸引更多受众的关注和喜爱。

第二节　传播符号的开发现状

传播符号作为一个广泛而深刻的概念，是指那些被精心设计并用来有效传递信息和深层意义的符号系统。它们不仅仅是简单的记号或标志，而是蕴含着丰富内涵与外延的交流工具。传播符号通过一系列特定的符号系统和精密的语法规则，巧妙地将人们的思想、复杂多变的情感以及深邃的观念，转化为一种可以被他人直接感知并准确理解的外在形式。这一过程不仅实现了信息的有效传递，更促进了人与人之间心灵的沟通与共鸣，使得文化的精髓、智慧的火花得以跨越时空的界限，进行广泛的交流和共享。

这些传播符号的形式多样，既可以是具体可触的物体，如一件艺术品、一个手势、一张照片，通过其独特的形态、色彩或动作，直观地传达出创作者的意图与情感；也可以是图像化的表达，比如绘画、雕塑或电影画面，它们利用视觉语言的魅力，激发观者的联想与共鸣。此外，传播符号还涵盖了那些更为抽象的概念或高度符号化的表达形式，如语言、文字、数学公式或是音乐旋律等。这些符号系统虽然看似无形，却能在人们的心灵深处构建起一座座桥梁，连接起不同的思维世界，让复杂的思想得以精确表述，让细腻的情感得以充分流露。

作为人们交流思想、理解彼此、共享深层意义不可或缺的重要工具，传播符号在文化传承与发展中扮演着至关重要的角色，它是文化多样性和丰富性的重要表达方式。不同的文化体系，通过各自独特的符号系统来精细地传递和表达其深植于心的价值观、信仰体系、风俗习惯以及悠久传统。这些符号，如同一面面镜子，不仅映射出文化的外在形态，更承载着文化的深刻内涵和丰富象征，成为区分不同文化身份、强化文化认同的重要标志。

在红色文化的传承与传播过程中，传播符号的作用尤为显著。红色文化，作为中国革命历史的重要组成部分，蕴含着深厚的爱国情怀、革命精神和集体主义价值观。通过精心设计的红色文化传播符号，如革命遗址、英雄人物的形象、标志性的历史事件标识等，可以使广大人民群众更加深入、全面地了解革命历史的真相，感受革命先辈们的英勇事迹和崇高精神。这一过程不仅有助于引导人民群众形成积极向上的价值判断，树立正确的世界观、人生观和价值观，还能极大地增强大众的文化自信，提升民族自信心和身份认同感。更重要的是，红色文化传播符号通过激发人们对共有革命历史记忆的情感共鸣与连接，深刻影响着受众的认知模式、情感倾向和行为选择。它像一座桥梁，将过去与现在、历史与现实紧密相连，促使人们在回望历史的同时，更加珍惜当下，展望未来，从而在社会上形成良好向上的社会价值观念，真正实现红色基因代代相传，让革命精神永放光芒。

就目前中原地区红色文化传播符号的发展状况而言，依托于中原地区丰富的红色文化资源，在各相关机构与部门的共同努力下，已逐渐形成了包括中原红色精神符号提炼、典型历史人物符号塑造、历史事件符号转化等在内的，形式多样且内涵丰富的中原经典红色文化符号体系。在传播红色文化符号的过程中，各传播主体尤其注重将典型的中原红色文化符号与现代科技、各类艺术手法相结合，创新红色文化传播符号的表现形式，增强其吸引力和感染力。需要警醒的是，在取得现有成效的基础上，中原经典红色文化传播符号也面临如内涵挖掘广度深度不充分、传播符号同质化等潜在的压力，为此中原红色文化各传播主体通过跨学科研究，跨产业联合，强化版权保护意识等多项举措，确保红色文化传播的持续健康发展与符号体系的不断创新，进一步提升中原红色文化的影响力和传播力，让红色基因在新时代焕发新的活力。

一、中原经典红色文化传播符号的发展现状

符号并非自然而然地与其所承载的意义紧密相连，它们之间的关联是经由人类社会的共同理解和长期的社会约定逐渐形成的。符号，作为信息的载体，想要实现其传递深层意义和丰富情感的目的，必须依赖于一个广泛共享的认知框架和解释体系。例如，红色这一色彩，在众多文化中常常被用来象征激情、力量或是警示，但这种象征性并非一成不变，也不是凭空产生的，而是深深植根于特定的文化、历史和社会背景之中。在不同的文化语境下，红色可能承载着截然不同的意义，这恰恰体现了符号象征性的相对性和灵活性。

这种约定俗成而产生的符号象征性，赋予了传播符号一种独特的可塑性。这意味着，符号的含义和解读并非固定不变，而是可能随着时间的流逝、地域的变迁、文化背景的差异以及个体经验的不同而有所变化。同一个符号，在不同的环境和语境中，可能会被赋予截然不同的意义，甚至产生完全相反的效果。因此，在挖掘和传播中原红色文化的过程中，我们必须充分考虑到这一点，既要基于红色历史事实，确保信息的真实性和准确性，又要勇于创新和拓展，丰富其在不同传播语境下的时代价值与意义，尤其是在新时代背景下，如何让中原红色文化焕发新的生机与活力，成为连接过去与未来、传统与现代的桥梁。

中原红色文化作为中国革命历史的重要组成部分，其历史发展悠久，资源数量众多，且广泛分布于中原大地的各个角落。这些宝贵的红色文

化资源，不仅见证了中国革命的艰辛历程和伟大胜利，也蕴含着丰富的精神内涵和时代价值。然而，对中原地区如此丰富的红色文化资源进行深入研究和系统开发，无疑是一个漫长而复杂的过程。它需要我们投入大量的人力、物力和财力，进行细致的田野调查、历史考证和文化梳理，同时还需要我们具备跨学科的视野和创新能力，将传统的研究方法与现代科技手段相结合，以更加全面、深入、生动的方式展现中原红色文化的独特魅力和时代价值。以下是对中原红色文化传播符号开发现状的基本总结：

（一）红色文化符号的历史回顾

习近平总书记曾多次对革命文物工作作出重要指示，他强调，革命文物不仅承载着党和人民英勇奋斗的光荣历史，还详细记载了中国革命的伟大历程和无数感人事迹。这些革命文物，作为党和国家的宝贵财富，是红色资源中不可或缺的重要组成部分，它们见证了中国共产党领导下的革命斗争历程，凝聚着革命先烈的鲜血和汗水，是激励后人不断前行的精神力量。

中原地区作为中国共产主义革命的重要发源地和红色文化的重要承载区，其地位举足轻重。这里孕育了丰富的红色文化物存，这些物存如同一部部活生生的历史教科书，均可成为传播中原红色文化的鲜明符号。它们涵盖了与革命紧密相连的遗迹旧址，如革命根据地、战斗遗址、烈士陵园等；还包括了纸本载体，如革命文献、手稿、报纸、杂志等，这些文字记录着革命的历史瞬间和先辈们的思想光芒；此外，日用物件也是红色文化物存的重要组成部分，如革命时期的武器、服装、生活用品等，它们见证了革命者的艰苦生活和坚定信念。

除了这些物质形态的红色文化物存外，中原地区还珍藏着大量关于红色事件的亲历者、当事人、知情人的记忆。通过录音整理、现场采访、访谈对话等方式，这些珍贵的红色记忆得以被收集和保存下来。这些口述历史，作为红色文化的重要组成部分，为我们提供了更加生动、真实的革命历史画面，让我们能够更加深入地了解革命先烈的英勇事迹和崇高精神。

（二）红色文化符号的艺术表现

红色文化符号的艺术表现，是中原地区红色文化传播与传承的重要途径之一。这些符号不仅静静地躺在历史文献和实物之中，等待着人们的发掘与解读，它们更通过丰富多样的艺术形式，得到了广泛的传播和生动的延续。

在中原大地上，绘画以其独特的色彩和线条，将红色文化符号描绘得栩栩如生。艺术家们以革命历史事件和英雄人物为题材，创作出了一幅幅感人至深的绘画作品。例如，著名画家李可染的《长征》系列画作，便以红军长征这一波澜壮阔的革命历史事件为背景，通过细腻的笔触和生动的色彩，展现了红军战士在艰难困苦中不屈不挠、勇往直前的精神风貌。这些画作不仅让观众仿佛置身于那个烽火连天的年代，更深刻感受到了革命先烈的英勇与伟大。由河南大学美术学院教授袁汝波创作的绘画作品《八月桂花遍地开》以发源于河南商城的经典革命歌曲《八月桂花遍地开》为灵感来源，以商城起义、商城县苏维埃政府成立、王霁初等革命历史事件和人物为主题，展现了革命时期的光辉岁月和英雄人物的风采。袁汝波教授在创作中运用了丰富的色彩和细腻的笔触，生动地描绘了革命历史事件和人物的形象。同时，他还巧妙地融入了写意和写实的表现手法，使得作品既具有历史的厚重感，又不失艺术的灵动性。它通过艺术的形式再现了革命时期的光辉岁月和英雄人物的风采，对于传承和弘扬红色文化具有重要意义。

雕塑，则以立体的形式，将中原红色文化符号永久地镌刻在了人们的心中。无论是巍峨的革命纪念碑，还是栩栩如生的英雄人物雕像，它们都以其雄浑的气势和深邃的内涵，激发着人们的爱国热情和奋斗精神。例如为纪念 1923 年京汉铁路工人大罢工而建立的河南郑州的“二七纪念塔”，现已成为郑州这座城市的标志性建筑，每当人们看到它，都会想起那段可歌可泣的斗争历史。再如，位于河南林州的“红旗渠精神雕塑”，这座雕塑以红旗渠为背景，展现了当年林州人民在艰苦条件下自力更生、团结协作、无私奉献的精神风貌，激励着后人不断前行。这些雕塑作品，不仅美化了城市环境，也成为传承红色文化、弘扬革命精神的重要载体。

书法，作为中国传统文化的瑰宝，也在中原红色文化符号的艺术表现中发挥了重要作用。河南的书法家们以笔墨为媒介，将革命口号、英雄事迹等红色文化元素融入书法作品之中，使得这些符号在艺术的殿堂里焕发出了新的生命力。例如，河南著名书法家张海先生，就曾创作过多幅以红色文化为主题的书法作品。他以行云流水般的笔触，将“革命理想高于天”“不忘初心、牢记使命”等革命口号书写得铿锵有力，既展现了书法的艺术魅力，又传递了红色文化的深厚内涵。这些书法作品不仅被广大书法爱好者所珍视，也成为传承红色文化、弘扬革命精神的重要艺术载体。通过张海等书法家的努力，中原红色文化符号在书法的艺术表现中得到了生动的诠释和广泛的传播。

此外，民间艺术也是红色文化符号传播的重要载体。在中原地区，戏曲、剪纸、泥塑等民间艺术形式都纷纷将红色文化符号融入其中，创作出了一系列具有浓郁地方特色的红色文化作品。以戏曲为例，河南的豫剧作为中原地区的代表性剧种，就经常上演以革命历史为背景的剧目，如《红色娘子军》《沙家浜》等。这些剧目通过生动的表演和激昂的唱腔，将革命先烈的英勇事迹和革命精神传递给观众，激发了人们的爱国热情。进入新时期，河南各剧团充分发挥良好的戏剧基础，先后创排《焦裕禄》《红旗渠》等反映中原红色经典文化的优秀戏剧作品；编创电视剧《任长霞》《难忘岁月——红旗渠的故事》；绘画作品《八月桂花遍地开》等，艺术家们用多种人民群众喜闻乐见的文艺形式来再现中原红色文化资源，通过对红色文化符号的艺术表现，为观众提供了一种情感共鸣和文化认同的方式。

（三）红色文化符号的文化产业开发

中原地区的红色文化符号，作为承载着深厚历史记忆与文化底蕴的宝贵财富，不仅具有不可估量的历史和文化价值，也蕴含着巨大的经济潜力。近年来，随着文化产业的蓬勃发展，中原地区的一些地方政府和文化机构敏锐地捕捉到这一机遇，开始将红色文化符号视为推动地区经济发展的重要引擎，进行深度的开发和推广。河南省作为中原地区的核心省份，积极响应国家号召，认真贯彻落实《2016-2020年全国红色旅游发展规划纲要》的精神。通过充分调动各部门的积极性，整合地区资源，不断加大在宣传教育、基础设施建设以及旅游产品创新等方面的投入力度，河南省着力推动全省红色旅游的持续健康发展。这一系列举措不仅提升了红色旅游的品质和吸引力，还进一步弘扬了红色革命精神，让更多的人在旅游中感受到历史的厚重和革命的伟大。在此基础上，河南省还围绕继承和发扬红色革命精神，积极开展“红色党建”系列主题文化活动。这些活动不仅丰富了红色旅游的内涵，还将红色旅游的功能拓展延伸至研学、教育、社会服务等相关领域，实现了红色文化的多元化传播和价值的深度挖掘。

与此同时，各类红色主题商店也如雨后春笋般涌现，它们通过对中原红色文化的深入设计开发，制作出一系列具有纪念意义的商品，如纪念品、纪念邮票、红色文化衍生品等。这些商品不仅将红色文化符号与市场需求紧密结合，还通过创意的设计和精湛的工艺，展现了红色文化的独特魅力，助力中原红色文化的广泛传播和经济价值的有效开发。以商城县红色旅游特色小镇为例，该镇充分利用自身丰富的红色文化资源，结合现代设计理念，推出了一系列兼具艺术、文化、商业价值的特色红色文创产品。如纪念红日报社—活字印刷DIY套装，不仅让游客在动手制作中体验到活字印刷的魅力，还深刻感受到红色历史的厚重；八月桂花遍地开-纪念版CD，则通过音乐的形式，将红色文化与现代审美完美融合，让红色旋律在耳畔回响；而“弦歌不辍薪火相传”手工DIY八音盒、印象商城系列手撕便签本、文艺书签、赤城青年系列滑板等商品，更是以独特的创意和精美的设计，赢得了广大消费者的喜爱和追捧。

（四）红色文化符号的传播途径

随着互联网和社交媒体的迅猛发展，中原红色文化符号的传播途径发生了深刻而广泛的变化。传统的博物馆、展览和纪念场所，作为红色文化传播的基石，依然扮演着不可替代的角色，它们以实物展示、历史解说等方式，让人们能够近距离地感受红色文化的魅力，深刻理解其背后的历史意义。然而，在互联网时代，这些传统渠道已不再是唯一的传播方式。互联网平台、微博、微信、短视频等新媒体形式的兴起，为中原红色文化符号的传播开辟了全新的路径。这些新媒体平台以其广泛的覆盖范围、快速的传播速度以及高度的互动性，使得红色文化符号能够跨越地域、年龄、职业等界限，更广泛地传播给更多的人群。无论是学者、艺术家、机构还是个人，都可以在这些平台上展示自己对红色文化的理解、创作和研究成果，与其他人进行交流和分享。

特别是近年来兴起的短视频平台，更是为红色文化的传播注入了新的活力。创作者们通过短视频这一形式，将红色文化内容以生动、有趣、易懂的方式呈现给大量观众。这些短视频不仅内容丰富多样，涵盖了红色历史、英雄事迹、革命精神等多个方面，而且形式新颖独特，能够迅速吸引年轻群体的关注。通过社交分享、点赞、评论等方式，这些短视频在平台上迅速传播开来，进一步扩大了红色文化符号的影响范围。此外，新媒体平台还提供了丰富的互动功能，使得观众在观看红色文化内容的同时，也能够参与到相关话题的讨论中来。这种互动性不仅增强了观众对红色文化的认知和理解，还激发了他们的爱国热情和民族自豪感。通过新媒体平台的传播和互动，中原红色文化符号的传播速度和广度得到了极大的提升，为红色文化的传承和发展注入了新的动力。

二、中原经典红色文化传播符号开发面临的挑战

虽然目前河南省及其各级地方政府对地域性中原红色文化的传承与弘扬给予了高度重视，积极投身于深化中原红色文化内涵的挖掘工作之中，不断加强对相关红色文化精神的研发力度，且在理论与实践的双重探索中取得了一定的成果，使得河南红色文化的影响力借助红色文化符号的传播而日渐提升，逐渐走进了更广泛的公众视野。然而，从传播符号持续优化发展的角度出发，在对现有中原经典红色文化传播符号现状进行审视后不难发现，若想保持并不断提升当前红色文化传播符号的表现力、影响力，仍需要我们理清影响红色文化符号发展的因素，并积极采取相关措施，打造中原红色文化独特的精神标识，借助文化符号的力量使中原经典红色文化不断得以强化和传播。

（一）警惕短视开发，加大挖掘力度

从文化符号挖掘的广度来说，对于中原红色文化传播符号的挖掘，需要建立在广泛的研究和深入的调查基础之上。就当前河南红色文化开发的实际情况来看，中原地区拥有丰富的红色文化资源，这虽然为红色文化符号的开发提供了数量上的优势，也为对相关红色文化符号的收集、整理带来了一定的难度。虽然在相关政策的支持下，各级各部门开展了一系列对中原红色文化的收集、整理工作，但在开发过程中，随着城镇化的不断推进，城区或乡镇的改造拆迁活动日益频繁，这在一定程度上难免会破坏到部分具有深厚历史文化价值的革命遗址。这些遗址不仅是红色文化的重要载体，也是后人缅怀先烈、接受爱国主义教育的实地场所。这就导致“在城市化进程的压力下，虽然对红色资源的开发利用持积极态度，但往往因城市规划、财政预算等多种因素的制约，在实际操作中难以做到全面保护与合理利用，使得部分红色文化资源在保护与开

发的天平上失衡，留下了不少遗憾”①。同时，散落在民间的历史档案，作为红色文化传播符号的重要组成部分，也不可避免地会面临迁移、保管不当等客观问题。这些档案中蕴含着的丰富的历史信息和教育价值，由于上述客观因素的影响，更容易出现大量遗失或损毁的情况，从而无法及时、有效地体现其应有的历史和教育价值。

值得警醒的是，缺乏对相关历史文献、档案资料的全面深入了解和分析，不仅会导致关于红色文化的开发停留在表面层次，部分开发者还可能会存在因时间紧迫或资金有限等现实条件的限制，而盲目追求红色文化资源的经济利益。这种短视的开发方式，会导致红色文化资源被破坏性利用。由于缺乏对红色文化精神的深刻认识和理解，开发者在挖掘红色文化符号内涵时，往往容易陷入片面性、浅表性的误区。他们可能只关注到红色文化的某些显性特征，而忽视了其背后的深层精神内涵和历史文化背景。这种浅尝辄止的开发方式，不仅无法充分展现中原红色文化的独特魅力，也难以实现红色文化传播的深远效果和持续影响力。因此，为了更好地传承和弘扬河南红色文化基因，必须加强对红色文化传播符号的全面性和深度挖掘，确保红色文化资源的保护与利用能够协调发展，真正实现红色文化的历史价值、教育价值和社会价值的最大化。

（二）规避符号同质，突出典型特色

河南红色文化的传承与弘扬在近年来已然形成了一股不可忽视的热潮，社会各界对于红色文化的关注度日益提升，各种红色文化活动层出不穷，然而，在这股热潮背后，我们也必须清醒地认识到，若想使中原红色文化活动保持高热状态，还需要文化体系的科学整合和学科的合理建构，避免多地方红色文化内涵开发单一的现象。这种单一性即会影响红色文化符号的挖掘深度，也会影响红色文化符号传播方式的创新。具

① 常卓航，郝晓乐，张晨．传承和弘扬河南红色文化基因的问题研究[J]．农村·农业·农民B，2022（6）：59-61．

体来说，如若缺乏对红色文化资源的系统梳理和科学整合，极容易导致地方的红色文化开发往往只停留在表面，无法深入挖掘其背后的历史内涵和精神价值。同时，若缺乏学科建构的支持，红色文化的传播和研究也存在相对零散和碎片化的危机，难以形成具有影响力的学术成果和理论体系。

当然不可否认的是，作为主题精神类型的文化资源，各个地方的红色文化在主体精神的表达上确实会存在一定的趋同性。但是，这并不意味着红色开发的方式方法也应该千篇一律。如若盲目照搬了邻近知名红色景区的展览形式和内容，没有深入挖掘传播符号自身独特的红色历史和文化内涵，那么在红色文化资源的开发上，便容易停留在表面模仿，如没有结合当地实际的革命故事和英雄事迹进行深度创作和展示，而只是建设相似的纪念碑、纪念馆，这会使得这些新建的设施缺乏灵魂，难以引起游客的情感共鸣，最终成了无人问津的“摆设”，其结果不仅未能吸引预期的人流，反而造成了红色资源的浪费。

因此，我们应该因地制宜，根据不同地区的实际情况和特色，制定符合当地特点的红色文化开发策略。例如兰考焦裕禄纪念园便结合当地特色，通过景观打造与体验优化，因地制宜对其进行特色开发。在景观打造方面，纪念园对焦裕禄当年治理兰考“三害”的场景进行部分实景重现，在园区内打造一个小型的风沙治理体验区，模拟当年兰考风沙肆虐的环境，让游客可以亲身感受到风沙的侵袭，同时展示焦裕禄带领兰考人民通过种植泡桐等方式防风固沙的艰辛过程。依据焦裕禄在兰考大力推广泡桐种植这一历史，纪念园将植被规划与泡桐紧密相连。扩大泡桐种植面积，打造泡桐林景观带。在泡桐林中设置休憩区域和文化展示点，如在树下设置石刻，刻有焦裕禄关于泡桐种植意义的话语，或者介绍泡桐在兰考发展中的作用，让游客在欣赏美景的同时，深刻领会焦裕禄精神在改善生态环境方面的体现。“对于分布不同地区又具有共性主题的资源，要注意发掘地域特点，需联合共建的就共同开发，可以独立开发的要突出特色，争取做到求同存异、人无我有、人有我新。”① 只有这样，我们才能更好地传承和弘扬河南红色文化，在提升中原红色文化传播效果的同时，展现中原红色文化多样性与独特性，使其在新的时代背景下焕发出更加绚丽的光彩。

（三）避免单一发展，推进行业联动

通过前文论述不难发现，对于中原红色文化传播符号进行深入的内涵挖掘，是预防短视开发，避免同质化开发的有效路径。但红色文化传播符号的深入挖掘，不仅仅是一个单一学科的任务，而是需要跨越政治、经济、管理、传播、艺术等多个学科领域的研究方法和理论框架，进行综合性的分析和解读。这些学科之间存在着千丝万缕的联系，共同构成了红色文化传播符号的丰富内涵。因此，避免局限于某一单一领域的研究是当前红色文化传播符号内涵挖掘面临的另一个重要挑战。

为避免因学科之间的隔离和研究领域的专业化，导致红色文化传播符号缺乏综合性和交叉学科的视角，河南相关机构部门整合部门职能，各单位之间协调联动，例如信阳市委宣传部、信阳市中级人民法院、市委党史研究室、市文化广电和旅游局、鄂豫皖革命纪念馆等多部门联合召开红色资源宣传与司法保护联动机制座谈会，并出台相关意见。法院在审理涉及红色资源保护的案件时更加精准有效，宣传部门加大对红色文化的宣传力度，各部门形成合力，共同保护和利用红色资源。高校兼具科学研究与社会服务双重职能，也积极围绕中原红色文化展开各类校地合作，河南大学等高校与新安县石井镇等地方合作，利用学科优势和人才优势，为地方的红色资源保护利用提供智力支持。对当地红色资源进行调研、分析，提出保护和开发的建议，地方则为高校提供实践基地和研究案例，双方共同推动红色资源与产业发展的结合，助力革命老区

① 苗涛．河南红色文化资源开发利用策略刍议 [EB/OL].(2020-10-20)[2024-06-16]. http://www.hnskl.org/zkjs/lt/20201020/10385.html.

乡村振兴。除此之外，随着近年来不断推广的“红色+”理念的扩展，部分行业之间开始了联动合作，并收获了较好的实践效果。这种合作模式打破了传统的学科和部门界限，实现了资源的共享和优势互补。如前文所提到的“红旗渠精神营地”，就是中原出版集团与林州市人民政府共同签署的全域研学与智慧教育战略合作协议的产物。这一合作项目不仅深入挖掘了红旗渠精神的内涵，还通过研学旅行等方式，将红色文化与教育、旅游等多个领域相结合，实现了红色文化传播的多元化和创新性。

因此，其他各地市可以充分参考借鉴中原出版集团与林州的合作经验，积极探索跨学科的研究方法和跨领域的合作模式。通过加强不同学科、不同部门之间的沟通与协作，共同揭示中原红色文化符号的多维内涵和意义，推动红色文化的传承与发展。

（四）注意产权保护，提升品牌意识

红色文化传播符号不仅承载着深厚的文化底蕴和历史记忆，还关联着相关的文化认同和权益保护问题。因此，在利用这些符号进行商业开发和推广时，我们必须尊重相关的知识产权和文化遗产保护法律法规，确保红色文化的传播既符合法律法规的要求，又能保持其原有的文化内涵和精神价值。避免商业化过度和文化形象的扭曲。尤其随着越来越便携的传播形式的普及，此前高高在上的“红色文化资源”逐渐走上“生活化”的传播方式。“不少网红选择打卡红色旅游胜地、制作红色经典素材短视频、直播销售带有红色文化元素的商品等方式获赞无数，更有一些具有红色文化资源的地方政府注册各类媒体平台账号，通过拍摄红色文化作品进行红色文化传播。”①这种生活化的传播方式无疑为红色文化的普及和传承开辟了新的途径，使更多人有机会了解并接受红色文化。

① 李朋朋 . 新媒体时代背景下红色文化资源传承与知识产权保护路径探析 [J]. 河南科技，2020（9）：35-38.

但机会与风险总是相伴相生，如果我们在此过程中缺失风险意识，忽视了知识产权和权益保护的重要性，就可能会给红色文化带来过度商业化的倾向，甚至导致其文化内涵的扭曲和贬值。以全国知名的红色旅游景区井冈山为例，在对其丰富的红色资源进行开发的过程中，就曾经出现过由于相关知识产权保护意识不到位，导致红色旅游商标、专利、著作权等被侵权、域名被抢注等一系列问题。这些问题不仅损害了井冈山红色文化的形象和声誉，也给其带来了不小的经济损失。

随着以“三学院三基地”为首的河南红色资源品牌日渐成熟，各领域对其的关注度也在不断提升。然而，这也必然伴随着一些蹭“红色品牌”热度的现象。因此，我们需要加强对于红色资源研发的培训模式、运营机制以及所产出的各类成果的相关产权保护，确保红色文化的传播和开发能够在合法合规的框架内进行。同时，还需要注意的是，对于中原红色文化的保护并不仅仅局限于红色文化内容本身。由此所延伸出的相关红色文化知识产权的保护意识和机制同样不容忽视。我们应该建立完善的保护体系，加强法律法规的宣传和教育，提高全社会的知识产权保护意识，为红色文化的传承和发展提供有力的保障。

第三节　传播受众的接受现状

传播受众指的是信息传播过程中的接收者，他们是信息传播的终点，也是传播效果得以体现的载体。红色文化在坚定政治方向、树立崇高理想、激发爱国情感、增强民族认同等方面发挥着重要的育人功能，因此其传播的受众群体广泛，涵盖了不同年龄、性别、职业、教育程度和地域背景的人群。这些受众不仅是红色文化信息的接收者，更是信息的解读者和反馈者，他们的接受程度、反馈意见和参与度直接影响着红色文化的传播效果。本章节聚焦中原红色文化主要的受众群体，在对其关于中原红色文化接受现状梳理的基础上，了解和分析当下受众的特点和需求，为后续持续提升中原经典红色文化传播效果提供有益帮助。

一、中原经典红色文化传播受众群体及传播效果

中原经典红色文化蕴含着深厚的革命精神和历史底蕴，具有重要的育人价值。作为鲜活生动的教育资源，它不仅是历史教育的生动素材，更是思想政治教育、道德教育、爱国主义教育的重要载体。通过学习红色文化，人们可以深入了解党的历史、革命传统和优良作风，从而增强对党的认同感和归属感，激发人们的爱国情怀和民族精神，并以此引导人们树立正确的世界观、人生观和价值观。也正是因为其育人价值体现在多个方面，因此其传播的受众群体广泛，涵盖了不同年龄、性别、职业、教育程度和地域背景的人群，本文在以年龄为基础划分标准的同时，兼顾受众职业这一重要因素，对中原经典红色文化传播主要受众群体进行分析。

（一）学生群体

1. 学生群体成为经典红色文化传播主要受众的原因

从年龄上看，无论是小学、中学还是大学，学生群体的年龄区间以青少年为主，正处于价值观塑造的关键时期。他们如同一张白纸，具有很强的可塑性。中原红色文化所蕴含的价值观，如爱国主义、集体主义、艰苦奋斗精神等，能够在这个时期对他们产生深远的影响。例如，通过参观焦裕禄纪念馆，了解焦裕禄一心一意为兰考人民治理“三害”的事迹，学生们可以直观地感受到为人民服务的价值观念，这种观念会在他们心中生根发芽，帮助他们树立正确的世界观、人生观和价值观。在现代教育理念中，学生的核心素养培养至关重要。红色文化能够提供丰富的教育资源来提升学生的核心素养。以红旗渠精神为例，学生在学习红

旗渠建设历程中，可以深刻领会到自力更生、艰苦创业的内涵，这有助于培养他们的社会责任感、创新精神和实践能力，使他们更好地适应未来社会的发展需求。

学生群体作为国家的未来和民族的希望，承载着传承历史文化的重要使命，是文化传承的新生力量。中原红色文化承载着丰富的革命历史记忆和优秀的精神品质，需要通过学生这一群体进行传承。例如，鄂豫皖苏区的革命历史见证了无数革命先辈的英勇斗争，这些历史故事通过学生的学习和传播，可以避免被时间遗忘，确保红色基因代代相传。同时，红色文化是中华民族精神的重要组成部分。学生作为国家未来的希望，有责任传承和弘扬包括中原红色文化在内的民族精神。他们可以将从红色文化中学到的坚韧不拔、团结协作等精神品质，融入自己的行为和思想中，进而在未来的社会生活中发挥积极作用，延续民族精神的血脉。

2. 学生群体开展中原经典红色文化传播的举措

基于历史与文化传承的内在需求，相关教育政策与课程设置也为学生群体接受红色文化提供有力支撑。教育部门高度重视红色文化教育，出台了一系列政策鼓励学校开展红色文化教育活动。这些政策为中原红色文化在学生群体中的传播提供了有力的政策保障，使得学校能够更加系统、有效地开展红色文化教育，引导学生学习红色文化。2019 年，河南省委宣传部、省委网信办、省教育厅、省文化和旅游厅、省军区政治工作局、省国防教育办公室联合下发通知，就编辑出版《传承中原——河南省 100 个红色和优秀传统文化课堂》工作进行安排部署。按照“三有一承诺”（有丰富的红色文化或优秀传统文化内涵、有可供参观学习游览的场所、有经得起检验的权威认证，承诺无条件或有条件免费开放）的基本标准，遴选对中国共产党建立发展和对新中国成立有重要贡献的红色场所（馆）、革命老区及著名战事发生地、对革命作出突出贡献的历史人物诞生地、对全民特别是青少年学生有教育意义的重大历史事件发源地，为全省开展全民国防教育、爱国主义教育、红色传统教育以及红色旅游提供支撑。通知要求各级教育部门组织所属院校特别是中小学校，将相关红色书籍和视频光盘作为对学生进行入学军训、国防教育和爱国主义教育的重要辅助教材。

学校是学生接受教育的主要场所，也是传播中原红色文化的重要阵地。河南省各级各类学校从课程设置到校园文化建设，都积极融入中原红色文化元素。例如郑州轻工业大学，依托中原红色文化与思想政治教育研究中心等省级理论研究实践平台，开展学术活动；将党史学习教育融入思政课，组织师生开展相关实践教学活动；充分利用河南红色资源，安排师生到遗址遗迹、革命博物馆、纪念场馆、爱国主义教育基地等参与现场学习。河南财政金融学院制定了河南红色文化传承实施方案，对在全校大学生中开展红色文化传承的意义、指导思想、主要任务、保障措施进行安排和部署。成立河南红色文化传承研究中心，负责全校的红色文化教育统筹、组织、协调工作。学校联合焦裕禄干部学院、红旗渠干部学院、大别山干部学院等，成立研究团队，深入挖掘焦裕禄精神、红旗渠精神和大别山精神的历史意义和时代价值。编写《河南红色文化概论》和《河南红色文化故事选编》等系列教材，开设河南红色文化通识课程，组织系列专题教学，打造红色文化精品课程。在课堂之外，注重校园红色文化环境营造。在校园内建设红色文化长廊。长廊内容可以包括中原红色文化的发展脉络、重要历史事件、革命英雄人物介绍以及相关的图片、诗词等。在教室、图书馆、餐厅等场所张贴红色文化标语、悬挂革命先辈画像，营造浓厚的红色文化氛围，让学生在日常学习和生活中时刻受到红色文化的熏陶。

针对学生群体思维活跃，好奇心重、求知欲强等特点，在组织上述红色文化活动时，学校更加注重活动的互动性，参与度。开展如红色文化知识竞赛、红色歌曲合唱比赛、红色文化主题的戏剧表演等红色主题活动，增强学生对中原红色文化的感性认识。由于学生群体对新媒体技术具有较高的敏感度和适应性。学校通过创建官方的红色文化微信公众号、抖音账号等。在公众号上定期推送中原红色文化知识，包括历史故事、人物传记、红色景点介绍等内容，以图文并茂的形式吸引学生关注。在抖音账号上发布学生参与红色文化活动的精彩短视频，如红色歌曲演唱、红色故事表演等，通过新媒体平台扩大红色文化在学生群体中的影响力。

3. 中原经典红色文化在学生群体中的传播效果

（1）思想认知层面：学生通过学习中原经典红色文化，了解到中原地区在革命战争时期的重要贡献以及英雄人物的英勇事迹，深刻认识到国家的独立、民族的解放来之不易。这使他们对国家和民族的认同感、自豪感大大增强，激发了内心的爱国热情。中原红色文化中所蕴含的艰苦奋斗、无私奉献、团结协作等精神，也为学生提供了正确的价值导向。例如河南大学青年媒体中心宣讲团，组织“踏时代旋律，传中原声音”大学生宣讲团，深入中原地区乡村基层探寻先辈遗迹，传承红色精神。团队成员线上参观焦裕禄纪念馆，感悟他“亲民爱民、艰苦奋斗、清正廉直、科学求实、迎难而上、无私奉献”的精神。参观完纪念馆后，宣讲团成员还一起观看了影片《焦裕禄》，更真切地感受到了焦裕禄同志“心中装着全人民，唯独没有他自己”的情怀。这些活动让学生深刻认识到红色文化对于塑造个人品德和社会责任感的重要性。

（2）知识学习层面：中原地区拥有丰富的红色文化资源和历史事件，学生通过课堂学习、实地参观、主题活动等方式，深入了解了中原地区的革命历史、文化传统以及发展脉络。其中，郑州铁路职业技术学院组织铁路红色文化寻访活动，学校师生沿着铁路寻觅中原红色文化的点滴印记，从李大钊传播马克思主义的革命旧址出发，站在“中共洛阳组”的火炬和二七纪念塔下庄严宣誓，走近“打不烂、炸不断的钢铁运输线”杨连弟大桥，感悟郑州桥工段“唯难必克、唯骄必反、唯新必创、唯旗必夺”的“第一速精神”，体会中欧班列联通世界的速度与气势，通过实地寻访，让学生们在亲身体验中学习了中原铁路红色文化的丰富内涵和历史背景。

（3）行为实践层面：通过一系列各种类型的学习，学生群体在思想认知、知识学习方面都得到了全面的提升，在此基础上，他们不仅深刻理解了红色文化的精神实质和历史内涵，还将这些精神转化为实际行动，在行为实践层面践行中原经典红色文化的传播效果。郑州大学师生结合专业特色，将红色文化与环保实践相结合，在愚公移山精神的发源地济源，参与湿地保护等环保活动，将红色文化中的艰苦奋斗、团结协作精神转化为实际行动，不仅增强了学生的环保意识，还让他们在实践中进一步理解了红色文化的精神实质。河南师范大学马克思主义学院组织开展以“中原红色精神”口述史实践调研为主题的暑期“三下乡”社会实践活动。调研团的队员们走近红旗渠，参观纪念馆和青年洞，亲身感受红旗渠精神。同时，他们还深入林州乡村进行走访，采访修渠劳模和其他优秀代表，用口述史的方式记录红旗渠精神。学生们在获取丰富的历史文化知识的同时，还在实践中锻炼了自己的调研能力和团队协作能力。更有同学将红色文化与创新创业相结合，取得了喜人的成果。郑州城市职业学院学生孙钰杭，带领团队拍摄了多部宣传片，传播中原文化。他的作品《龙门廿四集》在河南省赛区原创名品赛道中荣获一等奖第一名，并受邀入驻百年汇孵化器。此外，他还计划创立一家富含中原文化特色的食品公司，励志打造一家健康、卫生的国民品牌，用自己的创意为传承和弘扬红色文化做出了实际贡献。

（二）党员干部群体

1. 党员干部群体成为经典红色文化传播主要受众的原因

（1）党性修养的内在要求。

强化理想信念：党员干部需要坚定马克思主义信仰和共产主义理想信念。中原红色文化承载着革命先辈们坚定的信仰和不屈的意志，如鄂豫皖苏区时期，无数党员在艰苦环境下坚守信念，为实现社会主义和共产主义奋斗。党员干部学习中原红色文化，能深刻体会先辈们的精神追求，从而强化自身理想信念，确保在复杂多变的环境中保持政治定力。

增强党性原则：红色文化体现了党员干部严格的党性要求。以焦裕禄精神为例，焦裕禄同志在兰考工作期间展现出的一心为民、廉洁奉公等品质，正是党性原则的高度体现。党员干部通过学习中原红色文化，可以更好地理解党性原则的内涵，对照先辈事迹，反思自身行为，增强党性修养，始终保持党的先进性和纯洁性。

（2）工作责任的必然需要。

践行群众路线：党员干部的职责是为人民服务，中原红色文化中蕴含着丰富的群众路线实践经验。例如，在抗日战争时期，中原地区的党员干部深入群众，组织群众抗日，与群众同甘共苦。当代党员干部学习这些历史，能够更好地践行以人民为中心的发展思想，深入群众，了解群众需求，解决群众实际问题。

推动地方发展：许多中原红色文化资源所在地也是经济社会发展的重点区域。党员干部了解当地红色文化，有助于挖掘红色文化资源的经济和社会价值，推动红色文化与旅游、教育等产业融合，促进地方经济发展，也能更好地发挥红色文化在社会治理、精神文明建设中的积极作用。

（3）传承红色基因的关键主体。

历史传承使命：党员干部作为社会的引领者，肩负着传承红色基因的重要使命。中原红色文化见证了中原地区波澜壮阔的革命历史，党员干部有责任将这些珍贵的历史记忆和精神财富传承下去。他们在工作和生活中可以通过宣传、教育等方式，让更多人了解中原红色文化的内涵和价值。

榜样示范作用：党员干部的行为和态度对社会具有很强的示范效应。他们积极学习和传播中原红色文化，能够带动广大群众增强对红色文化的认知和认同，形成良好的社会风尚。例如，党员干部带头参观红色文化纪念馆、参加红色文化主题活动，能够激发社会各界对红色文化的关注和参与热情。

（4）思想引领的战略高度。

保持政治清醒：在复杂多变的社会思潮中，党员干部需要保持政治敏锐性和政治鉴别力。中原红色文化中蕴含的革命精神和正确价值观，是党员干部抵御错误思潮的有力武器。通过学习中原红色文化，党员干部能够更好地认清西方意识形态渗透等不良企图，坚守社会主义意识形态阵地。

凝聚社会力量：党员干部作为思想引领者，通过传播中原红色文化，可以凝聚社会共识，增强社会凝聚力。例如，在开展思想政治工作、组织社会活动等过程中，以中原红色文化为纽带，能够团结广大群众，激发他们的爱国热情和社会责任感，共同为实现国家富强、民族振兴的目标而努力。

2. 党员干部群体开展中原经典红色文化传播的举措

党员干部群体即是中原经典红色文化传播的主要受众，同时因其职能要求，也是中原经典红色文化传播的主体，承担宣传与组织传播红色文化的职能，介于该部分内容已在前文有所表述，故此不再赘述，本小节仅以受众视角，探讨中原经典红色文化在党员干部群体中的主要传播方式。

（1）教育培训与学习。党员干部群体作为党的中坚力量，具有高度的政治觉悟和组织纪律性。他们承担着推动党的事业发展、服务人民群众的重要职责。教育培训能够系统地组织学习内容，确保党员干部全面掌握红色文化的核心要素和精神实质。同时，教育培训还能够根据党员干部的实际需求和水平，提供个性化的学习方案。针对不同层次、不同领域的党员干部，设计不同的课程内容和教学方式，确保学习效果的最大化。基于此，成为党员干部群体进行红色教育学习的主要方式。其主要由线下的红色主题培训课程和线上学习平台两大部分构成：

线下红色主题培训主要依托本地党校和干部学院，如焦裕禄干部学院、红旗渠干部学院、大别山干部学院等，开设专门针对党员干部的中原经典红色文化培训课程。课程内容包括中原红色文化的历史脉络梳理、重要历史事件解析、革命先辈事迹学习等。例如，在焦裕禄干部学院的课程中，深入分析焦裕禄在兰考工作期间面临的困难和挑战，以及他如何践行党的宗旨，带领兰考人民治理“三害”，通过案例教学、现场教学等多种形式，让党员干部深刻领会焦裕禄精神的内涵和实践意义。邀请专家学者举办专题讲座，解读中原红色文化的精神实质和时代价值。讲座可以涵盖中原地区在新民主主义革命、社会主义建设等不同历史时期的红色文化发展，为党员干部提供系统的理论知识。同时，组织党员干部进行集中学习讨论，分享学习心得，深化对红色文化的理解。

在线学习平台建设：开发专门的党员干部红色文化在线学习平台，整合各类中原经典红色文化资源。如河南党员教育服务网、河南干部网络学院、河南党员教育“云课堂”，除上述省级平台，河南省各地市还根据本地实际建立了地方远教平台，如周口党建、焦作党建 e 家等。河南省各地市和部门还通过微信公众号和学习强国平台等新媒体渠道，为党员提供了丰富的中原经典红色文化学习资源和便捷的学习方式。各平台内容包括红色文化电子书籍、纪录片、学术论文、虚拟展厅等。例如，制作 3D 虚拟的鄂豫皖苏区首府革命博物馆，让党员干部可以在线参观，浏览馆内的文物、图片、场景复原等资料，了解鄂豫皖苏区的革命历史。设置在线课程和测试环节，党员干部可以根据自己的时间安排自主学习，并通过在线测试检验学习效果。学习平台还可以设置学习积分、排名等激励机制，鼓励党员干部积极参与学习。

（2）实践活动开展。红色文化调研与实践：组织党员干部开展中原红色文化调研活动，深入挖掘本地红色文化资源。可以针对红色文化遗址的保护现状、红色文化在当地经济社会发展中的作用、红色文化传承面临的问题等课题进行调研。例如，对红旗渠周边的红色文化产业发展情况进行调研，了解红旗渠红色旅游的游客来源、消费模式、对周边乡村经济的带动作用等，为进一步发展红色文化产业提供数据支持和决策依据。

在调研基础上，开展实践活动，推动红色文化资源的保护和利用。党员干部可以参与红色文化遗址的保护修缮工作，或者协助当地社区、村庄开发红色文化旅游项目，将理论学习与实践行动相结合，增强对红色文化的感性认识和实践能力。

红色文化体验活动：开展红色文化体验活动，让党员干部身临其境感受红色文化的魅力。例如，组织党员干部重走刘邓大军千里跃进大别山之路，在行军过程中体验当年革命先辈的艰辛，了解军事战略的实施和军民鱼水情。还可以组织党员干部参加“红旗渠建设体验日”，让他们参与推独轮车、抡铁锤等模拟修渠劳动，体会红旗渠精神的实践内涵。在重要纪念日或主题党日活动中，组织党员干部开展红色文化主题的拓展训练。将红色文化元素融入拓展项目中，如设置“运送物资支援前线”等团队合作项目，通过活动增强党员干部的团队协作能力和对红色文化的认同感。

3. 中原经典红色文化在党员干部群体中的传播效果

党员干部群体在深入学习中原经典红色文化基础上，结合自身工作实际，积极思考并实践如何将红色精神融入日常工作。并取得了一系列显著成效。兰考县脱贫工作中，党员干部以焦裕禄为榜样，深入群众，精准帮扶。他们走村串户，详细了解贫困户的致贫原因，就像焦裕禄当年深入兰考的风沙口和贫困村庄一样。针对一些因病致贫的家庭，党员干部积极协调医疗资源，为他们办理医保报销、大病救助等相关手续，确保患病群众能够看得起病。同时，为有劳动能力的贫困群众提供就业培训和就业岗位信息，根据当地实际情况，发展特色农业产业，如种植泡桐树发展林下经济、种植兰考蜜瓜等，精准帮扶贫困群众脱贫致富。同时，发扬艰苦奋斗的精神，带领群众大力改善兰考的生态环境和基础设施。他们发扬焦裕禄治理风沙的精神，组织群众植树造林，扩大泡桐种植面积，不仅有效遏制了风沙，还利用泡桐资源发展了乐器制作等产业。在基础设施建设方面，积极争取资金，修建道路、水利设施等。他们不畏艰苦，长期奋战在基层一线，经过多年努力，兰考县的贫困面貌得到了根本性的改变，实现了脱贫摘帽。

以“自力更生、艰苦创业、团结协作、无私奉献”为核心的红旗渠精神，同样引领鼓舞着林县的党员干部，他们牢记红旗渠精神，在乡村振兴工作中，鼓励当地农民自力更生，发展特色产业。在一些山区村庄，党员干部引导农民利用当地的山地资源，发展林果种植产业，如种植核桃、山楂等。同时，结合红旗渠的旅游资源，发展乡村旅游。他们帮助农民开办农家乐、民宿，开发特色农产品伴手礼，如山楂制品、核桃工艺品等。在发展过程中，党员干部积极协调技术支持和资金扶持，让农民能够依靠自己的力量和本地资源实现增收致富。在农村基础设施建设和公共服务设施建设项目中，党员干部发挥团结协作的精神。他们组织村民参与修建农村道路、文化广场等项目。在修建过程中，党员干部和群众一起劳动，就像当年修建红旗渠时一样，大家心往一处想，劲往一处使。例如，在某村文化广场建设项目中，党员干部带头搬运建筑材料、参与场地平整，村民们也纷纷响应，积极参与到项目建设中来，通过团结协作，顺利完成了文化广场的建设，丰富了村民的文化生活。

新县的党员干部则在红色旅游与经济发展中践行大别山精神。新县的党员干部坚守信念，充分挖掘大别山红色文化资源，打造红色旅游品牌。他们深入研究大别山地区的革命历史，保护和修缮革命旧址，如鄂豫皖苏区首府革命博物馆等。党员干部积极对外宣传新县的红色文化，组织红色文化主题活动，吸引了大量游客前来参观。同时，他们注重红色旅游品牌建设，整合当地红色旅游资源，开发了多条红色旅游线路，如“许世友将军故里—箭厂河乡革命旧址—鄂豫皖苏区首府革命博物馆”线路，让游客能够全面深入地了解大别山地区的革命历史，提升了新县红色旅游的知名度和影响力。此外，党员干部勇当前锋，推动红色旅游与其他产业融合发展。他们积极引导当地群众参与红色旅游相关产业，如特色农产品销售、传统手工艺品制作等。在新县的一些红色旅游景点周边，党员干部鼓励农民种植绿色有机蔬菜、养殖生态家禽等，将这些农产品销售给游客或当地的农家乐。同时，组织民间艺人制作具有大别山特色的手工艺品，如刺绣、编织等，在旅游景点开设店铺进行销售。通过这种方式，不仅促进了当地经济的发展，也让大别山红色文化得到了更广泛的传播。

（三）中老年退休群体

1. 中老年退休群体成为经典红色文化传播主要受众的原因

（1）情感共鸣与怀旧情怀。

亲身经历引发回忆：许多中老年退休群体经历过中国社会的重大变迁，尤其是新中国成立后的建设时期，对红色文化中的事件和精神有着亲身感受。例如，他们可能见证过“大跃进”时期群众建设社会主义的热情，或者在“三线建设”等过程中参与其中。这些经历使他们在接触经典红色文化时，能够唤起过去的回忆，产生强烈的情感共鸣。像那些参与过红旗渠修建的老人，当再次看到红旗渠相关的影像、文字资料时，当年艰苦奋斗的场景就会历历在目，他们对红旗渠精神有着刻骨铭心的体会。

怀旧情绪的寄托：随着年龄的增长，人们往往更容易怀旧。经典红色文化承载着他们年轻时的理想信念、奋斗历程和社会风貌。对于中老年退休群体来说，红色文化就像是一把钥匙，打开了他们记忆的大门，让他们能够回味过去的美好时光。比如，他们会回忆起在单位里集体学习毛主席语录、参加社会主义建设动员大会等场景，红色文化成为他们寄托怀旧情绪的重要载体。

（2）价值观传承与责任感。

传承红色价值观的使命感：中老年退休群体深知红色文化所蕴含的

价值观，如爱国精神、集体主义、艰苦奋斗等的重要性。他们认为自己有责任将这些宝贵的价值观传承给下一代。在家庭中，他们会向子女和孙辈讲述自己经历过的红色故事，像在战争年代先辈们如何英勇抗敌，或者在困难时期大家如何团结互助。这种代际传承的使命感促使他们积极关注和传播经典红色文化。

社会责任感的延续：退休并不意味着社会责任的终止。这一群体希望通过对经典红色文化的传承和弘扬，为社会的精神文明建设做出贡献。他们意识到红色文化是社会凝聚力的重要源泉，能够激励年轻人树立正确的价值观。例如，许多退休老党员会主动加入社区的红色文化宣传队伍，为社区居民讲解红色历史，发挥余热，延续自己的社会责任感。

（3）时间充裕与精神追求。

有充足的时间深入学习：退休后，中老年群体拥有较多的闲暇时间，可以深入学习经典红色文化。他们不用像在职时那样受到工作的限制，能够有机会阅读红色书籍、参观红色纪念馆、参加红色文化讲座等。例如，他们可以花费数周时间仔细阅读一套关于中原革命历史的丛书，或者定期参加当地文化机构组织的红色文化研讨活动。

精神文化需求的满足：随着物质生活的满足，中老年退休群体对精神文化的需求日益增加。经典红色文化正好能够满足他们这方面的需求。红色文化所包含的丰富内涵，如崇高的理想、感人的事迹等，可以为他们的精神世界注入活力。比如，通过欣赏红色文艺作品，如革命题材的戏曲、电影等，他们能够在艺术享受的同时，进一步感受红色文化的魅力，丰富自己的精神生活。

2. 中老年退休群体开展中原经典红色文化传播的举措

与青少年学生群体、党员干部群体不同的是，中老年退休群体学习红色文化主要是为了情感寄托和文化传承。作为历史的亲历者，红色文化承载着他们的青春记忆和人生价值观，因此其对红色文化的学习以回顾、分享为主导。同时考虑到受众群体年龄较大，学习方式要避免过于复杂，在时间的安排上相对更为自由灵活。因此多以社区或家庭为单位而展开。

社区以组织各类红色主题活动为主要方式。例如组织红色文艺演出，在社区文化中心举办豫剧表演，选取以中原红色故事为题材的剧目，像《朝阳沟》等反映社会主义建设时期中原人民精神风貌的作品。通过戏曲这种深受中老年群体喜爱的艺术形式，让他们在欣赏表演的过程中感受红色文化。同时，还可以举办红色歌曲合唱活动，组织退休群体合唱《八月桂花遍地开》等具有中原特色的红色歌曲，唤起他们的记忆，激发情感共鸣。在社区或老年活动中心举办中原经典红色文化展览。收集并展示中原地区的革命历史照片、旧报纸、革命先辈的遗物等。例如，展示刘邓大军千里跃进大别山时期的行军地图、战士们的书信等。还可以设置互动环节，让退休群体分享自己对展品的见解和回忆，增强他们对红色文化的参与感。如此之外，社区通过多种方式营造红色文化氛围，对退休群体进行潜移默化的教育。例如，在社区宣传栏张贴中原经典红色文化海报，展示红色人物事迹和红色标语；利用社区广播播放红色歌曲和红色故事；在社区图书馆设立红色文化专区，配备丰富的红色书籍、杂志和音像资料，方便退休群体借阅。家庭红色文化以传承为主导，鼓励退休群体在家庭中开展红色文化教育活动，通过给子女、孙辈讲述自己经历的红色故事，传承红色基因。例如，在家庭聚会时，长辈可以讲述自己在社会主义建设时期参与工厂建设或农村劳动的故事，让年轻一代了解先辈们的奋斗历程。

随着近年来“银发旅游”的日渐兴起，针对中老年群体的红色旅游线路也成为开展中原经典红色文化传播的重要途径。许多单位或部门组织退休群体参观中原地区著名的红色教育基地，如焦裕禄纪念园、红旗渠景区、鄂豫皖苏区首府革命博物馆等。在参观过程中，安排专业讲解员为他们详细讲解历史背景、人物事迹等内容。例如，在焦裕禄纪念园，讲解员可以生动地讲述焦裕禄在兰考县治理风沙、内涝和盐碱地的具体措施和感人故事，让退休群体身临其境地感受红色文化的力量。参观结束后，组织分享会，让他们交流参观心得。相关旅行社设计专门的中原红色文化主题旅游线路，将多个红色景点串联起来。例如，“新县（鄂豫皖苏区首府）—光山（邓颖超祖居）—兰考（焦裕禄纪念园）”线路。在旅游过程中，不仅让退休群体参观红色景点，还安排他们体验当地的红色文化活动，如在新县观看当地群众表演的红色民俗节目，品尝具有红色记忆的特色美食（如红米饭等），让他们全方位地体验中原红色文化。

3. 中原经典红色文化在中老年退休群体中的传播效果

在思想教育方面，老党员们通过集体学习、送学上门、主题党课、研讨交流等形式深入学习习近平新时代中国特色社会主义思想和党的二十大精神等，确保学习“不缺位”、教育“不掉队”。例如，信阳市司法局、市广播电视台举办“传承红色基因汲取奋进力量”主题宣讲月活动，老党员们以“诵读红色经典”的形式互相交流学习感悟，展示老区红色文化，弘扬革命精神。这让老同志们更加坚定了理想信念和爱国情怀，也使得大别山精神在他们心中深深扎根，成为他们继续发挥余热、为社会做贡献的精神动力。

在社会参与与精神传承方面，中老年退休群体积极参与红色文化宣传活动，成为社区红色文化建设的重要力量。在一些小区，退休的老党员、老干部自发组织成立红色文化宣传小组，通过举办红色文化讲座、展览等活动，向社区居民传播中原经典红色文化。同时，他们还积极参与社区志愿服务，如义务巡逻、关爱困难群众等，将红色精神转化为实际行动，为社区的和谐稳定做出贡献。郑州的一些社区，退休老人组成的志愿者队伍定期为居民讲述焦裕禄精神、红旗渠精神等，让社区居民深受感染，也带动了更多人参与到社区建设中来。中老年退休群体将红色文化传承与关心下一代工作紧密结合，通过给青少年讲红色故事、带青少年参观红色教育基地等方式，让红色基因代代相传。例如，开封的一些退休老人经常到学校、幼儿园给孩子们讲述当地的红色历史故事，让孩子们从小树立正确的价值观和历史观。孩子们在听故事的过程中，对中原经典红色文化产生了浓厚的兴趣，也更加珍惜现在的美好生活。

不仅如此，中老年群体还积极将业余爱好与中原经典红色文化有机结合。以中原经典红色文化为主题，进行文艺创作和表演，丰富了他们的文化生活。比如，洛阳的一些退休老人组成了合唱团，演唱《东方红》《没有共产党就没有新中国》等红色经典歌曲；许昌的一些退休老人则创作了以红色历史为背景的诗歌、散文等文学作品，并在社区内进行朗诵和展览。这些活动不仅让老人们在创作和表演中找到了乐趣，也让他们更加深入地理解了红色文化的内涵。

二、受众视域下中原经典红色文化传播面临的挑战

（一）对受众媒介素养的要求日渐提升

媒介素养是指人们面对媒介各种信息时的选择能力、理解能力、质疑能力、评估能力、创造和生产能力、思辨的反应能力，以及利用媒介信息为个人生活及社会发展服务的能力。作为传播的接受者，受众的媒介素养水平直接关系到传播活动的效果和影响力。一个具备良好媒介素养的受众，能够更有效地接收、理解和处理信息，从而做出更加明智的决策和行动。相反，如果受众的媒介素养不足，就可能导致信息的误解、误传甚至滥用，进而影响传播活动的整体效果。

同理，受众群体在对于红色文化接受的过程中，不仅是信息接收者，还是红色文化意义的建构者，信息的反馈者。由于受众群体在接收红色文化信息时，会根据自己的认知和经验对信息进行筛选、解读和建构，形成对红色文化的独特理解。这种主动性和选择性使得受众在信息传播过程中具有了一定的影响力和话语权。为了使受众在接受中原经典红色文化时能够对接收到的信息做出积极的，有益的正向反馈，就需要受众不断提升自身的媒介素养。这意味着受众不仅要增强对中原红色文化各类信息的接受能力和理解能力，还要学会提出更有深度、更有价值的思

考与反馈。通过积极参与红色文化的传播活动，更加深入地的了解红色文化的历史背景、精神内涵和时代价值，从而更加自觉地传承和弘扬这一宝贵的文化遗产。同时，受众的积极反馈和创造性参与，也能为红色文化的传播提供源源不断的创新动力，推动其不断焕发新的生机和活力。这些都对受众媒介素养提出了更高的要求。

在中原经典红色文化传播过程中，对受众媒介素养能力与水平要求提升的具体表现为：

1. 信息辨别能力

随着信息传播技术的飞速发展，网络上有关中原经典红色文化的信息海量涌现，但其中也夹杂着一些虚假、歪曲或片面的内容。受众需要具备敏锐的洞察力，能够辨别这些虚假信息，避免被误导。例如，一些自媒体可能会为了吸引眼球而编造一些与中原红色文化相关的不实故事或虚假解读，受众必须能够准确识别并抵制这类信息。同时，对于红色文化的解读和评价存在多种观点和声音，受众需要能够区分不同观点的合理性和客观性。有些观点可能基于深入研究和准确的历史事实，而有些则可能带有主观偏见或别有用心的目的。受众要能够在众多观点中筛选出正确、有价值的信息，避免接受和传播不实信息。

2. 信息的理解能力

中原经典红色文化具有丰富而深刻的内涵，包括革命精神、历史事件、英雄事迹等多个层面。受众需要具备较强的信息理解能力，才能深入领会红色文化所蕴含的精神实质和价值意义。在此基础上，受众不能仅止步于对红色文化史实认知层面的了解，还需要把握红色文化在不同的时代背景下具有不同的价值和意义，能够将红色文化与当代社会相结合，理解其在新时代的价值和启示，并最终将其结合到自身的行动与发展中去。

3. 信息的创造力

新时代的受众不再是被动的信息接收者，还应是中原经典红色文化的积极传播者和创造者。受众需要通过各种方式参与到中原经典红色文化的传承和创新中，将自己对红色文化的理解和感悟转化为具体的文化产品或实践行动，为红色文化的传承和发展贡献自己的力量。同时要具备创新思维，推动中原红色文化与其他文化类型如科技、时尚等相关领域的融合发展，创造出更具时代特色和吸引力的红色文化产品和传播方式。

4. 信息的传播能力

受众需要能够将自己所了解和感悟到的红色文化知识、精神等，通过各种渠道有效地分享和交流给他人。这不仅可以扩大红色文化的传播范围，还能够引发更多人对红色文化的关注和思考。例如，在社交媒体上分享红色文化故事、参加红色文化主题的讨论等，都需要受众具备一定的信息传播能力，能够用生动、准确的语言表达自己的观点和情感，使更多的人受到红色文化的感染和教育。在信息传播过程中，受众还需要发挥舆论引导的作用，通过自己的言行影响身边的人，营造良好的红色文化传播氛围。对于一些对红色文化存在误解或偏见的言论，受众要能够及时进行纠正和引导，传播正能量，维护红色文化的尊严和权威。

（二）受众“泛娱乐化”特征日渐明显

泛娱乐化，作为一种深刻影响当代社会与文化的现象，其核心在于将娱乐的元素、方式以及价值观广泛而深入地渗透到社会的各个领域和日常生活的方方面面，旨在满足人们在快节奏、高压力生活中对娱乐、享乐和轻松消遣的深切需求。这一现象不仅反映了娱乐文化在现代社会中无与伦比的广泛影响力和深度渗透力，也彰显了当代社会对于轻松愉快氛围的普遍追求。在中原红色文化的传播过程中，泛娱乐化的特征无疑为其带来了一种更为亲民、易于接受的传播方式。通过将红色文化的历史故事、英雄人物、革命精神等核心内容以娱乐化的形式包装呈现，如影视作品、网络剧、综艺节目等，使得原本可能显得沉重或严肃的红色文化内容变得生动有趣，更容易吸引年轻一代的注意力和兴趣，从而促进了红色文化的广泛传播和深入人心。

然而，不可忽视的是，泛娱乐化在为中原红色文化传播带来积极效应的同时，也可能引发一系列不利的影响。比如过度的娱乐化处理可能导致红色文化的深刻内涵和历史价值被淡化或曲解，使受众在享受娱乐的同时，难以准确把握红色文化的精神实质和教育意义。另一方面，为了追求商业利益和市场效果，部分红色文化产品可能出现过于注重娱乐性和感官刺激，而忽视了红色文化应有的思想性、艺术性和教育性，长此以往，可能会削弱红色文化的传承力和影响力。此外，泛娱乐化还可能导致受众对红色文化的认知产生偏差，将其仅仅视为一种消遣娱乐的对象，而忽视了其背后承载的深厚历史底蕴和民族精神。这种认知偏差不仅不利于红色文化的长远发展，也可能对受众的历史观、价值观产生负面影响。

1.“泛娱乐化”特征及表现

“泛娱乐化”的特征及表现，在当今社会中愈发显著，其影响深远且广泛，具体体现在以下几个方面：

娱乐元素的融入：泛娱乐化不仅仅局限于传统的娱乐产业，更是将娱乐的元素巧妙地融入商业活动、教育领域、工作场所等传统的非娱乐领域中。这种融入并非简单的堆砌，而是通过增添趣味、创意和娱乐性，使得原本可能枯燥乏味的活动变得生动有趣，极大地提升了人们的参与度和体验乐趣。例如，在教育领域，通过游戏化学习、互动式教学等方式，让学生在轻松愉快的氛围中掌握知识，提高学习效果。

体验导向：泛娱乐化时代，人们的体验和享受被置于至关重要的位置。它不再仅仅满足于信息的单向传递，而是强调参与者的积极参与和互动。无论是线上还是线下的活动、游戏、娱乐项目，都力求为参与者提供积极的情感体验和满足感。这种体验导向的特征，使得人们在娱乐过程中能够找到归属感和自我价值，进一步增强了娱乐的吸引力。

多媒体融合：随着信息技术的飞速发展，泛娱乐化借助多媒体和信息技术，将不同形式的娱乐内容进行融合和互动。电影、电视、音乐、游戏、社交媒体等多种媒体平台和渠道相互交织，共同构建了一个多元化的娱乐生态。这种融合不仅丰富了娱乐内容的选择，也使得娱乐体验更加立体和全面。

个性化和定制化：在泛娱乐化时代，个体的需求和兴趣爱好得到了前所未有的重视。娱乐产品和服务提供了丰富多样的选择，使人们能够根据自己的喜好和偏好进行选择和定制。这种个性化和定制化的特征，不仅满足了人们的多样化需求，也提高了娱乐体验的满意度和忠诚度。

娱乐商业化：泛娱乐化对商业活动和市场产生了深远的影响。商业机构敏锐地捕捉到娱乐元素和娱乐化策略的巨大潜力，纷纷将其融入产品和服务的设计中。通过创造更具吸引力和竞争力的产品和服务，商业机构成功地吸引了消费者的关注和购买，实现了商业价值的最大化。

社交互动：在泛娱乐化时代，社交互动和分享的重要性被进一步凸显。社交媒体、线下活动和娱乐场所等平台成为人们互动和交流的重要场所。通过这些平台，人们不仅可以分享自己的娱乐体验，还可以结交新朋友、拓展社交圈层，从而增强了社交关系和社群感。

基于上述“泛娱乐化”的特征，受众在此影响之下不仅对于娱乐消费更加依赖，而且其娱乐消费呈现出多样化、互动化和个性化的特点。受众可以更加灵活地选择和参与娱乐内容，与其他受众进行互动和分享，享受更丰富、自定义的娱乐体验。这种变化不仅反映了人们娱乐需求的升级和演变，也预示着泛娱乐化时代将持续影响并塑造着人们的娱乐消费行为和习惯。具体来说，受众的“泛娱乐化”往往表现在以下几个方面：

娱乐消费多样化：受众泛娱乐化使得娱乐消费更加多样化。传统的娱乐形式如电影、电视剧、音乐仍然存在，但现在人们还可以选择更多种类的娱乐内容，如游戏、虚拟现实、演出、展览等。受众可以根据个人兴趣和喜好，选择适合自己的娱乐形式和内容。

互动和参与：泛娱乐化倡导受众的互动和参与。传统的娱乐模式是单向的，受众只是被动接受内容。而现在，受众可以通过社交媒体、游戏、互动演出等方式参与到娱乐中去，与内容创作者、其他受众进行互动和交流，共同创造和分享娱乐体验。

个性化和定制化：受众泛娱乐化注重个性化和定制化的体验。传统的娱乐内容通常是大众化的，面向广大受众。而现在，受众可以根据自己的兴趣和需求，选择符合自己口味的娱乐内容和服务。平台和娱乐公司也会根据受众的个性化需求，提供定制化的推荐和体验。

社交互动和分享：受众泛娱乐化强调社交互动和分享的重要性。通过社交媒体、在线社区和娱乐活动，受众可以与其他人分享自己的娱乐体验、评论和观点。这种社交互动不仅增强了受众之间的联系，还为娱乐内容的传播和推广提供了新的渠道。

多平台接入：受众泛娱乐化使得娱乐内容可以在多个平台上接入。传统的电视、电影院仍然是主要的娱乐平台，但现在受众还可以通过智能手机、平板电脑、游戏主机、在线流媒体平台等多种设备和渠道获取娱乐内容。这使得受众可以根据自己的喜好和需求，在不同的平台上享受娱乐。

2. 红色文化“泛娱乐化”的表现形式

从上述对于“泛娱乐化”特征及其表现的深入分析来看，我们可以清晰地认识到，“泛娱乐化”作为一种社会和文化发展的趋势，其本身并不带有绝对的好坏对错之分。它如同一把双刃剑，既可能带来积极地影响，也可能引发一系列问题。关键在于我们如何看待和利用这一趋势。

如果我们能够以积极、理性的态度去审视“泛娱乐化”，并将其与中原红色文化巧妙地结合起来，那么，这一趋势无疑将成为助力中原红色文化传播的重要力量。通过将红色文化的丰富内涵和独特魅力融入受众的娱乐生活中，我们可以让更多的人在轻松愉快的氛围中感受到红色文化的魅力和价值，从而进一步激发他们对红色文化的兴趣和热爱。实际上，当下已经有一些带有“泛娱乐化”属性的红色文化表达取得了很好的传播效果。这些作品或活动以娱乐化的形式呈现红色文化，既保留了红色文化的核心精神和价值，又融入了现代社会的审美趣味和娱乐需求，使得红色文化在更广泛的范围内得到了传播和接受。这些成功的案例充分证明了“泛娱乐化”在红色文化传播中的积极作用和巨大潜力。

例如红色文化在电影和电视剧中得到广泛表现。尤其是今年来国家相继推出了一大批优质的“新主旋律”类型的影视作品，如《八佰》《长津湖》等等，通过生动的故事情节和精彩的表演，向受众展现了革命斗争和社会主义建设的历史场景。这些作品不仅具有艺术价值，还通过娱乐的形式向受众传递红色文化的精神和价值观。电视剧《觉醒年代》《我的法兰西岁月》更是在年轻人群体中引发了巨大的观剧热潮，许多青年人在观看此类红色革命题材影片后，产生了强烈的青年责任感与担当意识，起到了良好的传播效果。随着游戏产业的发展，红色题材的游戏也逐渐受到关注。一些游戏以革命战争为背景，让受众能够亲身体验革命斗争的历程。例如《红色警戒》系列游戏，通过建设和指挥红军力量，参与战争与敌人作战，使受众更加深入地了解红色文化的背景和意义。此外，红色文化的受众泛娱乐化还体现在演出和展览方面。一些红色题材的舞台剧、音乐剧和歌舞表演，通过生动的表演和音乐，向受众展现了红色文化的魅力和情感。如上海歌舞剧团排演的舞剧《永不消失的电波》，以舞蹈的形式，讲述20世纪上海解放前夕，李侠和兰芬等几位中国共产党地下工作者与国民党特务斗智斗勇，传递情报的故事。通过舞台，用艺术的方式表达对革命英雄的怀念，传递出那个时代发出的信仰的信号，让当下的年轻人通过舞剧去铭记英雄、记住英雄。

总的来说，红色文化泛娱乐化的表现多种多样，涵盖了电影、电视剧、游戏、演出、展览、虚拟现实、社交媒体、音乐、文化衍生品等多个领域。通过这些娱乐化的手段，受众能够更加轻松、愉快地接触、了解和体验红色文化，加深对其的认同和情感共鸣。同时，红色文化受众泛娱乐化也为红色文化的传承和发展提供了新的渠道和机会，促进了红色文化的传播和影响力的扩大。

3. 受众“泛娱乐化”对中原红色文化传播产生的影响

受众的“泛娱乐化”倾向，在一定程度上成为红色文化传播者调整策略、创新方式的重要参考。面对受众日益增长的娱乐需求和轻松愉悦的接受偏好，红色文化的传播者开始积极探索以更娱乐、更轻松的方式向受众传递红色文化，旨在打破传统传播方式的局限，提升红色文化的吸引力和影响力。目前，中原红色文化的各类传播活动也积极响应这一趋势，积极向更具有“娱乐化”表达的方向发展。例如河南的一些红色旅游景区结合当下流行的“剧本杀”游戏，推出了红色主题剧本杀项目。游客们可以扮演革命时期的各种角色，在沉浸式的体验中感受中原红色文化的魅力。这种创新的体验式传播方式，让游客不再是单纯的旁观者，而是参与者，增强了红色文化传播的趣味性和互动性。在一些中原地区的文艺演出中，将传统的红色歌曲与流行音乐元素相结合，创造出了具有时代特色的红色歌曲新唱版本。总之，无论是通过影视作品、综艺节目、网络直播，还是通过互动体验、文化创意产品等形式，都力求在保持红色文化核心精神的基础上，融入更多娱乐元素，使受众在轻松愉快的氛围中感受红色文化的魅力，从而加深对红色文化的理解和认同。

然而，在“泛娱乐化”传播的过程中，也伴随着一些不容忽视的问题。其中，最为突出的是为追求娱乐效果而丧失对于真实事实的呈现。红色文化，尤其是中原红色文化，往往以历史真实为基础，承载着丰富的历史信息和深厚的民族精神。如果在传播过程中过度追求娱乐化，忽视了对历史事实的准确呈现，就必然导致传播内容的失真，甚至可能对受众产生误导。这种失真和误导，不仅损害了红色文化的传播效果，更可能削弱受众对红色文化的信任感和认同感。长期来看，这将不利于中原红色文化的传承和发展，甚至可能引发对历史的误解和歪曲。

在当今社会泛娱乐化的浪潮中，信息传播方式发生了翻天覆地的变化，尤其是短视频等碎片化信息接受方式的兴起，对受众的注意力分配产生了深远影响。这种新型的信息消费模式，以其短小精悍、快速更迭的特点，使得受众难以长时间聚焦于某一特定事物，保持持续且深入的关注度。在此背景下，各类中原红色文化，作为承载着深厚历史底蕴和革命精神的文化资源，面临着如何适应新媒介环境、有效触达受众的挑战。如若贴合短视频平台的叙事表达习惯，中原红色文化在内容创作上需要对中原红色文化进行高度提炼，以符合短视频的时长限制和观众的观看习惯。这无意对创造者提出了更高的要求，因为稍有不慎，这种高度提炼可能会导致中原红色文化被片面地呈现为表面的符号和形象，如标志性的历史事件、英雄人物或革命遗址的片段，而受众则可能仅仅停留在对这些符号和形象的浅显了解和感性感受上，无法深入领略其背后的深刻意义和丰富内涵。

另外，泛娱乐化所导致的时间碎片化，可能会带来中原红色文化传播的困境。在这种信息传播模式下，各类信息内容往往被拆解为一个个独立的元素和片段，失去了其原有的整体性和系统性。这可能会导致原本连贯的历史脉络、深邃的思想体系和丰富的文化内涵，被切割成零散的知识点或趣味点，难以形成完整、连贯的叙事体系。这样一来，红色文化的核心思想和深层含义往往难以通过娱乐化的形式完整地、准确地传达给观众，从而影响了受众对中原红色文化的全面认知和深刻理解。

面对红色文化的泛娱乐化趋势，我们需要保持警惕，既要充分利用娱乐化形式带来的广泛传播优势，又要努力避免其对文化多样性和批判性思维的忽视。在创作和传播红色文化作品时，应该注重挖掘和呈现其多元的文化元素和深层的思考空间，引导观众进行深入的思考和反思，从而真正领略到红色文化的精神魅力和历史价值。

第四章　中原经典红色文化传播策略

第一节　加强顶层设计 全面统筹推进

红色文化是我们的精神标识和宝贵财富。中原地区的红色文化资源不仅数量多、分布广，而且类型齐全，这些资源承载了丰富的历史记忆和革命精神，是中原地区文化传承的重要基石。数据显示，河南省主要的革命遗址遗迹有 407 处，其中全国爱国主义教育示范基地 20 处、河南省爱国主义教育示范基地 54 处①。在这里诞生的焦裕禄精神、红旗渠精神、大别山精神、“二七”精神等宝贵精神财富，激励着一代代中原儿女不忘初心、接续奋斗。为了充分发挥这些资源的作用，中原地区需要做好充分调研、顶层设计、全面统筹、创新传播方式和建立评价机制等工作。全面统筹推进中原经典红色文化的传播，激励新时代的中原儿女不忘初心、继续奋斗。

① 挖掘利用红色文化 讲好河南红色故事 [EB/OL].(2021-05-07)[2024-06-16].http://www.ce.cn/culture/gd/202105/07/t20210507_36538310.shtml.

一、科学规划引领，明确发展定位

“凡事预则立，不预则废。”推进中原经典红色文化传播，规划是第一道工序，这将直接决定传播效能。因此，河南省各地各部门要树立强烈的规划意识和科学的规划理念[①]，把规划做精做细做实，以规划为先导，明确发展定位，提升中原经典红色文化传播效果。

把规划做精做细做实，首先，要统筹所有资源，以中原经典红色文化传播为导向，加强各项规划的协调与衔接，制定科学的红色文化发展规划；同时，强化各部门之间的职能联动，加强对河南省各地市规划工作的指导和沟通，力求规划符合当地红色文化实际情况，凸显地方特色。其次，要遵循红色文化传播规律。当今红色文化传播中，普遍存在受众对其认知上的偏见。其背后的原因部分源于某些党政部门及领导对大众传播规律认识不足，将大众传播与传统宣传混淆。因此，要有效传播红色文化，必须尊重不同媒介的传播规律，理解和考虑受众的心理接受机制，并把握红色文化资源的传播特性，才能实现更广泛和深入的文化传播效果。再次，要因地制宜制定具有可行性强的规划。根据顶层设计，充分结合红色文化自身特点及所处地域特色，提升功能定位，实现高品位规划。最后，要引进人才，创新理念。规划要有权威性、科学性、全局性、前瞻性、可持续发展性，因此要引进专业人才，创新规划理念，改进规划办法，形成具有引领作用的科学规划。

中原经典红色文化的传播规划必须打破传统的单向传播思维和固有的宣传教育思路，挖掘中原经典红色文化的多元化功能，提高传播过程的互动性、体验性，因此必须明确中原经典红色文化传播的定位，尤其是功能定位。

（一）红色教育功能

红色是中国共产党、中华人民共和国最鲜亮的底色。讲好红色故事，

① 付东震．美丽乡村建设若干问题的思考[J]．武夷学院学报，2016，35（7）：5.

不仅是为了铭记历史，而且是为了开创未来。中原经典红色文化包含丰富的历史价值、精神价值、文化价值、社会价值、艺术价值等，对全体国民都具有教育功能。通过对中原经典红色文化资源的有效传播和利用，能够显著提升公众的红色教育效果。

1. 传承革命精神

红色文化传播通过讲述革命历史、介绍革命遗址和人物，能够弘扬革命传统，继承和发扬革命先辈的精神风貌。例如，焦裕禄精神、红旗渠精神等，通过对这些精神的传播，教育公众树立正确的价值观和人生观。通过对红色文化的学习和传播，增强公众的国家认同感和爱国情怀，激励他们为国家的繁荣富强贡献力量。

2. 增强历史认知

红色文化传播通过讲述革命历史和重大事件，帮助公众了解中国革命的历史背景和发展过程，增强对历史的认识和理解。例如，讲解中国共产党成立的历史、抗战时期的重要战役等。通过对革命遗址、纪念馆等的保护和利用，保存历史记忆，帮助公众对历史事件和人物有更直观和深刻的认识。

3. 树立正确价值观

红色文化传播通过介绍革命先辈的事迹和精神，帮助公众树立正确的价值观和世界观，强调集体主义、无私奉献和艰苦奋斗等核心价值观。通过对红色文化的学习和传播，培养公众的品德和道德，特别是对青少年的思想教育和品德培养，帮助他们形成积极向上的人生观和价值观。

4. 提升社会责任感

红色文化传播通过强调革命先辈的奉献精神和社会责任感，激发公众的社会责任意识，鼓励他们积极参与社会服务和公益活动。红色文化传播能够激励公众尤其是青少年积极向上，勇于面对挑战和困难，为实现个人梦想和社会进步不断努力奋斗。

5. 促进思想交流

通过红色文化活动，如讲座、研讨会等，促进不同思想的交流与碰撞，提升公众的思想深度和认识水平。红色文化传播提供了一个学习平台，使公众能够在交流和互动中获取更多知识，增强对红色文化的理解和认同。

6. 传递革命精神的价值

红色文化传播强调革命精神的价值，传递出不畏艰难、勇于拼搏的精神，帮助公众在现实生活中面对困难时保持积极的态度。通过对红色文化的传播，加强对革命历史和文化的认同，增强社会的文化自信和凝聚力。

（二）实践体验功能

红色文化传播的实践体验功能是将红色文化教育与实际体验相结合，通过亲身参与和实践活动，使受众更加深入地理解和感受红色文化的内涵。中原经典红色文化传播要打破传统思维，增强传播过程的互动性、体验性和趣味性。因此，要关注红色资源的实践性和开放性，通过实践和探索的方式，创新中原经典红色文化的传播方式和路径。丰富的体验实践项目可以让受众产生浓厚兴趣，使受众从“旁观者”转变为“参与者”，红色文化传播从静态向动态转型，让红色资源“活”起来。

1. 增强文化认同感

通过参观红色遗址、纪念馆和革命旧址等地，受众能够身临其境地感受历史场景和革命精神，从而增强对红色文化的认同感和情感联结。实际走访和体验能够让受众更真实地理解红色文化的历史背景和精神内涵，提升他们对红色文化的感知和认同。

2. 提升教育效果

通过现场教学、导览解说等方式，使受众在参与过程中主动学习，提升教育的效果。实践体验活动比传统的课堂讲授更能引发受众的兴趣和参与感。组织红色文化主题的实践活动，如红色故事分享会、革命历史重现等，帮助受众在实际参与中加深对红色文化的理解和记忆。

3. 强化榜样力量

通过实践体验活动，如模拟革命时期的生活和工作场景，使受众能够更真实地感受到革命先辈的艰苦奋斗和奉献精神，增强对革命精神的传承。通过体验革命先辈的英雄事迹和精神风貌，激励受众学习和继承他们的优良品质和革命精神，如无私奉献、勇敢坚韧等。

4. 促进社区与社会互动

组织社区或团体参与红色文化实践活动，促进成员之间的互动与合作，加强社区凝聚力和社会责任感。通过红色文化实践活动，鼓励公众积极参与社会服务和公益事业，将革命精神转化为实际行动，推动社会的进步与发展。

5. 推动文化旅游发展

实践体验活动为红色旅游提供了丰富的内容和形式，如革命遗址的导览、历史场景的重现等，吸引更多游客前来参观和体验。红色文化的实践体验活动可以促进地方经济的发展，如推动当地的旅游业、餐饮业和服务业，带动经济增长。

6. 创新教育模式

实践体验活动采用体验式教育的方式，突破传统教学模式，提供更加生动和互动的学习体验，提升教育的效果和趣味性。开发具有红色文化主题的实践体验项目，如红色文化夏令营、红色文化体验营等，创新教育模式和内容，丰富教育形式。

7. 增强历史记忆

通过实践体验活动，增强公众对红色文化遗产的保护意识和责任感，推动历史遗址的保护和修复。实践活动中的互动和体验有助于将历史记忆传递给下一代，确保红色文化的历史记忆得以传承和延续。

红色文化的实践体验功能让中原经典红色文化传播更具生动性、体验性、感染性和互动性。通过实践体验，受众能够更加深刻地理解和感受红色文化的内涵，提高红色文化教育的效果，推动社会和个人的全面发展。

（三）经济促进功能

红色文化传播不仅具有重要的文化和社会价值，也在经济发展方面发挥着积极的促进功能。随着科技的进步以及跨界融合的发展，红色文化在发展的过程中不断与新事物融合，形成诸多新的业态。在文旅融合和乡村振兴的趋势下，发掘红色文化的经济属性，能够推动当地经济结构优化和调整，改善投资环境，树立良好的社会形象，吸引更多的外来投资，带动当地就业，从而能够更好地促进地方经济、社会、文化和生态环境保护事业的全面发展。

1. 推动红色旅游发展

红色文化资源，如革命遗址、纪念馆等，成为旅游的吸引点。红色旅游不仅吸引了大量游客，还带动了地方经济的发展。例如，红旗渠、大别山等地的红色旅游景点吸引了大量游客，带动了当地的旅游业发展。红色旅游的发展带来了门票收入、旅游消费、住宿餐饮等多方面的经济收益，促进了地方经济的增长。为了提升红色旅游的接待能力和服务水平，当地政府和企业通常会投资建设和改善旅游基础设施，如交通、住宿、餐饮等，进一步推动了相关产业的发展。

2. 推动文化产业发展

红色文化资源为文化创意产业的发展提供了丰富的素材。通过开发红色文化主题的文创产品、影视作品、图书出版等，带动了文化产业的发展和相关市场的增长。红色文化的传播有助于打造具有特色的文化品牌，这些品牌可以转化为经济价值，通过品牌效应提升市场竞争力，推动文化产品和服务的销售。随着红色文化的传播，公众对相关文化产品和服务的消费需求增加，从而带动了文化产业的整体增长。

3. 促进地方经济发展

红色文化传播活动和相关产业的发展创造了大量的就业机会，包括旅游导游、文化活动策划、文创产品设计与销售等职位。通过红色文化资源的开发和利用，可以促进地方经济的发展，带动周边地区的经济增长。例如，红色文化活动的举办能够刺激地方经济的消费需求，带动当地商业的发展。红色文化的成功传播可以提升城市或地区的知名度，吸引更多的投资和商业机会，促进城市的经济发展。

4. 促进社会资本积累

红色文化传播的过程中，地方政府、企业和社会组织之间的合作加深，促进了社会资本的积累和区域合作的加强。红色文化的传播增强了社会的凝聚力和归属感，有助于提升社区和社会的整体经济活力和发展潜力。

5. 推动投资与开发

红色文化的传播可以吸引国内外的投资者关注相关领域的投资机会，如文化旅游项目、文创产业园区等。同时，红色文化传播为开发新的经济市场提供了机会，特别是与红色文化相关的市场，如红色旅游、文创产品市场等，推动了新兴经济的增长。

6. 促进区域协调发展

通过红色文化资源的开发和传播，可以促进中西部地区或欠发达地区的经济发展，帮助这些地区缩小经济差距，实现区域协调发展。红色文化的传播有助于区域间资源的共享与交流，推动不同区域之间的经济合作与发展。

（四）红色文化保护与传承功能

文化兴则国家兴，文化强则民族强。红色文化是一种十分重要而又不可再生的文化资源，是一种宝贵的民族优秀文化遗产，需要积极合理的保护与开发利用。红色资源、红色传统、红色基因是中国共产党人创造的宝贵思想和文化财富。中原大地遍布革命遗迹，诞生了无数宝贵的革命财富，这些经典在历史时期发挥了重要的作用，今天我们也不能忘却。因此，激活中原红色文化，挖掘红色革命精神的时代价值，让红色血脉生生不息。应借助先进的科技手段，利用新型平台和途径推动中原经典红色文化得以广泛传播，让红色文化扎根人心，绽放时代光辉。

1. 保护红色文化遗产

通过红色文化传播，提升对革命遗址和历史遗迹的重视程度，推动其保护和修复工作。例如，确保革命旧址和纪念馆得到适当的修复和维护，防止其破损或消失。红色文化传播有助于对革命文物和历史档案的保存和整理，确保这些宝贵的文化遗产不会遗失。通过数字化技术，将文物和档案进行数字化存储和展示，以便更好地保存和传播。通过宣传和传播红色文化，引起政府和社会对红色文化遗产保护的重视，推动相关法律法规的制定和实施，为红色文化遗产提供法律保护。①

2. 促进文化传承

鼓励和支持围绕红色文化创作文学作品、影视剧、音乐、舞蹈等艺术形式，通过文化产品的传播，扩大红色文化的影响力。红色题材的影视剧和书籍能够使革命历史和精神以更生动的方式呈现给公众。建设和运营红色教育基地，如纪念馆、历史博物馆等，作为红色文化的传承平台，定期举办展览和讲座，传播红色文化的历史和精神。通过红色文化主题的社会活动，如纪念日活动、主题展览等，持续推动红色文化的传播和传承，增强公众的文化认同感。

3. 加强文化交流

通过举办红色文化交流活动，如展览、研讨会等，促进国内外对红色文化的了解和认同。通过文化交流，增强红色文化的国际影响力。在不同地区之间开展红色文化交流与合作，分享保护和传承的经验和做法，推动红色文化的广泛传播和共同保护。

① 赵海鹏，司马紫薇，李娜.论红色文化的法律保护[J].理论观察，2022（8）：135-138.

4. 促进社会参与

通过红色文化传播动员社会各界参与红色文化的保护和传承工作，包括社会组织、志愿者、企业等，共同推动红色文化的发展。鼓励公众通过参与红色文化活动、志愿服务等方式[①]，为红色文化的保护和传承贡献力量，提升公众的参与感和责任感。

5. 构建文化传承体系

建立和完善红色文化的保护与传承长效机制，如保护和传承基金、管理制度等，确保红色文化能够持续得到保护和传承。支持红色文化相关的科研工作，推动对红色文化的深入研究和理论创新，为保护和传承提供理论支持和实践指导。

二、健全相关法规，加大资金投入

党的十九大以来，以习近平同志为核心的党中央高度重视红色资源利用、红色基因传承工作。中央各部门以及省市相关部门对红色革命文化的高度重视，推行相关红色文化政策性文件，针对新时代弘扬和发展红色文化资源工作均作出了具体政策性的措施或者策略（表 4–1）。

表 4–1　2019—2022 年我国红色文化相关政策梳理[②]

发布时间	政策名称	发布机构	主要内容
2019 年 3 月	《文化和旅游部关于促进旅游演艺发展的指导意见》	文化和旅游部	积极开发红色旅游演艺项目。

① 叶华丹．新时期红色基因融入职业本科院校大学生思想政治教育路径的研究 [J]．现代职业教育，2023（30）：29–32.

② https：//zhengce.chinabaogao.com/gonggongfuwu/2021/052K44B22021.html.

续 表

发布时间	政策名称	发布机构	主要内容
2019 年 5 月	《中华人民共和国文化和旅游部 2018 年文化和旅游发展统计公报》	文化和旅游部财务司	大力推进红色旅游工作，召开全国红色旅游五好讲解员建设行动推进会，在部分省份开展试点工作。
2019 年 12 月	《长江三角洲区域一体化发展规划纲要》	国务院	整合区域内红色旅游资源，开发互联互通的红色旅游线路
2020 年 11 月	《关于制定国民经济和社会发展第十四个五年规划和二〇三五年远景目标的建议》	中共中央	推动文化和旅游融合发展，建设一批富有文化底蕴的世界级旅游景区和度假区，打造一批文化特色鲜明的国家级旅游休闲城市和街区，发展红色旅游和乡村旅游。
	《关于开展全国红色旅游五好讲解员培养项目的通知》	文化和旅游部办公厅	通过支持培养“政治思想好，知识储备好、讲解服务好、示范带头好社会影响好”的全国红色旅游五好讲解员，进一步加强红色旅游讲解人才队伍建设，更好地传承弘扬革命传统和爱国主义精神，为红色旅游高质量发展提供有力支撑。
2021 年 2 月	《关于新时代支持革命老区振兴发展的意见》	国务院	推动红色旅游高质量发展，建设红色旅游融合发展示范区，支持中央和地方各类媒体通过新闻报道、公益广告等多种方式宣传推广红色旅游。
2021 年 5 月	《关于在全社会开展党史、新中国史、改革开放史、社会主义发展史宣传教育的通知》	中共中央办公厅	深入挖掘红色文化内涵，精心设计推出一批精品展览红色旅游精品线路，学习体验线路。
	《关于加强旅游服务质量监管提升旅游服务质量的指导意见》	文化和旅游部	办好全国导游大赛、全国红色故事讲解员大赛、饭店服务技能竞赛，开展红色旅游五好讲解员建设行动，表彰一批优秀导游、领队。讲解员和饭店从业人员，加强对先进人物和典型事迹的宣传推广。

续　表

发布时间	政策名称	发布机构	主要内容
2021 年 6 月	《“十四五”文化和旅游发展规划》	文化和旅游部	提出大力发展红色旅游，推出“建党百年红色旅游百条精品线路”，举办红色故事讲解员大赛，组织红色研学旅游活动。
2021 年 11 月	《“十四五”文物保护和科技创新规划》	国务院办公厅	依托革命文物资源开辟公共文化空间，发展红色旅游及红色研学旅行，打造红色经典景区和精品路线，助力乡村振兴和革命老区振兴发展。
2022 年 8 月	《“十四五”文化发展规划》	中共中央办公厅、国务院办公厅	依托革命博物馆、党史馆、纪念馆、革命遗址遗存遗迹等，打造红色旅游经典景区和经典线路。

此外，2021 年 6 月，习近平总书记在主持集体学习时强调：“红色资源是我们党艰辛而辉煌奋斗历程的见证，是最宝贵的精神财富。”要用心用情用力保护好、管理好、运用好红色资源。2021 年 6 月，习近平总书记在《求是》杂志中发表文章《用好红色资源，传承好红色基因，把红色江山世世代代传下去》。各省市要充分利用红色文化资源，讲好英雄和烈士的故事，讲好红色故事，加强爱国主义教育，把红色基因传承好、利用好、发扬好。

河南省也跟进党中央有关红色文化的政策，制定了一些具有地方特色的政策、文件等。2020 年，习近平总书记视察信阳革命老区，并首次提出将“大别山精神”作为“我们党的宝贵精神财富”，中共河南省委、河南省人民政府及时出台《中共河南省委、河南省人民政府关于贯彻落实习近平总书记视察河南重要讲话精神支持大别山革命老区加快振兴发展的若干意见》，明确要加强红色基因库建设、提升大别山精神影响力、加快红色文化传承创新、打造全国著名的红色旅游目的地。2021 年 10 月，河南省文化和旅游厅印发《河南省革命老区振兴发展促进条例》指出要重视在中小学教育教学活动中的宣传教育工作和在革命纪念馆和红色文化文物保护单位以及革命老区大力发展优势产业。

因此我们应当关注地方整体的发展规划，结合地方发展思路，出台红色文化相关政策，尽可能确保政策的聚焦性、针对性和可行性。红色文化发展规划与城市经济社会发展规划必须保持一致，红色文化发展要符合城市经济社会发展目标和思路，不可与城市经济社会发展目标和思路相悖。推动政府设立红色文化发展专项资金，用于红色文化的保护、传承、传播和利用；鼓励民间组织进入红色文化领域，发挥民间组织大众性的优势，扩大中原经典红色文化的传播范围；增加融资渠道，扩大资金来源，设立“文化发展银行”。建立政策性的、不以营利为目的的文化发展银行，以国家信用为基础，为红色文化企业提供融资、借贷等服务，有效缓解企业融资难题。政府要为中原红色文化的保护、发展、传播扫除障碍，提供保障措施。

第二节 整合优势资源 挖掘文化内涵

红色文化资源的优化整合是推动红色文化传播的必然路径。要扩大中原红色文化的影响力，必须对现有的红色文化资源进行深入调研和系统分析，综合协调各个要素，实现合理整合。具体而言，需要不断挖掘红色文化的深层内涵，提升其文化品位。在讲好红色故事、强化文化内涵的基础上，创新红色文化的传播形式，推动红色文化与其他产业的融合发展，从而实现全面的文化传播效应。首先，挖掘红色历史，促进资源整合。协调各地各部门对中原地区红色资源进行详细调研、排查、摸底、筛选，进一步加大资源挖掘深度、史料搜集整理力度[①]，在此基础上建立中原红色资源数据库。组建省市县乡村五级联动，党史、文物、旅游部门三位一体的资源挖掘整合团队，负责中原地区所有红色资源的挖掘、梳理和整合工作，广泛征集红色革命遗址相关材料，重视红色遗址的口述史，对革命后人及历史见证人进行集中检查。其次，发掘红色内涵，讲好党史故事。以尊重史实为基础，通过对相关文献资料进行研究，在相关史料的基础上整理红色故事，打造红色经典。以红色故事立体再现历史原貌，生动还原历史场景。让红色资源转化为党史学习教育的生动教材，做到可听、可看、可感。也可通过不同媒介的结合来实现资源整合，围绕新媒体语言对受众与相应的传播内容进行细化，提高传播内容与受众的黏性。

一、打造“中原红色文化”品牌

中原地区红色文化资源种类丰富，数量庞大，为了实现良好的传播效果，应当打造具有中原特色的红色文化品牌。

（1）统筹资源整合，建立区域集群，探索红色资源融合发展之路。发挥“龙头”红色资源辐射带动作用，统筹推动红色资源集中片区的区域合作共建，打造红色资源区域集群[②]；整合区域内各类资源，发挥红色资源的引领作用，带动多产业融合发展。合理的区域集群和产业融合会对资源进行有效整合和调配，扩大集群内资源的优势，补足劣势，产生1+1>2 的效果。习近平总书记指出，“依托丰富的红色文化资源和绿色生

① 魏世忠. 用足用好用活红色档案建立党史学习教育常态化长效化机制[J]. 山东档案，2023（5）：73-74.

② 郑正真. 新时代加强党员干部党史学习教育的实践路径[J]. 贵阳市委党校学报，2021（6）：30-34.

态资源发展乡村旅游，搞活了农村经济，是振兴乡村的好做法。”[①]因此，要加强对地方红色资源的研究宣传和开发利用，将红色资源与区域特色文化相结合，与区域历史人文、绿色生态文明相结合，搭建平台展现区域红色资源所蕴含的红色底色、文化内涵、地方特色和历史底蕴。

政府必须要发挥红色资源开发利用的主导作用，加大对红色资源的保护力度，科学制定红色资源开发整体规划，完善发展红色文化产业所需的配套设施，为红色资源的开发利用提供基础性保障。要“树立区域红色文化产业品牌意识，将区域红色文化做成产业群，形成红色文化产业链，发挥红色资源的优势作用，将红色资源开发利用培育成区域经济社会发展新的增长点。”[②]

以大别山革命老区为例，“在长达 28 年的革命斗争中，大别山军民浴血奋战，为中国革命的胜利和新中国的诞生建立了伟大功勋，作出了巨大牺牲。从这里，走出了 3 支主力红军、349 位开国将军。这里山山埋忠骨、岭岭铸忠魂，被誉为‘红军的摇篮’和‘将军的故乡’”[③]。在这 28 年的革命斗争中，大别山革命老区“是中国敌后抗战的‘模范区’，曾出现国共合作、全民抗战的大好局面；这里也是刘邓大军千里挺进之地，揭开了人民解放军战略反攻的序幕；这里还是解放军渡江作战的前进基地和渡江后的巩固后方……”[④]老区人民不忘初心，始终砥砺前行。2019 年 9 月，习近平总书记到信阳革命老区考察调研，首次提出“大别山精神”，要求讲好党的故事、革命的故事、根据地的故事、英雄和烈

① 陈元九，夏莎．湘西红色文化与乡村经济振兴融合路径研究 [J]．怀化学院学报，2022，41（6）：1-4.

② 毛苏苏．关于红色资源开发与红色基因传承发展的思考——以中共泰安第一支部展室为例 [J]．老区建设，2021（22）：44-50.

③ 大别山精神：赓续红色血脉 逐梦新的征程 [EB/OL].(2021-03-24)[2024-06-16]. http：//dangshi.people.com.cn/n1/2021/0324/c85037-32059039.html.

④ 大别山精神：赓续红色血脉 逐梦新的征程 [EB/OL].(2021-03-24)[2024-06-16]. http：//dangshi.people.com.cn/n1/2021/0324/c85037-32059039.html.

士的故事，加强革命传统教育、爱国主义教育、青少年思想道德教育[①]，要把革命老区建设得更好，让老区人民过上更好的生活。2021 年 2 月，国务院印发《关于新时代支持革命老区振兴发展的意见》，大别山革命老区发展振兴迎来新的历史性机遇。信阳市率先编制了《河南信阳大别山红色旅游专项规划》（以下简称《规划》），确立了“苏区首府、将军故乡”的发展定位和“一轴三带四路八区”红色旅游发展总体布局。信阳市将不断完善全市红色旅游发展布局，提升和助推“将军故乡”“红军长征”“江淮抗战”“千里跃进”四条红色旅游精品线路上的红色景区、景点。《规划》结合红二十五军长征国家文化公园规划建设，按照“红色研学 + 绿色发展 + 户外运动”的总思路，力争生动呈现红军历史、革命文化和长征精神、大别山精神，唱响“北上先锋”品牌，努力打造全国知名的红色文化传承区、践行生态文明的绿色发展示范区。信阳市整合全市红色资源，形成大别山革命老区红色旅游集群，取得了良好的传承与传播效果。[②]其中，新县在规划的引领下，以红色资源为主导，推动“红色旅游 +”多业融合，目前已经形成了“红色旅游 + 农业”“红色旅游 + 工业”“红色旅游 + 教育”“红色旅游 + 体育”等多种新型业态，红色引领，全域发展。

此外，2021 年首届全国大学生乡村振兴创意大赛暨大别山（新县）大学生文创设计大赛搭建起高校和乡村之间的桥梁，引领新时代百万大学生挺进大别山，继承革命先烈精神，激发大学生的创意能量，为革命老区发展注入新活力。例如，商城县可将红色文化与当地著名的叶雕产业融合，打造红色品牌。由商城县文化馆牵头，收集相关红色资源，将一系列红色故事雕刻在叶雕上，展现大别山地区的英勇事迹。通过叶雕

① 张金林 . 信阳市不可移动革命文物的类型，分布及时代价值 [J]. 信阳农林学院学报，2023，33（3）：77-81.

② 张静 . 红色旅游与马克思主义大众化协调发展研究 [J]. 华北水利水电大学学报：社会科学版，2022，38（6）：85-91.

展现大别山地区的红色文化，推动一批红色文艺精品叶雕，全面展现大别山（商城）红色革命历史。举办“红色商城，传统叶雕”红色主题叶雕展览展览活动，将红色叶雕产品推广出去，推进红色文化传承创新，提升红色文化传播水平，提高商城红色文化知名度和影响力，也使得商城叶雕产业更加符合当下红色热潮，在同类产品中脱颖而出。

（2）传承红色基因，打造学习地标。牢牢把握“把红色基因传承好”的功能定位，聚焦地方红色资源富矿，根据建设比较成熟、意义比较重大、条件比较齐全、交通比较便利的原则，对当地的主要红色革命遗址分区域进行打造，尽量保证各县(市、区)至少有一处“红色地标”，方便区域人员参观学习。

以开封双龙巷为例，开封双龙巷地理位置优越，各类文化资源丰富，但其中红色资源分布较散，整合不够，未能发挥红色资源的作用。为了更好地传承双龙巷的红色基因，可在双龙巷打造一个适合党员干部学习、中小学生教育、亲子活动的红色地标——双龙巷数字红色博物馆。根据中研网报告进行分析，红色旅游呈现年轻化、亲子化特征。数字红色博物馆选址的双龙巷周边交通便利，设施齐全，有居民生活区，附近中小学校众多，方便数字红色博物馆进行准确有效的宣传推广。该博物馆是一个充分利用科技创新手段，整合周边红色建筑、红色文献、红色事迹等红色资源的展馆，用“科技+历史文物”努力讲好开封红色故事，办好红色体验活动，传承红色基因。双龙巷数字红色博物馆的前期受众是以党员干部、青少年、亲子游客为主体的开封群众。针对党员干部的学习需求，挖掘党史、名人故事并结合时代精神，打造专属课程；针对青少年学生，考虑其学习基础，不讲授过多深奥的理论知识，运用多样化展览方式，让孩子们能够身临其境，使观众产生共鸣，化被动学习为主动接受；针对亲子家庭游客，用漫画、游戏等符合受众年龄段发展的展览内容、活动设计，来让其感受红色精神，做到学有所获。随着技术不断改进、体验活动数量增加和更新、群众好评反馈而提高知名度后，中后期受众主要是开封周边省市群众。开封双龙巷数字红色博物馆致力于成为开封第一个利用现代化技术手段来展示传播红色文化的博物馆，并融合当下火爆游戏与历史科普、红色文化相结合，向游客展示开封红色文化魅力。

再如宝丰县皂角树村，该村拥有中原军区和中原野战军指挥部旧址。1948 年 4 月底至 1948 年 11 月，中原局、中原军区、中原野战军总部在皂角树村驻扎期间，刘伯承、邓小平等老一辈无产阶级革命家曾在这里居住生活，指挥作战，长达半年之久。军爱民、民拥军，勤劳善良的皂角树人民与驻地解放军官兵结下了鱼水深情，上演了一幕幕军民水乳交融的动人情景，说不完，道不尽，一时传为美谈。习近平总书记强调，讲好中国故事，要善于运用各种生动感人的事例，我们要“把红色资源利用好，把红色传统发扬好，把红色基因传承好。”①我们可依托当地的军民情故事，围绕红色主题，打造红色研学基地，突出红色精神和时代内涵。革命年代军队在皂角树村驻扎期间，军队与百姓结下了深厚友谊，形成许多军民之间的小故事。红色研学是一种特殊的课程形式，与学生的身心特点、接受能力、实际需要密切相关，注重学生的全面发展，充分体现系统性、知识性、科学性和趣味性②。首先，要重视整个研学活动的整体性和系统化，因此，使红色军民故事与研学拓展项目结合起来，通过三个子项目：创新形式讲好军民情故事、组织活动体会军民鱼水情、沉浸式空间反馈研学成果，依次递进的形式展开一次完整的红色研学活动。从“知、行、思”三个层次进行拓展项目的创意开发，既要了解研学历史背景，又要亲身实践体验，还要留下研学痕迹，呈现出前后延伸的效果。从而，表现出皂角树村的红色基因并达到红色研学的教育目的。

① 陈晓江，冯少雅．“三全三维三联”：高校思政课红色基因传承机制创新研究 [J]. 大学：研究与管理，2021（26）：142-145.

② 张金生 . 研学实践：落实立德树人目标的重要途径 [J]. 江西教育：综合版（C），2019（6）：2.

然后需要结合不同学段、学龄学生特点进行系统设计，把爱国爱党的精神融之中。比如，一至六年级的学生在活动的设计上侧重体验与感知；初中年级的学生侧重探究和实践；高中年级侧重研究和学习；大学阶段就要侧重创新与探索，活动设计要体现使命和担当。最后，要注重的则是创新性，拓展项目的开发既要讲好红色故事，又要结合科技创新表现方式，促进青少年的发展，传承和发扬优秀的红色文化。

（3）设计红色线路，追寻党史足迹。根据红色革命遗址主题、类型，空间分布等特征，设计不同主题的红色线路，重走革命前辈的奋斗之路。2021 年，河南省文化和旅游厅发布“河南红色旅游十条精品线路”。这些红色线路，聚焦河南的百年党史、百年奋斗历程，反映了河南人民在革命、建设、改革、发展各个历史时期的感人故事，织就成中原大地上一幅“红色版图”。

线路 1：砥砺初心——焦裕禄精神游。

焦裕禄同志 1962 年 12 月到河南省兰考县工作，1964 年 5 月积劳成疾病故。这一年多时间，他用自己的实际行动，塑造了一名优秀共产党员的光辉形象，铸就了亲民爱民、艰苦奋斗、科学求实、迎难而上、无私奉献的焦裕禄精神。习近平总书记强调：“亲民爱民、艰苦奋斗、科学求实、迎难而上、无私奉献的焦裕禄精神，过去是、现在是、将来仍然是我们党的宝贵精神财富，永远不会过时。”[①] 在焦裕禄同志曾工作和生活的地方，他付出了无数的心血和汗水，这些地方见证了他崇高的精神风范。通过瞻仰和参观焦裕禄的工作、生活纪念地，深入学习和领悟焦裕禄精神，特别是亲身感受兰考盐碱地上发生的翻天覆地的变化，使人们得以砥砺初心使命，传承和弘扬红色基因。

具体线路：兰考焦裕禄纪念园—焦桐—兰考东坝头黄河湾风景区—

① 深学、细照、笃行焦裕禄精神——论中国共产党人的精神谱系之十 [EB/OL].(2021-08-20)[2024-06-16].https://www.ccps.gov.cn/xxwx/202111/t20211126_151856.shtml.

焦裕禄精神体验教育基地—“美丽乡村”东坝头镇张庄村—“中国民族乐器村”堌阳镇徐场村[①]。

线路2：峥嵘岁月——红旗渠精神游。

“人工天河”红旗渠不仅仅是一条水渠，更是一座矗立在太行之巅的丰碑，象征着林州人民的伟大奋斗精神。它承载着中原儿女在太行山上刻下的中国力量与中国精神，成为中国人民顽强拼搏的象征。红旗渠精神的内涵是“自力更生、艰苦创业、团结协作、无私奉献”[②]。这条路线既能追忆那段激情燃烧的岁月，又能体现中华民族改变山河面貌的坚定意志。同时，这条线路上汇聚了太行大峡谷俊秀的自然景观与原生态的古村落文化，并且关联着殷墟的宝贵文化资源，彰显了自然与人文融合的魅力。

具体线路：红旗渠纪念馆——石板岩南湾村（古村落）谷文昌纪念馆—石板岩供销社扁担精神纪念馆—林州大峡谷—高家台村（古村落、画家村）—林虑山国家滑翔基地—安阳中国文字博物馆—安阳殷墟博物院[③]。

线路3：红色信仰——大别山精神游。

位于鄂豫皖三省交界处的大别山革命老区是中国革命的重要的发源地、主要活动地和战略转折地，保持了28年红旗不倒的革命奇迹。大别山精神“以其‘坚守信念、胸怀全局、团结奋进、勇当前锋’的丰富内涵穿越时空、历久弥新，牢牢镶嵌在中国共产党人精神谱系的光辉链条中。”[④] 2019年9月，习近平总书记在河南考察调研时指出，“大别山精神是我们党的宝贵精神财富”。大别山革命老区自然风光优美，人文景观

① 河南十条红色旅游精品线路发布 五条线路涉及洛阳[EB/OL].(2021-06-18)[2024-06-16].https://www.henan.gov.cn/2021/06-18/2167446.html.

② 陆亚林.红旗渠精神当代价值的再思考[J].湖南省社会主义学院学报,2017,18(4):3.

③ 河南十条红色旅游精品线路发布 五条线路涉及洛阳[EB/OL].(2021-06-18)[2024-06-16].https://www.henan.gov.cn/2021/06-18/2167446.html.

④ 吴建永.传承大别山精神 谱写时代新篇章[EB/OL].(2021-03-24)[2024-06-16].http://www.china.com.cn/opinion/theory/2021-03/24/content_77341368.htm.

丰富，红色遗址遗迹遍及城乡。重走这条线路，能让游客一边感受大别山的自然风光，一边体验老区的风土人情，在美丽风光中感受大别山精神，是具有一定高度、深度和温度的旅游线路。

具体线路：信阳商城金刚台（西河）—光山县城—司马光油茶园—光山文殊乡东岳村—光山槐店乡曹畈寨（司马光小镇）—光山砖桥（王大湾会议旧址）—光山县花山寨会议旧址—新县八里畈镇丁李湾村（中国传统村落）—新县鄂豫皖苏区首府革命博物馆、烈士陵园、首府旧址—田铺大塆—许世友将军纪念馆—箭厂河革命旧址群（吴焕先故居、列宁小学、红田）—新县县城①。

线路 4：血脉永续—— 黄河红色传承游。

黄河是中华民族的母亲河，更是流淌着光荣革命传统的红色之河，见证了中国共产党创建时期的星火燎原。黄河流域遍布红色遗迹、故居、文物、文献等，黄河岸边红色游，将再次唤醒黄河文化中的红色记忆，生动再现峥嵘岁月。行游黄河案畔，游客不仅真切感受到黄河母亲壮美、博大的豪迈气魄，同时，进一步陶冶爱国情操，弘扬革命精神，传承红色基因。

具体线路：三门峡八路军渑池兵站、刘少奇旧居—济源市愚公移山精神展览馆—济源坡头镇留庄村留庄英雄民兵营纪念馆—济源坡头镇泰山村杜八联革命英雄纪念馆—洛阳“中共洛阳组”诞生地纪念馆—巩义豫西抗日纪念馆—河南博物院（河南红色文化陈列展）—郑州二七纪念馆—开封兰考东坝头—濮阳台前将军渡②。

路线 5：大河安澜——黄河治理成就游。

大河之治，始于安澜。黄河流淌在华夏五千年的血脉之中。千百年

① 河南十条红色旅游精品线路发布 五条线路涉及洛阳 [EB/OL].(2021-06-18)[2024-06-16].https://www.henan.gov.cn/2021/06-18/2167446.html.

② 河南十条红色旅游精品线路发布 五条线路涉及洛阳 [EB/OL].(2021-06-18)[2024-06-16].https://www.henan.gov.cn/2021/06-18/2167446.html.

来，治理黄河所遗留下的水利工程成为黄河治理历程的重要见证。1952年，毛泽东视察黄河，发出“要把黄河的事情办好”的号召，拉开了新中国治理黄河的序幕。黄河安宁，天下安定。从黄河干流上建造的第一座大坝——三门峡水利枢纽，到保障黄河安全的大国重器——小浪底水利枢纽工程，不仅记录了黄河水利发展的历史，更彰显了河南人民敢于改变天地的豪迈气概。2021年10月22日，习近平总书记在深入推动黄河流域生态保护和高质量发展座谈会上，指出黄河养育了中华民族，孕育了中华民族的民族精神。黄河治理成就游，让游客近距离聆听黄河治理的千年故事，感受黄河文明的生生不息。

具体线路：三门峡黄河生态廊道—三门峡黄河大坝—黄河小浪底风景区—嘉应观—郑州黄河文化公园—黄河博物馆—沿黄生态廊道—兰考东坝头黄河水利风景区①。

线路6：饮水思源——南水北调水利工程游。

正如习近平总书记强调的：“南水北调工程功在当代，利在千秋。”浩浩南水，奔流北上，不止打通了经济社会发展的生命线，浇灌了经济命脉和民生命脉，也极大改善了华北地区的生态环境，促进了北方的生态文明建设。伟大的实践产生伟大的精神，南水北调工程催生了伟大的南水北调精神。南水北调生态工程游线路，能让游客一边享受南水北调工程沿线的自然与人文风光、感受工程建设人员攻坚克难的智慧与辛劳，同时，能让游客饮水思源，在南水北调精神中汲取智慧和力量，践行初心担当使命。

具体线路：南阳淅川南水北调渠首—平顶山鲁山县沙河渡槽—郑州黄河博物馆—古柏渡丰乐樱花园（南水北调穿黄口）—焦作温县南水北

① 河南十条红色旅游精品线路发布 五条线路涉及洛阳[EB/OL].(2021-06-18)[2024-06-16].https://www.henan.gov.cn/2021/06-18/2167446.html.

调中线总干渠—焦作南水北调天河公园—新乡辉县市苏门山渡槽[①]。

线路 7：伟大征程—— 红二十五军长征游。

1934 年，中国工农红军第二十五军（简称红二十五军）从信阳罗山县何家冲出发，踏上了北上转移的长征之路。在与党中央长期失去联系的情况下，红二十五军历时十个月，转战近万里，最终抵达陕北。他们不仅是最早到达陕北的红军队伍，而且人数不减反增，走出了百位开国将军，创造了多项“第一”，在中国革命史上写下了不朽篇章。红二十五军的长征路途经大别山、桐柏山、伏牛山等自然风景区和革命老区，沿途革命遗址众多，红色故事扣人心弦，充满历史的壮丽与感动。

具体线路：信阳光山县花山寨—罗山县何家冲—桐柏县叶家大庄—鏖战独树镇纪念地（南阳方城县）—平顶山鲁山县尧山—洛阳嵩县车村镇—栾川三川镇—三门峡卢氏文峪乡—卢氏官坡镇兰草红二十五军军部旧址—豫陕交界处铁锁关[②]。

线路 8：热血忠魂——抗日战地游。

在抗日战争时期，中原儿女齐心协力、无畏艰险、奋勇抗敌，创造了一个个抗战传奇，留下了深刻的红色记忆。每一寸山河都浸透了血汗，每一块热土都承载了灵魂。在豫西的深山密林中，皮定均的征战岁月成为传奇；被誉为“小延安”的确山县竹沟，是中原人民抗战的指挥中心；漯河中州抗战纪念馆的受降亭，见证了河南人民抗战的胜利。中原大地诞生了诸多抗日民族英雄，如杨靖宇、彭雪枫、吉鸿昌，他们的故居和纪念馆记录了英雄的成长与壮烈事迹，书写了他们在疆场上洒下的传奇。

具体线路：新密豫西抗日纪念园—登封豫西抗日根据地纪念馆—巩义豫西抗日纪念馆—洛阳八路军驻洛办事处—南阳镇平彭雪枫纪念馆—

① 河南十条红色旅游精品线路发布 五条线路涉及洛阳 [EB/OL].(2021-06-18)[2024-06-16].https://www.henan.gov.cn/2021/06-18/2167446.html.

② 河南十条红色旅游精品线路发布 五条线路涉及洛阳 [EB/OL].(2021-06-18)[2024-06-16].https://www.henan.gov.cn/2021/06-18/2167446.html.

驻马店确山竹沟革命纪念馆—杨靖宇将军纪念馆—周口扶沟县吉鸿昌将军纪念馆—商丘夏邑县的彭雪枫将军纪念馆[①]。

线路 9：英雄壮歌——中原解放战争游。

一片热土蕴含着深情厚谊。安阳的马氏庄园，发动了解放战争战略转移的全面动员；鹤壁的石林军事会议，策划了刘邓大军强渡黄河、千里跃进大别山的战略部署；清丰单拐的冀鲁豫边区革命根据地，为解放战争提供了物资和群众支持；台前的孙口渡，标志着解放战争战略进攻的开始；永城的陈官庄，见证了淮海战役的最后胜利，奏响了胜利的壮歌。

具体线路：安阳马氏庄园—鹤壁石林会议旧址—濮阳清丰县单拐革命旧址—台前县刘邓大军渡黄河纪念地—永城市淮海战役陈官庄战斗遗址—平顶山宝丰县中原解放纪念馆—信阳息县刘邓大军渡淮纪念馆—光山王大湾会议旧址纪念馆[②]。

线路 10：多彩田园——乡村振兴游。

多年来，河南的乡村因地制宜，创新发展，取得了世人瞩目的发展成就。大别山、太行山、伏牛山“三山”地区是河南乡村游的资源富集地，让游客体验乡村美景，感受广大党员干部带领人民群众自力更生、艰苦奋斗的创业精神。

具体线路：洛阳市嵩县天桥沟村—栾川县重渡村—栾川县抱犊寨—新乡市新乡县刘庄村—新乡县京华村—卫辉市唐庄—辉县市裴寨村—辉县市回龙村—辉县市郭亮洞—信阳市新县田铺大塆村—司马光油茶园和

① 河南十条红色旅游精品线路发布 五条线路涉及洛阳 [EB/OL].(2021-06-18)[2024-06-16].https://www.henan.gov.cn/2021/06-18/2167446.html.

② 河南十条红色旅游精品线路发布 五条线路涉及洛阳 [EB/OL].(2021-06-18)[2024-06-16].https://www.henan.gov.cn/2021/06-18/2167446.html.

东岳村[①]。

这10条红色旅游线路或以某一区域为基础，整合当地各类资源，通过红色资源的引领作用形成具有显著地域特色的红色旅游精品路线；或以某一主题串联起河南省内符合该主题的所有红色文化资源，形成具有强烈主题效应的红色旅游精品路线。这些线路覆盖了中原地区主要红色文化资源，并将各地区红色文化资源与其他宝贵的自然资源、文化资源等形成联动作用，促进了红色文化的高质量传播。

二、丰富红色文化周边

当前中原红色文化传播形式比较传统，传播内容比较陈旧，大多还是遗址遗迹的参观学习以及单向的影像传播，缺乏体验性、互动性、故事性和长久记忆性。

红色文化的传播不仅依赖于历史遗迹和精神传承，还需要通过创新方式不断丰富其传播形式和载体。围绕红色文化的核心价值，开发和推广多样化的红色文化周边产品是传播红色文化的重要手段之一。这些周边产品可以通过文化与市场的结合，将红色精神潜移默化地融入大众的日常生活，使更多人能够在不同场景下接触、理解和传播红色文化。

（一）红色文化周边产品的类型

1. 红色文创产品

文创产品是文化传播的重要载体，通过将红色文化元素融入日常用品中，可以让受众在使用中感受到红色文化的独特魅力。设计富有文化特色的文创产品，不仅能够传播红色文化，还能提升文化的吸引力与认同感。

红色文化纪念品：可以将中原地区的经典红色文化符号，如大别山

① 河南十条红色旅游精品线路发布 五条线路涉及洛阳[EB/OL].(2021-06-18)[2024-06-16].https://www.henan.gov.cn/2021/06-18/2167446.html.

精神、焦裕禄精神等，融入文创设计中，开发如红色文化纪念章、钥匙链、手绘地图等，成为人们在参观红色景点后的纪念品，唤起人们对革命历史的记忆与敬仰。纪念品的设计应注重细节和文化意蕴，让受众在购买和使用的过程中自然了解红色文化的背景与内涵。

红色文化日用品：将红色文化的元素应用到日常生活用品中，如文化衫、马克杯、笔记本等，通过在这些产品上加入红色文化的标志、红色故事的人物形象等，使得文化传播不再局限于特定的场合，而是能够走进千家万户，融入日常生活。例如，可以在文化衫上印制红色文化经典语录或历史事件的手绘图，让这些产品成为承载文化内涵的传播媒介。

2. 红色文化相关游戏

在红色文化传播中，周边产品不仅限于实物，还可以通过游戏等互动方式，将红色文化精神融入娱乐体验中。这种“寓教于乐”的方式能让年轻人更加主动地接触红色文化，并在娱乐中不知不觉地接受文化教育。

红色文化桌游与线上游戏：开发与红色文化相关的桌游或线上游戏，让玩家在游戏过程中学习革命历史、人物事迹与红色精神。例如，可以设计一款以中原红色文化为背景的战略游戏，玩家可以在游戏中模拟红色英雄的决策与行动，体验当时的艰苦环境和奋斗精神。这样的游戏能够有效提高年轻一代对红色文化的兴趣，让他们在游戏中学习到革命历史。

AR/VR 体验游戏：结合增强现实（AR）和虚拟现实（VR）技术，开发与红色文化相关的互动游戏，让玩家在虚拟世界中重走红色足迹。例如，通过 VR 技术让玩家“置身”于中原红色革命的历史场景中，扮演红色英雄完成任务，这不仅增加了红色文化的传播趣味性，还增强了其教育效果，激发更多年轻人对红色历史的兴趣。

3. 红色文化主题书籍与影视作品

在丰富红色文化周边产品时，出版物和影视作品也是不可或缺的一部分。这类周边产品通过文字和影像的形式，更深层次地传递红色文化的精神内涵和历史背景。

红色文化主题书籍：出版面向不同年龄段的红色文化书籍，如针对青少年的绘本、历史故事集等，可以用简洁易懂的语言和图像，生动地讲述革命历史人物的故事和红色文化精神。例如，中原地区的红旗渠精神、二七精神等可以通过书籍详细介绍，让读者从文字和图片中深刻感受到这些革命精神的力量。

红色文化影视作品：制作高质量的红色文化题材影视作品，通过电影、电视剧、纪录片等形式，生动再现革命历史事件。影视作品可以通过丰富的剧情和视觉效果增强观众的情感共鸣，尤其是对于年轻一代观众，这类周边产品的视觉冲击力能够更好地传达红色文化精神。例如，制作红色文化题材的影视剧或微电影，可以更直观地展现红色文化的精髓，吸引更多人主动了解革命历史。

4. 红色文化旅游产品

红色文化旅游是红色文化传播的重要途径，将红色文化元素与旅游资源相结合，开发相关的周边产品，可以丰富游客的旅游体验，同时实现红色文化的传播与经济效益的双赢。

红色文化主题旅游线路：通过设计富有特色的红色文化旅游路线，让游客在参观历史遗址的过程中，深刻了解革命历史和红色文化精神。例如，在中原地区，可以结合焦裕禄精神的发源地兰考县，设计一条“红色精神之旅”，让游客在实地考察中感受革命先辈的奋斗精神。这类红色文化旅游线路可以结合周边的景点和历史遗址，打造具有文化深度的旅游体验。

红色文化旅游商品：在红色文化旅游景点开发一系列具有纪念意义的旅游商品，如印有红色文化标志的纪念杯、服饰、文具等。这类周边产品不仅可以作为游客的纪念品，还能通过商品销售的方式将红色文化精神传播给更多的消费者。在开发过程中，可以注重产品的设计感和实用性，增强产品的吸引力。

5. 红色文化艺术品

艺术作品是文化传播的重要媒介，通过与红色文化的结合，可以提升红色文化的美学价值和传播效果。

红色文化主题艺术品：鼓励艺术家创作以红色文化为主题的绘画、雕塑等艺术作品，将红色文化中的人物形象和历史事件通过艺术形式展现出来。这些作品不仅可以在博物馆、艺术展览中展出，还可以通过复制品的形式进入家庭、办公场所，扩大红色文化的传播范围。通过艺术品的创作，红色文化能够以更加多样化和美学化的方式呈现出来，吸引更多受众。

红色文化艺术衍生品：以红色文化为灵感，开发如红色主题的书签、明信片、雕塑摆件等艺术衍生品，使这些具有文化意义的产品成为生活中的装饰品和文化载体。通过艺术衍生品的推广，不仅增强了红色文化的传播力，还赋予了文化传播更多的艺术魅力和时代感。

（二）红色文化周边产品的需求现状

伴随着红色革命文化传统教育和爱国主义教育活动的开展，红色旅游热度越来越高，是红色革命文化传统教育、爱国主义教育与旅游产业相结合的产物。从“要我去”到“我要去”，游客主动参与红色旅游成为新态度，成为常态化生活方式。《中国红色旅游消费大数据报告（2021）》显示：2021 年参与调查者中，41.7% 的游客参加红色旅游的次数达到 3 次以上，连红色旅游搜索热度都比上年同期增长 176%（图 4–1），游客对红色旅游目的地红色文化氛围的评价中满意等级以上的比例占 94.5%。

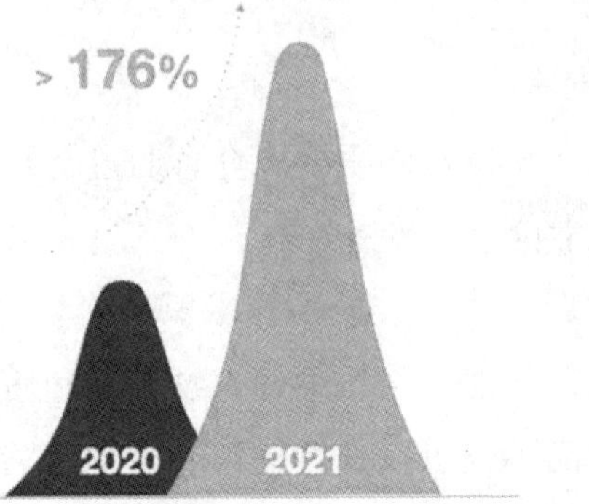

图 4-1　“红色旅游”搜索热度统计（中国旅游研究院、马蜂窝旅游）

很多网红色景点跟红色纪录片、电影热映密切相关，《觉醒年代》热映让合肥延乔路火了，电影《八佰》上映让上海四行仓库抗战纪念馆热度暴涨。2021 年游客喜爱的“红色 + ”融合业态中，游客最喜爱的是“红色 + 影视”，其次是“红色 + 体育运动项目”，第三位是“红色 + 动漫 / 游戏”，这三项总占比为 40%。此外，近年来，我国红色旅游接待游客人次整体呈上升态势，《中国红色旅游消费大数据报告（2021）》：“2019 年超过 14 亿人次，达到 14.1 亿人次，值得注意的是，青少年群体成为红色旅游的主力客群，其中，14 岁以下的中小学生占比 5.4%，20 至 39 岁青年群体占比 57.3%，整体青少年及青年人群占绝对多数。”2021 年“红色旅游”出游人群性别、年龄分布如图 4-2 所示。

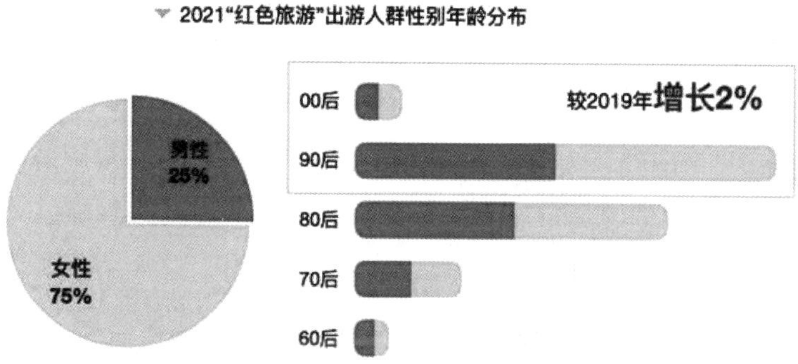

图 4–2　2021 年“红色旅游”出游人群性别、年龄分布（中国旅游研究院、马蜂窝旅游）

寒暑假、国庆节是红色旅游出行高峰，高峰期出行人数占全年总出行人数的 45%。2021 年暑期的红色旅游出行人数同比增长 92%，最受青少年们青睐的研学类旅游产品为观升旗仪式、参观科技馆、到贵州一睹威武的中国天眼等。越来越多的年轻游客在长假期开启了红色之旅，走进革命先烈曾经战斗过的地方，进一步激发了他们建设祖国的动力。2021 年“红色旅游”出行月份分布如图 4–3 所示。

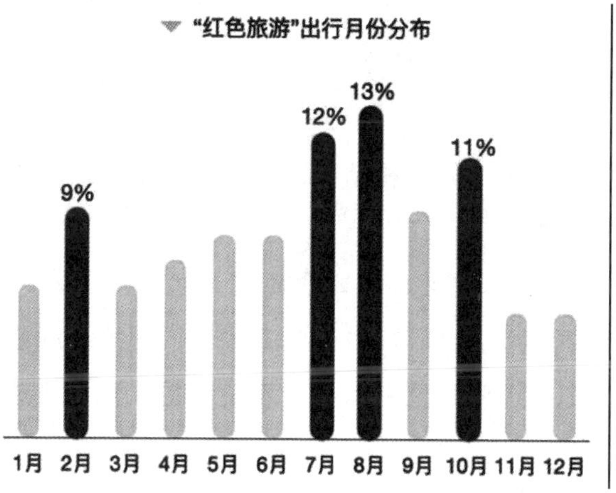

图 4–3　2021 年“红色旅游”出行月份分布（中国旅游研究院、马蜂窝旅游）

综上，通过对红色旅游的形式、受众群体、出行月份等信息的分析，我们可知年轻游客已经成为红色旅游的主要客群。而这必然会促进红色旅游产品的升级和创新，加速智慧型、创意型、体验型红色旅游产品的更新。《中国红色旅游发展报告（2021）》提道：“智慧旅游、创意旅游是红色旅游业发展的重要方向。近年来，红色旅游积极推动多种业态融合发展，应用高新科技，开发创意‘红色旅游+’产品，受到游客的青睐。”首先，年轻人最喜欢的“红色旅游+沉浸式体验项目”，例如，2021年6月延安红街正式迎客，立即成为又“红”又“火”、圈粉无数的年轻人打卡地，大型沉浸式红色情景体验剧《再回延安》，几乎场场爆满。调研发现，“超过40%的年轻游客对红色旅游的兴趣点在于‘喜欢沉浸式的体验’，从深度讲解到科技体验，可以收获他们不曾了解到的历史知识”①。其次，红色旅游积极探索应用VR、AR、数字化、元宇宙等高新技术，为游客带来了全新的游览体验，丰富了旅游产品的供给体系。例如，南昌八一起义纪念馆在红色文创产品中加入AR技术，增强了文创本身的互动性、体验性。最后，随着研学旅行的日益普及和现代技术的提升，诸多景区已推出“云游”研学基地/景区的模式，打造出多种红色研学游品牌项目和多条精品“云”旅游路线。例如，2020年初，文化和旅游部开展红色旅游“云课堂”，推出12堂红色旅游精品网课，将红色研学旅行与云端教育相结合，使学员足不出户就能够接受红色教育，感悟红色精神。②

（三）中原经典红色文化周边产品

中原经典红色文化也应紧跟行业大势，推动传统红色文化产品的迭代升级，打造中原经典红色文化IP，丰富红色文化周边产品的种类和形

① 年轻人偏爱沉浸式体验 "红色+乡村"成游客新宠[EB/OL].(2021-12-23)[2024-06-16].http://travel.cnr.cn/list/20211223/t20211223_525695184.shtml.

② 胡燕.红色研学实践视角下福建红色文化资源的开发研究[J].佳木斯职业学院学报，2023，39（7）：28-30.

式。红色文创产品是传播红色革命文化的重要载体，也是宣传红色革命文化精神的重要渠道[①]，更是促进红色旅游发展的重要推手。红色文创引入现代科技，将红色革命文化内涵多形式展现，满足消费者的不同需求。近年来，国家针对红色文化创意产品的人才培训、设计开发和宣传推广等给予技术支持：2018 年由文化和旅游部举办的“文化产业高端复合型人才素质能力培训班——革命文化主题文创产品开发培训班”以及 2019 年由中国博物馆协会纪念馆专业委员会举办的“全国革命类纪念馆文创开发与经营管理主题培训会”；文旅资源印发关于印发《关于进一步推动文化文物单位文化创意产品开发的若干措施》等等，可以看出相关政府部门努力培养红色文创产品设计人才，提高红色文创产品的设计水平，以至于更好地挖掘红色文化资源的价值内涵，努力“把红色资源利用好、把红色传统发扬好、把红色基因传承好”[②]。随着 VR、AR、3D、5G、人工智能、云课堂、元宇宙的兴起，文创设计开发越来越需要与时俱进。如“中共一大会址纪念馆文创团队采用 3D 打印技术制作的‘起点’浮雕笔筒、‘本党定名为中国共产党’的白铜迷你群雕”[③]。采用激光雕刻技术制作的“黄铜上漆毛主席藏书票”；2021 年 12 月，河南博物院发布了两款数字文创新品——“数字藏品妇好鸮尊”和“院长说考古”动画短视频。据悉，河南博物院将深耕数字文创，搭建文创大数据库平台，培育文化创意产业大数据云环境，促使文创发展线上线下多渠道紧密配合，有效推动文创产业转型升级以文化 + 创意的方法赋予红色文化创新的价值，展现出设计感和历史感。通过发散式设计思维和逆向设计思维等创

① 王忠，袁雅纯．陶瓷文创设计中湖湘红色文化的再现与探究 [J]. 江苏陶瓷，2022，55（3）：32-34.

② 陈晓江，冯少雅．“三全三维三联”：高校思政课红色基因传承机制创新研究 [J]. 大学：研究与管理，2021，（26）：142-145.

③ 马小强，周琛．文化 IP 视角下红色旅游文创产品创新设计研究 [J]. 济南职业学院学报，2022（3）：117-120.

新思维设计出的激发消费兴趣点的红色文创，应搭配符合流行潮流的色彩，运用现代化材料或发掘当地特色材料，呈现出多元化的产品，给消费者以视觉、听觉和触觉等的多重新奇感受。

总之，通过丰富红色文化周边产品，红色文化的传播可以更加立体、多元化。这种通过文创产品、游戏、出版物、影视作品、旅游商品和艺术品等形式的周边开发，不仅能够吸引更多的受众，还能将红色文化的精神内涵潜移默化地融入人们的日常生活中。通过这些多样化的传播方式，红色文化不仅得以传承与发扬，还能够在现代社会中焕发出新的生机和活力，吸引更多年轻一代主动参与到文化的传播和传承中。

第三节　完善传播渠道 创新传播方式

随着现代信息技术的飞速发展，以媒介融合为特征的全媒体时代已经来临。全媒体就是数和象在天、地、人之间变动和周流而建立的备包有无的媒体形式[①]，指“媒介信息传播采用文字、声音、影像、动画、网页等多种媒体表现手段”[②]。这种以媒介融合为特征的信息传播方式的变革，以前所未有的速度改变了人的思想观念与行为模式，将人类社会带入了一个崭新的各种媒体高度融合、传播者与受众合为一体、所有人向所有人传播的新时代[③]。精准把握红色文化全媒体传播的历史机遇，积极在实践中探索红色文化全媒体传播的方法，通过构建红色文化的全媒体

① 任国杰．童子问易[M]．北京：人民出版社，2013：273，273-276.

② 殷俊．全媒体时代的传播探索[J]．视听纵横，2017（4）：2.

③ 张立，李兴选．全媒体视阈下高校“红色文化”有效传播的多维探析[J]．社科纵横，2017（8）：147-151.

传播融合场域、创新红色文化全媒体传播的故事化叙事策略和多维度打造红色文化全媒体传播矩阵，使红色文化适应全媒体传播环境，挖掘红色文化的时代价值，完善红色文化的时代内涵，推进红色文化象征符号的新时代转向，开创红色文化传播的新格局，丰富红色文化话语的新时代阐释。为进一步发挥红色文化全媒体传播效能，要坚定党的领导、构建传播大格局、坚持以人民为中心、加强红色文化与人民精神文化生活需求的关联，使红色文化有效链接历史、现在与未来。

一、丰富传播平台 打造传播矩阵

每一种媒介都有其自身的特点，“传播矩阵在形成和具体运作过程发挥作用需要根据红色文化内容特性，根据不同媒介平台的特性生成相应适合传播的内容”①。比如在传统媒体平台，适合对红色文化的内容进行深度报道，借助图片文字的形式进行传播；在网站平台，适合借助图文、音频等形式展现红色文化的具体内容，增强可感性。在公众号平台，则要注重用户之间的互动性和分享性，根据受众的反馈进行调整，可以制作表情包、抓住社会中的热点与人民关注的生活主题结合发布趣味性的内容。在短视频平台上，可以利用音乐的感染力，制作易于记忆且富有亮点的内容，并开展包括大学生等年轻群体参与的打卡活动和创意广告比赛等互动活动，这种方法应注重与受众的互动性和内容的针对性，比如为红色文化设置专门的栏目或创建主题明确的账号，以避免不定期、不主题的零散传播，这种无规律的传播效果有限。在社交平台，可以通过专题讨论的方式深入解读红色文化，引发受众的参与和讨论。通过调整内容，结合受众的实际体验，创作出符合传播规律的内容，提供沉浸式的传播体验，以吸引年轻群体的关注和喜爱。

总的来说，在红色文化的传播中，首先，需要确保主流媒体如报纸、

① 周秦琼 . 安徽红色文化传播与策略研究 [D]. 安庆：安庆师范大学，2022.

电视和网络为红色文化的传播提供必要的时间和空间保障，以便于有效传播；其次，要制作足够数量的红色文化产品，以确保有足够的内容可以传播；最后，必须运用创新思维并考虑受众的接受特征，“制作出受众愿意接受的红色文化产品，从而做到有效传播”[①]。

（一）扩展传播平台的种类

1. 增加传统媒体的覆盖

在当今信息传播快速发展的背景下，传统媒体如电视、广播、报纸和杂志仍然在文化传播中扮演着重要角色。为了增强红色文化的权威性和深度，必须继续支持和发展这些传统媒体。针对不同受众群体的需求，制作专题节目和系列报道尤为重要。例如，针对青少年群体，可以制作结合历史教育与娱乐元素的红色主题节目，吸引他们的关注；而针对老年观众，可以推出更为深入的历史回顾类节目，以满足他们对红色文化历史的渴求。通过增强传统媒体的覆盖范围和内容多样性，可以有效提升红色文化的传播效果。

2. 利用新兴社交平台

随着社交媒体的崛起，新兴平台成为信息传播的重要渠道。设立官方账号并定期发布与红色文化相关的内容，不仅能扩大受众群体，还能利用平台特性与用户进行互动。这种互动可以是通过评论区的讨论、直播问答，或是短视频的创作挑战等多种形式，让用户主动参与到文化传播中来。同时，通过鼓励用户分享个人见解与体验，可以形成更广泛的讨论氛围，提升文化传播的活跃度和影响力。

3. 搭建在线社区

创建专门的红色文化在线社区或论坛，能够聚集对这一主题感兴趣的用户，促进文化交流与讨论。这些社区可以提供信息分享、经验交流和互动讨论的平台，鼓励成员之间的互动与合作。通过定期组织在线讨

① 曾振华．红色文化的传播价值和传播策略 [J]. 当代传播，2008（11）：97-99.

论会、分享会和文化活动，激励用户主动参与，增强他们对红色文化的认同感和归属感。这样的在线社区不仅能成为信息传播的重要渠道，还能为用户提供一个情感支持的网络，形成共同体。

（二）创新内容制作与传播方式

1. 多样化内容形式

在内容创作上，必须采取多样化的策略，以适应不同受众的需求。制作包括纪录片、微电影、动画片、播客和图文并茂的文章等多种类型的内容，能够吸引不同年龄段和兴趣的受众。例如，针对年轻观众，可以制作生动有趣的动画片，通过轻松的叙事风格传播红色文化的核心价值；而对于学术型受众，可以推出专业的纪录片，深入探讨红色文化的历史背景和理论内涵。这种内容形式的多样性，可以有效提升文化传播的广度与深度。

2. 用户生成内容

鼓励受众分享他们的故事、观点和体验，能够有效增强文化传播的参与感和归属感。通过举办征文、摄影比赛等活动，可以激励用户主动创作和分享他们与红色文化相关的内容。例如，可以邀请用户撰写与红色文化相关的个人经历，或者征集与红色文化主题的照片，通过评选和展示活动，提升用户的参与感。这不仅丰富了传播内容，也为传播平台注入了新的活力。

3. 互动式内容

利用问答、投票、在线调查等互动形式，可以极大地增强受众的参与度。在传播内容中加入互动元素，使得用户不仅是被动的信息接收者，而是主动参与者。这种互动可以在社交媒体上实现，例如通过直播问答解答用户对红色文化的疑问，或通过投票决定下一期节目的主题。这种互动方式不仅增加了受众的参与感，也能让他们在消费内容的过程中享受到乐趣，从而提升对红色文化的认同感。

（三）跨媒体合作与资源整合

1. 跨平台合作

推动传统媒体与新兴媒体的合作是提升红色文化传播的重要途径。通过联合制作红色文化相关的内容，能够有效扩大传播的受众范围。例如，电视台可以与网络视频平台合作，共同推出系列纪录片或文化节目，将传统的叙述形式与现代的传播方式结合起来。这种跨平台合作不仅能实现资源共享，还能利用各平台的优势，形成更强的传播合力。

2. 联合活动与项目

不同媒体和文化机构之间的联合活动能够有效提升红色文化的传播力度。组织红色文化周、展览、讲座等活动，不仅可以吸引更多公众的参与，也能通过多样化的形式展示红色文化的深厚底蕴。在这些活动中，可以通过互动环节增加受众的参与感，例如现场讨论、问答环节等，让参与者在实践中更深刻地理解红色文化的内涵。

3. 资源共享机制

建立各类文化机构、媒体之间的资源共享机制，可以促进信息流通和合作。通过共享成功案例和传播经验，能够为各参与方提供实用的参考和借鉴。例如，可以通过定期举行经验交流会，分享不同平台在红色文化传播中的成功经验，促进合作与学习。这种资源共享不仅提升了信息传播的效率，还能加速文化的传播与发展。

（四）培养传播人才与提升专业素养

1. 开展培训项目

定期举办培训班，旨在提升传播人员的新媒体运用能力。这些培训可以涵盖内容创作、社交媒体管理、数据分析等多个方面，帮助传播人员掌握现代传播技术和工具，提高内容创作与传播的质量。例如，可以邀请行业专家进行讲解，结合实际案例进行分析，使培训更具实用性。通过不断提升传播人员的专业素养，能够确保红色文化传播的质量与深度。

2. 引入专家与顾问

邀请红色文化研究领域的专家参与内容创作和传播策略的制定，可以有效提升传播内容的准确性和深度。这些专家能够提供专业的见解和建议，确保内容的历史性和真实性。此外，专家的参与也能增强受众对内容的信任感，提升传播的权威性。在内容创作和传播过程中，建立专家顾问团队，将更有利于红色文化的深入传播。

（五）建立、完善受众参与与反馈机制

1. 建立反馈渠道

设立意见箱、在线调查等渠道，收集受众对传播内容的反馈，能够及时调整和改进传播策略。通过分析受众的反馈信息，了解他们对不同类型内容的偏好，从而更好地满足受众的需求。例如，可以定期开展用户满意度调查，了解用户对内容质量、互动体验的评价，以便做出相应调整。这种反馈机制不仅有助于内容的优化，也能增强用户的参与感和归属感。

2. 激励受众参与

通过设置奖励机制，鼓励受众参与到红色文化的传播活动中。例如，举办分享活动、竞赛等，提升传播的活跃度。可以设立“最佳分享者”或“优秀参与者”等奖项，通过线上线下的宣传，提升受众的积极性。此外，可以通过小礼品或荣誉证书等形式，激励受众参与到活动中来。这种激励机制不仅能提升传播的参与度，还能营造出积极向上的文化氛围。

（六）构建长效传播机制

1. 制订传播计划

根据受众特点和需求，制订详细的传播计划，是实现有效传播的基础。该计划应明确各类媒体的功能和任务，确保各平台协同工作。通过系统的传播计划，能够形成合力，提升红色文化的传播效果。此外，还应定期评估传播计划的执行情况，以便及时调整和优化策略，确保传播

的持续性与有效性。

2. 持续的评估与调整

定期对传播效果进行评估，分析受众的反馈与参与度，是确保传播有效性的关键。通过数据分析、受众调查等手段，能够全面了解传播的影响力和覆盖面。根据评估结果，及时调整传播策略和内容，以更好地满足受众的需求和期待。这种持续的评估与调整机制，不仅能提升传播的灵活性，还能确保红色文化在新时代背景下的长效传播。

这些措施可以全面丰富传播平台，构建一个多层次、多元化的传播矩阵。这一过程不仅需要政策的支持和社会各界的共同努力，更需要创新的传播方式和内容创作，以更好地适应当今信息社会的发展需求。通过系统性的传播战略，能够更有效地传播红色文化，增强社会各界对红色文化的认同与参与，确保其在新时代的传承与弘扬。

二、升级传播路径 增强交互体验

智能时代，云计算、大数据、物联网、移动互联网、人工智能等技术为文化传播注入了新的活力，也为红色文化的智能化传播提供了强劲的技术力量。①

（一）利用新媒体技术拓宽传播路径

在当今信息化和数字化的背景下，利用新媒体技术拓宽红色文化的传播路径已成为一种必要的趋势。将红色文化与网络直播、智能技术等现代传播手段结合，不仅可以提升红色文化的吸引力，还能更好地实现文化的“破圈”传播，使红色文化在不同群体中得到广泛传播与认同。

1. 网络直播：实现红色文化的“破圈”传播

红色旅游的直播讲解。网络直播作为一种即时互动的传播方式，受

① 聂智，谭可心．智能时代红色文化传播的技术赋能与优化进路 [J]. 湖南省社会主义学院学报，2022，23（6）：82-84.

到广泛欢迎，特别是在年轻人群体中。通过将红色文化与网络直播相结合，可以打破地域和时间的限制，让红色文化在更广泛的受众中传播。例如，开通红色旅游地的直播讲解，将革命遗址、纪念馆、红色景区的实地场景呈现给观众，讲述红色故事、革命先烈的事迹以及当地的历史背景。这种实时讲解与实景展示不仅让观众身临其境，增加了文化体验感，还能在短时间内吸引更多关注红色文化的人群，特别是无法亲自前往的观众。通过这种方式，红色文化不仅能够被更广泛的人群接受，还可以有效带动当地的红色旅游发展，形成“文化+经济”的双赢局面。

红色文艺作品的直播传播。红色文艺作品是红色文化传播的重要载体，过去，红色歌剧、舞剧等通常只能在特定的剧场中演出，观众数量有限。通过网络直播的方式，可以将这些红色文艺作品呈现在更广的舞台上，突破时间和空间的限制。例如，经典的红色歌剧、红色舞剧可以通过直播平台进行同步演出，吸引更多观众在线观看，并与表演者实时互动，增强观众的参与感。这不仅扩大了红色文艺作品的传播范围，还能让更多人感受到红色文化的艺术魅力，特别是吸引年轻观众的关注。此外，观众通过在线打赏、评论等方式参与，增加了文化传播的互动性和趣味性。

2. 智能技术：推动红色文化的“跨界”传播

红色文化与非物质文化遗产的结合。非物质文化遗产是我国传统文化的重要组成部分，将红色文化与非遗相结合，能够实现文化的“跨界”传播，创造新的传播形式。例如，可以探索将红色文化与传统的木偶戏结合，用木偶戏展现红色人物的故事。这种结合不仅丰富了红色文化的表达形式，还通过木偶戏这一传统文化形式为观众带来更加生动的视觉体验。通过智能技术的辅助，木偶戏可以进行数字化呈现，使红色人物形象更为生动逼真。借助人工智能技术，还可以让木偶进行自动化演出，增强木偶表演的趣味性和互动性。

红色木偶戏的数字化新形态。通过数字化技术赋予红色木偶戏新的表现形态①，可以将红色文化与木偶戏的爱好者聚集在一起，形成文化的交互与共享。借助虚拟现实（VR）、增强现实（AR）等技术，观众可以通过佩戴 VR 设备“走进”红色木偶戏的世界，沉浸式体验红色故事。同时，运用人工智能技术，可以设计出更加灵活、生动的木偶表演，使红色人物的形象和故事通过更具互动性的形式呈现给观众。通过这些技术手段，不仅能够吸引喜欢红色文化的观众，也能吸引对木偶戏感兴趣的人群，实现两种文化之间的互通与融合，扩展红色文化的受众群体。

（二）借助融媒体技术升级传播路径

在红色文化传播过程中，“新闻及电视广播等传播形式发挥出十分关键的作用，吸引更多受众群体了解红色文化，并树立文化自信、牢记民族使命”②。而随着融媒体技术的飞速发展，多样化的传播途径涌现出来，融媒体（即传统媒体与新媒体的融合）逐渐成为红色文化传播的有力工具。融媒体指的是通过整合传统媒体和新兴媒体，实现多平台、多终端、多元化的传播，确保信息在多个渠道上同步传播，从而触达更多、更广泛的受众群体。融媒体不仅能够整合多种媒体形式，还能通过多平台、多终端、多元化的内容形式进行跨界传播，进一步扩大红色文化的传播影响力。

1. 融媒体技术赋能：拓宽传播路径

融媒体技术的出现为红色文化的传播提供了更广阔的空间。通过融媒体技术，红色文化的传播路径得到了显著升级，形成了更加立体化、互动化的传播网络。

互联网平台的传播延展。借助互联网平台，红色文化的传播不再局限于电视、广播等传统渠道，而是通过新闻网站、短视频平台、社交媒

① 聂智，谭可心．智能时代红色文化传播的技术赋能与优化进路 [J]. 湖南省社会主义学院学报，2022，23（6）：82-84.

② 张红辉．论融媒体语境下红色文化传播的策略创新——以红安县为例 [J]. 文化创新比较研究，2022，6（29）：73-76，93.

体等途径，实现了全时空覆盖。例如，新闻 App 可以通过推送红色文化相关的新闻报道、专题文章、视频节目，让用户在日常信息浏览中随时接触到红色文化的内容。社交媒体可以利用短视频、直播、互动话题等多样化的形式，向用户呈现更加丰富的红色文化内容，让用户在轻松的娱乐消费中深入了解红色文化。

个性化推送与智能传播。融媒体平台通过大数据分析，能够根据用户的浏览记录、兴趣偏好等，推送个性化的红色文化内容。例如，基于用户的地理位置或历史搜索行为，App 平台可以向用户推荐附近的红色旅游景点、红色纪念馆的活动信息等。通过这种精准推送，融媒体不仅能够实现红色文化内容的有效传播，还能增强用户的参与感与互动性，吸引用户主动了解并分享红色文化信息。

2. 可视化设计：提升传播效果

融媒体技术还使得红色文化的传播形式更加直观、互动性更强，特别是可视化设计的广泛应用，极大提升了传播效果。通过数据可视化、VR、AR 等技术，红色文化内容可以更加生动形象地呈现，增强受众的沉浸式体验。

数据可视化与图像设计。利用数据可视化技术，红色文化的历史数据、纪念活动、文物信息等可以通过图表、地图等形式呈现，增强信息的可读性和吸引力。例如，关于重大红色事件的时间轴、革命人物的事迹对比等，能够通过简单明了的图表形式直观呈现，帮助观众在短时间内了解复杂的历史事件脉络和人物关系。

虚拟现实与增强现实技术。VR 和 AR 技术则进一步推动了红色文化的沉浸式传播。通过 VR 虚拟展馆，观众可以身临其境地“参观”革命遗址和红色纪念馆，体验革命历史中的重要时刻。AR 技术则可以让红色文化的元素融入日常生活中，比如在红色旅游景点通过手机扫描获取革命故事或历史讲解，增强用户的参与感与互动体验。

3. 多平台协同：形成传播合力

融媒体的另一个重要特点是通过多平台协同传播，形成强大的传播合力。传统媒体与新媒体的有机结合，能够在各类平台上进行联动，实现红色文化传播的最大化覆盖。

电视与新媒体的协同传播。例如，一部红色题材的电视剧可以在电视台首播，同时在视频平台进行同步播放，并通过短视频平台发布幕后花絮、人物访谈等内容，吸引更多观众关注。此外，新闻媒体还可以通过社交媒体发布相关的讨论话题，引导观众积极参与到红色文化的讨论与分享中。

跨平台互动传播。融媒体时代，不同平台之间的互动传播增强了用户的参与感。例如，红色文化的纪念活动可以通过多平台直播，同时在社交媒体上发起互动话题，观众可以通过在线留言、点赞、分享等方式，参与到活动的实时互动中。这种互动传播模式不仅提高了观众的参与度，还增强了红色文化传播的影响力。

（三）采用 VR 与 AR 技术增强传播过程中的交互体验

数字化技术的飞速发展为红色文化的保护与传播带来了新的契机。通过现代技术的应用，不仅可以恢复已经消失或损坏的红色文化资源，还可以通过虚拟与现实世界的转化，使红色文化的传播更具现场感、沉浸感与交互性。这对于中原地区丰富的红色文化资源的活化传播具有重要意义。

1. VR 技术带来身临其境的红色文化体验

VR 技术可以将已消失或受损的红色文化资源以数字形式进行还原，使这些资源得以再现，增强其历史真实感和文化价值。通过构建虚拟的红色文化场景，受众能够沉浸式的体验到历史事件的全过程，感受那段充满激情与奋斗的岁月。对于中原地区的红色文化，VR 技术不仅能够复现红色革命场景，还可以为受众带来更具身临其境的感受。

营造真实感与亲近感。红色文化的产生年代与现代社会存在一定的历史距离，这种时间差可能会削弱现代受众的情感共鸣。通过 VR 技术，真实的红色文化场景得以重现，让受众可以“置身”于当时的历史环境中，感受革命时期的风云变幻与人物精神。这不仅缩短了受众与历史的距离感，还能够让观众更加身临其境地理解红色精神。例如，VR 技术可以再现焦裕禄精神、大别山精神等革命精神的发源地，带领观众“走进”历史现场，了解革命英雄的故事和红色文化的核心内涵。

增强红色文化传播的沉浸感。通过 VR 技术，受众可以以第一视角体验重大历史事件，感受到红色文化中的奋斗精神与牺牲精神。比如在虚拟的战斗场景中，受众可以通过身临其境的方式体验革命英雄的英勇事迹，更加真实地感受历史情境中的紧张与感动。这种沉浸式的传播方式能够增强文化传播的感染力，激发受众的情感共鸣与认同感。

2. AR 技术提升红色文化的互动性与参与性

AR 技术为红色文化传播带来了更具互动性和参与性的体验。不同于传统的单向传播，AR 技术赋予了受众作为“参与者”的角色，使其能够跨越时空参与到红色文化的传播过程中，实现文化资源的“活化”。

增强文化传播的互动性。通过 AR 技术，红色文化资源可以“活起来”，不再是静态展示的历史遗物，而是能够与受众进行互动的文化实体。例如，在参观红色文化纪念馆时，受众可以通过手机扫描展示物体获取更多的详细信息，甚至可以观看革命人物的动画复现或情景再现。这样的互动方式使得枯燥的历史内容变得更加生动有趣，打破了传统展览的单一视觉体验，极大增强了受众对红色文化的参与度和记忆力。

提高红色文化的可参与性。红色文化的可持续传播不仅仅依赖于文化内容本身，还在于受众的主动参与性。AR 技术赋予了红色文化更多的互动元素，使得受众能够从“旁观者”转变为“参与者”。例如，AR 技术可以让受众模拟参与到历史情景中，成为红色文化故事中的一部分，体验红色革命的决策和行动。通过这样的参与性体验，受众不仅可以加深对红色文化的理解，还能够激发对历史文化的探究兴趣和自我教育的欲望。

3. 虚实结合：打破时空局限，活化红色文化资源

数字化技术不仅能够还原已经消失或受损的文化遗产，还能通过虚拟与现实的结合将红色文化的传播与当代生活紧密相连，使红色文化资源得到“活化”和“再生”。

重塑文化资源。很多红色文化资源由于历史变迁或自然损毁已经不复存在，但数字化技术使这些资源得以重新呈现。例如，中原地区的部分革命遗址可能因自然条件或人为因素而损毁，通过三维建模、全景拍摄等技术手段，可以精确还原这些红色遗迹的原貌，使得观众可以在虚拟空间中“参观”这些遗址，了解其中的历史故事。这种虚拟再现不仅保护了红色文化遗产，还为其注入了新的生命力，使这些历史文化资源得以永久保存。

实现虚实结合的文化传播。借助数字化技术，虚拟与现实的界限逐渐模糊。观众可以通过 AR、VR 等技术，在现实生活中获得与虚拟红色文化场景的结合体验。例如，在红色旅游景区，游客可以通过佩戴 VR 设备或使用手机 AR 功能，将虚拟的红色历史场景“叠加”在现实景区中，获得双重体验。这种虚实结合的传播模式，不仅提高了红色文化传播的科技含量，还让受众在现实中更加真实地感受到历史文化的力量。

数字化技术的应用不仅推动了红色文化资源的保护和再现，还为其传播带来了全新的方式。通过 VR 技术营造身临其境的沉浸体验，AR 技术增强互动性与参与感，红色文化传播更加生动、立体，打破了时间和空间的局限，使红色文化资源“活起来”，与现代生活相结合，激发出受众对红色文化的浓厚兴趣和深刻认同。

第四节　打造专业队伍 增进文化认同

文化传播不同于日常的一般信息传播，它除了自然传播形式之外，更主要还在于有意识、有计划、有目的的传播。文化传播是指“以改变人的思想观念为目的，以建立一套社会主流文化系统和态势为目标的思想文化传播活动”①。中原经典红色文化传播过程中，滞后于时代、传播力度不足的问题较为突出。红色文化的传播主体既要从意识上提升，也需要在落实上加大力度，优化内容传播者的队伍。“只有建立高素质的传播把关人，具备相应的传播知识和传播技术，理解和认同红色文化的传播队伍，才能为红色文化的传播打下基础。”②从意识角度，需要组织政府宣传部门的相关人员参加业务能力培训，和学界展开合作，学习最新的传播学理论和传播知识，更新业务知识水平；开展跨部门间的学习业务交流，重视传播的受众反馈，既要重视任务的完成，也要重视内容的传播效果；政府作为政策的制定者，从根本上讲，也需要关注传播时代变化，树立从人民群众中来到人民群众中去的工作方针，认识到网络传播的重要性，对符合基层传播、易于人民群众接受的传播方式进行推广，关注群众的实际需求。从传播的队伍上讲，需要加强红色文化相关的理论学习，提升对于红色文化的重视程度。可以通过增强对于红色文化理论的学习；立足于中原红色文化资源的优势，组织实践培训活动，加强对于

① 郝雨．五四启蒙与新文化传播——《五四新文化传播史论》绪论 [J]．河北师范大学学报（哲学社会科学版），1998（3）：70-75，140.

② 周秦琼．安徽红色文化传播与策略研究 [D]．安庆：安庆师范大学，2022.

中原红色文化的切身体会，培养对于文化本身的认同感；定期组织中原红色文化相关的讲座、观影活动，提升对于红色文化的理论认知和感性认知，拥有丰富的文化知识和技术储备才能更好进行对外传播。

一、打造精英传播队伍，提升传播责任意识

当今时代，经济化进程加快，“各种思想及文化思潮相互激荡，文化帝国主义咄咄逼人”[①]。而今，“文化越来越成为民族凝聚力和创造力的重要源泉以及综合国力竞争的重要因素”[②]。红色文化是中国共产党以马克思主义为指导，带领中国人民在革命、建设和改革实践过程中形成的先进文化。“红色文化是中国人民价值观念体系中的重要组成部分，更是凝聚国家力量和社会共识的重要精神动力”[③]。红色文化所具有的独特文化品质，是中国特色社会主义核心价值观的源头活水，具有示范引导、价值塑造的教育功能。然而近年来，在历史虚无主义等错误思潮的鼓噪下，一些别有用心的人散播红色文化“过时论”“僵化论”[④]。对这些错误思潮，我们必须敢于亮剑发声，坚决果敢进行批判斗争；对党带领人民创造的光辉历史和优秀文化，理直气壮进行维护和发扬。习近平总书记指出，“共和国是红色的，不能淡化这个颜色”[⑤]。今天，站在开启全面建设社会主义现代化强国的新起点上，我们要全方位认识红色文化，增强红色文化意识，从红色文化中汲取奋进力量，赋能我们的奋斗，创造出新时代的红色文化。

在新的时代，建设社会主义核心价值体系，尤其需要大力弘扬红色

① 曾振华．红色文化的传播价值和传播策略 [J]. 当代传播，2008（11）：97-99.

② 熊扬勇．论提升中国红色文化软实力 [J]. 中国井冈山干部学院学报，2010，3(2)：106-110.

③ 任志侬．让红色基因为企业文化固本培元 [J]. 支部建设，2020（20）：45-47.

④ 程小强．红色基因的深刻内涵与时代价值 [J]. 人民论坛，2021（1）：106-108.

⑤ 共和国是红色的！习近平总书记说英雄 [EB/OL].(2019-04-04)[2024-06-16]. https://www.rmzxb.com.cn/c/2019-04-04/2323878.shtml.

文化的精神内涵，发扬红色文化的导向功能，为社会主义先进文化的生成提供精神支柱和源泉，而这些都有赖于红色文化的有效传播①。中国特色社会主义建设是一项充满艰辛与创造的事业，需要崇高的精神支持。红色文化应激励人民群众保持奋发向上的精神状态，增强民族自豪感和实现中华民族伟大复兴的使命感，这是一项不可推卸的责任。因此，时代呼唤我们加强对红色文化的传播意识。同时，要注重传播队伍的培养，全面提升其专业素养和综合技能，以确保红色文化的有效传递。

（一）完善培训机制

红色文化传播队伍素质对文化传播效果将起到直接影响，“为提升队伍素质，应积极落实相应的培训机制”②。

1. 设定明确培训目标

制定清晰的培训目标，确保培训内容符合红色文化传播的实际需求。例如，提高对红色文化的理解，掌握新媒体技术的运用，以及提升传播效果和受众互动能力等。

2. 制定系统培训计划

开发系统的培训课程，涵盖红色文化的历史背景、核心精神、传播策略、新媒体技术等内容。课程应包括理论学习和实践操作两个方面。将培训内容分为不同模块，如基础知识、技能培训、实战演练、评估反馈等，每个模块有针对性的培训内容和目标。

3. 选拔和培养“意见领袖”

选拔和培养具有影响力的传播人员，作为培训中的“意见领袖”，通过他们的示范引领其他人员。邀请在红色文化领域有深厚研究的专家、学者，举办讲座，进行交流和指导，以提高培训的权威性和深度。

① 曾振华．红色文化的传播价值和传播策略 [J]. 当代传播，2008（11）：97-99.

② 张红辉．论融媒体语境下红色文化传播的策略创新——以红安县为例 [J]. 文化创新比较研究，2022，6（29）：73-76，93.

4. 加强实操培训

集中培训摄影、摄像、图片编辑、视音频剪辑、网页制作等新媒体技术，提升实际操作能力。通过模拟案例和实际项目，进行实战演练，让学员在实践中掌握技术和技巧。

5. 建立持续学习机制

安排定期的进阶培训课程，更新学员的知识和技能，跟踪最新的传播趋势和技术进展。建立线上学习平台，提供学习资源、交流讨论、经验分享等功能，支持学员的持续学习和成长。

6. 实施考核与激励

在培训结束时进行严格的考核，评估学员的学习成果和技能掌握情况。对表现优异的学员给予奖励，如晋升机会、奖金或证书等，激发学习动力和工作热情。

7. 促进团队合作与沟通

组织团队合作项目和交流活动，增强团队的凝聚力和协作能力。培训有效的沟通和公众演讲技巧，提高传播人员的表达能力和互动能力。

8. 进行评估与反馈

定期进行培训效果评估，通过调查问卷、反馈讨论等方式了解培训的实际效果。根据评估结果，不断优化培训内容和方式，确保培训机制与时俱进，满足实际需求。

通过这些措施，可以建立和完善红色文化传播人员的培训机制，提高其专业素养和传播能力，从而更有效地传承和弘扬红色文化。

（二）优化传播队伍

为适应时代发展需求，红色文化传播队伍也需要做到与时俱进，实现文化修养与素质的提升。单纯依靠场馆、遗址遗迹自身的力量传播红色文化是非常有限的。必须转变传播观念，发挥创新精神拓展思路，改变过去单打独斗的状态，邀请研究专家、行业代表、社会人士、高校师生等参与到中原经典红色文化的传播中。“在研究者中选拔优秀的人才充实和壮大研究队伍，借助新媒体平台传播广纳贤才的观念，让红色文化相关研究的团队更具规模化”[①]。红色遗址遗迹管理和运营部门要与地方高校达成合作，地方高校大都在探索产教融合的模式，鼓励高校师生团队申报与红色文化传播相关的科研项目，开展与当地红色文化传播相关的社会实践活动，比如红色遗址遗迹调研、红色资源创意开发、老战士访谈等，提升红色文化在动态传承中的感染力和实效性，进而为红色文化传播做好推手工作。高校也可以针对学生的专业开设相关课程，比如红色文化遗产保护与利用方面的课程、红色旅游解说方面的课程、红色文化新媒体营销方面的课程、红色文化创意产品开发方面的课程，培养一批对红色文化有浓厚兴趣的年轻学生，为红色遗址遗迹管理和运营部门按期输送优秀人才。这些做法将红色文化传播与高校教科研活动有效融合，实现产教融合的共赢。还要打造一支高水平、强素养的志愿者队伍，建立健全志愿者规章制度，出台专门的志愿者管理办法，定期面向全社会招募志愿者。志愿者可以是正在从事或者曾经从事与红色文化相关工作的在职或退休人员，也可以是高校、中职院校、义务教育阶段的学生，还可以是来自各行各业的红色文化爱好者，形成一支稳定的、专业化的志愿者队伍。

此外，管理人员应积极发挥协调作用，与政府部门沟通，促进人才引进。红色文化传播领域比较缺少懂传播技术的专业人才。传统传播方式已无法与新时代要求完美衔接，引进懂技术的人才至关重要。国内文化资源的保护与传播已经不断在尝试高科技的加持，目前也取得了较大的成就。有的地方利用现存遗迹开发旅游项目，以表演的方式让更多的人走进红色遗址。有的地方利用人工智能与红色文化融合，整理成清晰的红色图谱，将红色内容可视化，如延安的180度环巨幕全CG影片《记忆延安城》，给观众带来强烈的视听冲击。在中原经典红色文化传播发

① 翟敏涵．新时代西柏坡红色文化传播研究[D]．延吉：延边大学，2022.

展中也可以引进高科技人才，将当下最新的高科技融入红色文化传播。高科技人才的引入会大大助力中原经典红色文化的有效传播。

（三）开展交流活动

鼓励相关部门开展跨部门间的学习业务交流，各部门结合自身工作情况相互交流经验，探讨学习的成效，重视传播的受众反馈，既要重视任务的完成，也要重视内容的传播效果。探索多元的交流形式，比如开展内容丰富的讲座，邀请红色文化相关政策的制定者解读最新政策，邀请学校教学人员解析青少年群体的特征以及他们对待红色文化的态度和兴趣偏好，邀请网络平台的红色文化大V分享新媒体平台红色文化传播的经验和技巧等；开展优秀红色纪录片或经典红色电影赏析活动，纪录片和电影因其强烈的声画效应能够带给观看者更生动和直观的视听感受，跌宕起伏的剧情更能产生深刻的观影感受，因此这种形式的交流活动更能形成深入人心的效果。

二、注重传播效能，实现红色文化全民教育

在红色文化的传播过程中，不仅要关注传播的广度，还要注重传播的深度和效能，确保红色文化能够深入人心，发挥其应有的教育作用，进而实现对全民的文化教育和精神熏陶。这就需要中原经典红色文化的传播精准定位传播对象、丰富传播渠道与形式、创新内容呈现方式等，将红色文化传播融于生活。

（一）分层次传播、大众化传播

红色文化大众化传播规律“要求传播的层次性，既要着力发展面向广大民众的以革命遗址、纪念馆等为载体的实体层红色文化，更要构建精神层面上不同于其他文化的红色文化，这是其核心所在。在红色文化的传播中，物质与精神两者并重”[①]。分析受众并进行精准传播是为了让更

① 罗丽娅．武汉红色文化传播策略探析[J]．新纪实，2021（16）：64-67.

多人了解红色文化，体验其中蕴含的精神和信仰力量，并在日常生活中加以传承和实践。

以开封双龙巷为例。开封市双龙巷红色资源丰富，但传播效果欠佳。为了充分了解开封当地民众对红色资源的了解情况以及对建设数字红色博物馆的意愿，团队围绕“关于开封市数字红色博物馆建设的意向调查”这一主题设置了问卷，以开封市区民众为主要调研范围，发放问卷进行线上调查。根据调查结果显示，开封本地人们以休闲娱乐、热爱国家和历史为目的去红色教育场所的人分别占比 54.95%、52.25%，受单位或者学校的要求或组织而去参观的人数占 46.85%，可见民众参观红色教育场所有很高的自发自觉性，红色旅游也受到了越来越多的人喜欢。大多数游客以团队、家庭为单位结伴参观，参观时长通常低于 3 小时，因此开封数字红色博物馆可以针对部分类型的受众，比如党员干部、亲子游客、附近中小学学生来设计展览内容和活动。关于开封民众去爱国教育场所的频率，通过调查可知，当地民众去爱国主义教育场所的频率较多为半年一次、一年一次，每月去 1–2 次的人数只占 17.12%，说明只有少部分人能够较为固定的去接受红色文化教育学习。根据调查，开封民众没有前往相关场馆学习红色文化的主要原因如表 4–2 所示，主要因为场所的知名度不高、陈列缺乏新意、体验感不好、场所位置偏僻。

表 4–2 “您没有前往相关场馆学习红色文化的主要原因”的问卷调查

选项	小计	比例
未曾听说	27	24.32%
部分红色教育场所收费	0	0%
距离太远，交通不便	13	11.71%
缺少讲解服务体验	5	4.5%
活动内容缺乏创新，枯燥乏味	23	20.72%

续 表

选项	小计	比例
科技互动展览项目缺乏，没有娱乐体验	27	24.32%
其他	0	0%
本题有效填写人次	111	

据调查，75.68% 的民众曾经参观过红色博物馆，关于民众在参观红色博物馆时比较的内容，如表 4–3 所示，95.5% 的民众认为红色博物馆的位置和环境最为重要，展览的呈现形式和场馆内的接待服务次之，因此红色博物馆的选址要特别注重，场馆周边要有配套的服务设施，场馆的展览形式要新颖独特，接待服务要提高水平。

表 4–3 “您在参观红色博物馆时比较注意哪方面内容”的问卷调查

选项	小计	比例
展览内容	62	55.86%
呈现形式	83	74.77%
场馆位置和环境	106	95.5%
接待服务	82	73.87%
其他	0	0%
本题有效填写人次	111	

在调查民众倾向于哪种类型的数字化参观体验的调查中，根据结果表 4–4 可以发现最受欢迎的项目是沉浸式观看体验类项目，其次是线上博物馆参观方式、伴随讲解过程的投影内容展示，剧场体验活动也能得到部分人群的支持。

表 4-4　“您更倾向于哪种类型的数字化参观体验”的问卷调查

选项	小计	比例
剧场体验活动（如：角色扮演、剧本杀游戏）	60	54.05%
3D、VR/AR 实景沉浸式观看体验	102	91.89%
在线的全景博物馆展示（如：全景故宫）	90	81.08%
全息立体投影的内容展示	81	72.97%
其他（请列出）	0	0%
本题有效填写人次	111	

通过问卷调查，绝大多数开封市区民众对未来能够前往双龙巷数字红色博物馆表示赞同和支持，并且对开封建设数字红色博物馆过程希望能被注重的地方，提出了建议，如表 4-5 所示，作为红色博物馆，首要任务仍是在搭载数字化技术的同时更好地展现红色文化、发挥教育的功能，其次是要在传统的观展模式上进行改进，一是要增设教育内容和辅助展览设备，使游客获取信息的途径和方式增多；二是在观展游览过程中设计互动项目，增强游客的参与感和体验感，以此达到更好的教学效果。此外，展厅的基础设施、卫生设施、娱乐休闲设施的完善能为游客接受红色教育提供更好的环境和条件，也能使游客愿意主动向他人宣传，提高双龙巷数字红色博物馆知名度。

表 4-5　“如果在开封建设数字红色博物馆，您希望哪些方面能被注重”的问卷调查

选项	小计	比例
游客的参与性和互动性	87	78.38%
信息展示的直观性和教育性	99	89.19%
年轻化设计	69	62.16%
展厅卫生设施、基础设施的完善性	40	36.04%

续 表

选项	小计	比例
宣传手段和力度	46	41.44%
场馆工作人员或解说人员的服务质量	42	37.84%
娱乐休闲设施设置	61	54.95%
本题有效填写人次	111	

对于能够增进游客对红色文化精神的了解的一些方式，根据问卷结果（表 4–6），绝大多数民众认为通过手机扫描自助获取信息和方式比较便捷，79.28% 的人认为配备专门的讲解人员是很有必要的，70.27% 的人认为沉浸式体验和角色模拟活动也能增进游客对红色文化的认知，小册子、展报、自发交流的空间也有部分群众认为有增进对红色文化的了解的作用。

表 4–6　“您比较喜欢红色文化博物馆提供以下哪种方式增进您对红色文化精神的了解”的问卷调查

选项	小计	比例
小册子 / 展报 / 展品前张贴文字说明	50	45.05%
专门的讲解人员	88	79.28%
VR 沉浸式体验等，还原真实场景	78	70.27%
角色模拟	78	70.27%
提供参观者自发交流的空间	41	36.94%
手机扫描二维码，文字或视频	109	98.2%
本题有效填写人次	111	

开封双龙巷数字红色博物馆是一个充分利用科技创新手段，整合周边红色建筑、红色文献、红色事迹等红色资源的展馆，用“科技 + 历史

文物”努力讲好开封红色故事，办好红色体验活动，传承红色基因。根据综合问卷中开封民众的意向，双龙巷数字红色博物馆可以进行以下几个方面做提升。一是规范博物馆的运作，健全管理模式，分配好日常安全、消防检查登记，及时消除安全隐患，维持日常环境整洁美观。二是可以针对青少年、党员干部、亲子活动需求而建设。针对党员干部的学习需求，挖掘党史、名人故事并结合时代精神，打造专属课程；针对青少年学生，考虑其学习基础，不讲授过多深奥的理论知识，运用多样化展览方式，让孩子们能够身临其境，使观众产生共鸣，化被动学习为主动接受；针对亲子家庭游客，用漫画、游戏等符合受众年龄段发展的展览内容、活动设计，来让其感受红色精神，做到学有所获。三是双龙巷数字红色博物馆需要提高管理和服务水平，加强博物馆队伍建设。明确规定博物馆内各部门的职责，实施科学化、制度化、规范化管理。向社会征聘老干部、老专家、老军人、老教师、楷模人物来担任宣讲辅助人员，发挥其优势和长处，通过现身说法来开展红色文化宣讲活动。聘请优秀讲解员，对他们进行数字设备使用方面的培训，对展示内容有充分的了解，针对不同观众类型编写不同的解说词，在讲解演示的过程中，能够做到“因人施讲”。

总的来说，中原经典红色文化传播要确保红色文化深入每一个群体，覆盖广泛的社会阶层。在传播过程中，注重受众反馈和效果评估，通过长效机制保障传播的持续性和有效性，最终让红色文化成为每个人日常生活的一部分，实现精神的传承与发扬。

（二）提升传播效能与经济价值

红色资源具有双重属性，既具有文化属性，也具有商品属性。文化属性决定了它们必须发挥社会功能，为民众提供公共文化服务，满足民众的精神文化需求，实现中华民族精神的传承，为中华民族伟大复兴服务。当前，国内大部分红色资源都能较好地发挥社会功能，有效推进地方文化事业发展，提升民众的红色文化素养。而商品属性则表明它们具有商品的特点，要遵循市场规律，也要受到商品市场的供需关系、价格挑战、产品竞争等影响。因此，红色文化要保持先进性，要达到良好的传播效果，还应善用“营销”的方法，树立红色文化的营销传播观念。“用文化商品和商品文化来满足消费者需求，同时传播属于民族和大众的价值和情感，对内增加亲和力、凝聚力，对外增加民族和国家的文化竞争力。”①

1. 红色文化的商品属性与文化消费

虽然红色文化承载着深厚的历史和精神意义，但它也具备商品属性，可以通过文化产品、文化服务的形式满足社会的文化消费需求。例如，红色文化的影视剧、书籍、纪念品、文化衍生品等都可以作为商品进入市场，为受众提供可感知和可消费的文化体验。随着大众文化消费需求的升级，越来越多的人愿意为优质的文化产品和体验买单。红色文化作为一种具有独特历史背景和精神内涵的文化形态，具备发展为文创产品、旅游产品、教育产品的潜力。通过市场化手段推广红色文化，可以满足大众日益增长的文化需求，促进文化的传承与传播。

2. 树立营销传播观念

树立营销传播观念，首先要对红色文化的传播对象进行精准定位，明确受众群体的需求和兴趣。例如，红色文化产品可以根据不同年龄段、地域和文化背景的人群，设计差异化的推广策略。同时，红色文化的品牌化建设也是提升其传播效能的关键。通过打造中原地区特有的红色文化品牌，如“红旗渠精神”“焦裕禄精神”等，将其打造成有影响力的文化符号，进一步提升红色文化的知名度和认同度。为了扩大红色文化的影响力，需要通过多元化的营销渠道进行推广。除了传统的媒体宣传，可以利用现代的互联网工具，如短视频平台、社交媒体、电子商务平台等，进行全方位的营销传播。在数字化时代，运用大数据和数字营销手

① 曾振华．红色文化的传播价值和传播策略 [J]. 当代传播，2008（11）：97-99.

段可以显著提升红色文化的传播效能。例如，通过对受众的行为数据分析，可以精准识别目标受众的需求和兴趣，从而调整传播内容和策略，实施更具针对性的营销推广。同时，利用搜索引擎优化（SEO）、社交媒体营销、数字广告等手段，可以提高红色文化内容在网络上的曝光率，吸引更多受众参与。红色文化的传播和商品化推广也需要整合各方资源，开展跨界合作。例如，与知名品牌、文创企业、教育机构合作，共同开发红色文化产品或项目，形成“文化＋商业”的合作模式。通过资源整合，可以进一步扩大红色文化的传播范围，并在市场中占据更大的份额。

3. 红色文化产品的开发与市场推广

文创产品是红色文化商品化的重要表现形式。通过将红色文化符号融入日常生活用品、纪念品、服装、家居设计等，开发出具有文化特色和市场吸引力的文创产品，可以让红色文化与大众生活更加贴近。例如，以焦裕禄精神或红旗渠精神为主题的文创纪念品、文化摆件等，可以通过线上线下销售渠道推广，形成红色文化的品牌效应。红色旅游是一种将红色文化与市场需求紧密结合的形式。通过开发中原地区丰富的红色文化旅游资源，如大别山、二七纪念塔、红旗渠等革命遗址，打造红色旅游线路，可以将文化传播与旅游消费结合起来，形成文化旅游经济。在推广过程中，可以通过线上预订平台、旅游广告、旅游节庆等方式进行市场推广，吸引更多游客参与红色旅游，体验革命历史和红色文化精神。当然，红色文化主题的影视剧、纪录片、动画片等也是文化传播与商品化的重要途径。通过影视作品的创作和推广，可以将红色文化的故事更加生动、形象地传递给观众。数字内容如网络文学、短视频、VR体验等，也为红色文化的传播提供了新的可能性。结合新媒体技术，推出适应现代观众习惯的内容形式，可以扩大红色文化的传播影响。

4. 构建产业链，促进红色文化产业化

在重视红色文化的商品属性和市场化推广的过程中，可以通过构建完整的红色文化产业链来提升其经济价值。例如，从红色文化内容的生产（影视剧、图书、文创产品）到消费（旅游、展览、活动等），再到相关的营销推广环节，形成一个涵盖文化、教育、旅游、传媒等多个领域的产业链，促进红色文化的产业化发展。随着科技的发展和普及，红色文化的商品化和产业化可以与科技相结合，推动文化与科技的深度融合。例如，利用数字技术对革命遗址进行虚拟复原，打造线上红色文化博物馆；通过 AR/VR 技术增强红色文化的互动体验，让观众能够“穿越”到历史现场，增强文化传播的感染力与互动性。这种科技与文化的结合不仅提升了文化产品的附加值，也为红色文化的市场化传播提供了更多的可能性。

在中原经典红色文化的传播中，重视红色文化的商品属性，不仅可以通过市场化手段扩大传播范围，还能提升红色文化的影响力与效能。通过树立营销传播的观念，实现精准定位、多渠道推广、文创产品开发、文化旅游结合等多种传播形式，不仅能促进红色文化的传承与弘扬，还能为地方经济发展注入新的动力。与此同时，文化的商品化与市场化推广要始终坚持核心价值观，确保红色文化的历史意义和精神内涵不被削弱或商业化稀释。在实现经济效益的同时，红色文化的社会效益也要得到充分体现，从而真正实现红色文化的全民教育和精神传承。

中原作为中华文明的发源地，孕育了深厚的历史文化和红色精神。红色文化是我们共有的历史记忆和精神财富，对其的传播源自对文化的认同感。每个中国人都应树立对自身文化的强烈认同感和自豪感，主动成为红色文化的传承者和传播者。这种文化认同感不仅能够增强文化自信，还能激发个体在文化传承中的自觉性和创造性。通过全社会共同参与、创新传播方式、实践体验以及国际化推广，红色文化的影响力将更加广泛和深远，成为中华民族精神和文化自信的重要支柱。

第五章　中原经典红色文化育人机制探究

第一节　中原经典红色文化育人现状

一、保护挖掘机制不健全，实践研发机制缺乏系统性

中原经典红色文化内涵丰富，种类繁多。近年来在开发利用上，也获得了长足的发展，但与人们期待仍有差距，其主要问题如下：

一是保护意识淡薄，红色文化遗产保护机制不健全。部分红色文化遗址出现了不同程度的损坏，特别是分布在交通条件不便、经济发展落后的偏远乡村的红色文化遗址，没有得到有效的管理和保护，这进一步加剧了红色文化资源保护的难度。河南是红色文化遗产最为丰富的地方之一。但是伴随着历史与现实的诸多因素，许多珍贵的红色文化遗产，在城市建设、自然灾害或人为活动中遭到破坏甚至消失。同时，红色文化遗产保护措施不足。虽然一些历史建筑被列为保护对象，但实际保护

措施不到位，比如缺乏维护导致建筑加速老化。保护范围划定也不尽合理，未能有效保护周边环境，导致整体历史氛围丧失。加之没有足够的法律依据来管理和保护所有类型的红色文化遗产，导致一些红色文化遗产处于保护真空状态。

二是学术研究零散，研发机制不健全。对于红色文化相关的史料、文献、口述历史等重要资料收集和整理工作进度缓慢，导致很多有价值的历史材料流失或未被充分利用。加之时间跨度较长，一些红色文献资源的分散特点，对于统一保护与管理产生了不利影响。自中国共产党建党到新中国成立，中国共产党在引导全国各族人民争取民族独立与人民解放斗争的历程中，党和国家领导人的足迹遍及全国各地，特别是在中国共产党和毛泽东等老一辈无产阶级革命家领导下创建了众多革命根据地、解放区，其主要分布在全国1300多个县（市、区），并在所经之地留下了不同数量的红色文献。实行普查登记是红色资料及其文献原生性保护的一种重要方式，能在一定程度上还原这些资料。随着“革命文献与民国时期文献保护方案”的不断推进，虽然红色文献的普查登记工作已经取得了一定的成果和阶段性效果，但仍有许多红色资料及其文献未能被登记，特别是中原地区。由于中原地区文物古迹较多，商业资本逐利性，其开发重点就是能够盈利的文创、文旅等，对于教育意义较大的红色资源开发，就不太积极。

在研究方法上，可能过于依赖传统的文献分析，而忽略了实地考察、口述历史、多媒体技术等多种研究手段的结合使用，这限制了研究的深度和广度，导致学科交叉不足。红色文化研究可能局限于历史学领域，与其他社会科学如社会、心理、传播等领域和学科之间的交流和合作不够，影响了研究的创新性和应用性。研究课题分散，中原地区的红色文化研究多为个案分析，缺乏系统性的梳理和整合。理论成果匮乏，尽管有一些研究工作，但缺乏系统化的理论总结和创新性的研究成果。

出现上述情况的原因是复杂多样的。由于战争、自然灾害等原因，中原地区许多珍贵的红色文化资料未能得到妥善保存。档案管理不完善，部分档案馆、博物馆等机构对于红色文化资料的归档和管理不够系统化，导致资料分散不易查找。数字化程度低，现有资料的数字化程度不高，不利于广泛传播和深入研究。对红色文化资源了解不够透彻资源的整合不够，传播内容缺失，对红色文化所蕴藏的精神提炼不充分，这对于利用红色文化资源育人是一个巨大的影响，在一定的情况下会造成受众对民族文化信息获取的缺失，对红色文化的了解不够充分，甚至是错误的认识。当受众转换为传播者，去当讲好红色文化的主人的时候，因前期了解到的信息与实际内容存在偏差，红色文化所反映的宝贵精神会在传播中被忽视甚至降低，进而对社会的发展，社会文明进步产生一定的影响。

三是对红色文化资源的开发利用机制不完善。当前大多停留在浅层次，没有对其深层内涵挖掘与整理。许多有价值的红色文化资源还没有得到充分的运用与开发，致使其在人才培养方面上的发挥受到限制。适合不同年龄段学生的红色文化教材的数量相对较少，而且更新速度较慢。传统的教学方法难以激发学生的学习兴趣，影响红色文化教育的效果。传播的形式一般是通过影视资料学习，或者是开设相关的课程，由老师授课的方式。这种形式相对于单一，对于学生而言感染力也相对应较低，这会影响红色文化资源传播的效果和效力。各大中小学校利用红色文化资源育人的形式单一，教学效果较差。研究力量薄弱。研究团队规模小，专门从事红色文化研究的学者和团队数量有限，难以形成规模效应。研究资金短缺，红色文化研究项目往往缺乏足够的经费支持，限制了研究的深度和广度。人才队伍建设不健全。谁能够当好利用红色文化资源育人这个传播者，这是一个源头的问题。对红色文化的人才库储备欠缺，人才培养不足，人才队伍建设不健全，人才储备单一，这在使用红色文化资源教育育人过程中产生一定的影响。

四是政策与制度支持机制不足。政策导向不明，缺乏明确的政策指导和支持措施，使得红色文化研究缺乏方向感。制度保障缺失，没有建立起一套完整的红色文化保护与传承制度，导致资源分配不合理。激励机制缺乏，没有形成有效的激励机制来鼓励更多人参与到红色文化的研究与传播中。一方面，相关单位于红色教育资源的挖掘与利用缺乏明确的规划和指导，导致资源开发缺乏系统性和整体性。另一方面，由于对红色教育资源的价值认识不足，往往忽视了对这些资源的深入挖掘和整理，使得许多珍贵的红色教育资源未能得到充分利用。

红色教育资源的管理涉及多个部门和单位，由于缺乏统一的管理机制和协调机制，导致资源开发的步调不一致，甚至存在资源争夺和重复开发的情况。这不仅浪费了资源，也影响了红色教育资源的整体开发效果。

由于开发红色文化资源需要巨额的经费投入，涉及基础建设、文物保护修复、展览活动策划等方面。然而，由于资金渠道有限，且往往难以形成稳定的投入机制，导致许多红色教育项目因资金不足而难以实施或进展缓慢。

同时还存在挖掘深度不足，资源整合不到位。地方性文献在对区域红色文化资源进行有效整合方面存在不足，研究思路未能深入拓展，同时在史料范围上也未能实现横向扩展，依然有不少抗战时期的歌谣、遗迹、遗物等散落在民间，尚未搜集和整理。

内涵研究也存在未整合到位情况。尽管学界对红色文化进行了深入的分析和拓展，但是有关红色文化的含义、范围、特点、作用、意义等方面的论述都有不同的看法，或是从某个视角出发，或是基于某一学科领域研究，没有完全整合红色文化的基本概况，尚未形成系统性的权威理论。系统性研究欠缺，立足于新时代的历史方位，着眼于“大”红色文化人才培养领域的内容更为欠缺。理论研发缺乏系统性，导致红色文化育人工作难以形成统一、连贯的体系，影响了育人效果导致专业人才短缺。我国红色文化资源研发领域面临人才短缺的困境，导致部分专业人才无法正常就职。此外，存在“名列在编但未到岗，专职人员却不专注工作，专业人才却不得以充分运用”的权责错位问题。红色文化资源管理者与讲解员严重缺乏，总体素质较低，这也限制了理论研发的深度和广度。

二、宣传机制不灵活，话语传播机制实效性不足

红色文化传播尚存在话语体系陈旧、话语方式单一、传播平台局限等情况。当前红色文化的话语体系多沿用传统表述方式，缺乏与现代社会的结合和创新，难以适应现代人的接受习惯。这导致话语传播的效果大打折扣。话语传播方式多依赖于单向的灌输式传播，缺信息传播过程中，互动性和参与性的缺失。这样的宣传手段不能引起人们的积极性与主动性，使得话语传播的效果有限。话语传播的平台多局限于传统媒体和特定场合，如学校课堂、纪念馆展览等。这些平台虽然具有一定的权威性，但难以覆盖更广泛的受众群体，限制了话语传播的范围和效果。具体表现如下：

第一，公众认知度不高，红色文化宣传不到位。许多中原地区的红色文化遗址和历史事件在公众中的知名度较低。在主流媒体上的报道和宣传不够，尤其是新媒体平台上的推广不足，导致年轻一代接触红色文化的机会较少。语言表达方式过于正式、刻板，缺乏贴近生活的叙述方式，难以引起共鸣。信息传达不够精准，有时过于抽象或理论化，缺乏具体的实例和故事来支撑，使得受众难以理解和记忆。尤其是年轻一代参与度低，普通民众参与红色文化活动的积极性不高。社会上对红色文化的价值认识不足，部分人群认为红色文化是过时的或与自己无关，缺乏主动了解的兴趣。不同地区之间对红色文化的认知程度差异较大，特别是在一些远离革命根据地的地方，人们对红色文化的了解更为有限。

在网络与新媒体兴起之前，红色文化的传播主要依赖于政府。这种传播方式具备权威性、专业性和高度可信度，也赋予了红色文化一定程

度的官方特征。自互联网时代兴起以来，富有理论性的红色文化在吸引受众，尤其是青年群体方面存在一定困难，传统宣传观念与现实脱节现象较为明显。在传播红色文化的过程中，部分传播者未能充分发挥创新与变革的作用，这不仅削弱了红色文化的时代价值和现实意义，也难以激发受众对红色文化的认知积极性。部分传播者的视野较为狭隘，未能洞察红色文化所蕴含的内涵，仍旧采用原始的文化资源与信息，无法满足受众对时效性的需求。

随着新媒体时代的到来，公众的文化消费意识呈现逐步提升的趋势。相较于传统主流媒体和政府的信息覆盖能力，其他社会组织机构、教育机构以及企事业单位中，部分仍然保持着较为陈旧的传播理念，对红色文化缺乏应有的重视，这一现象也在一定程度上制约了红色文化的推广。

第二，传播效果有限，影响力弱。相较于新媒体，传统媒体的信息更新周期较长，由于传播渠道单一、传播形式匮乏等问题，导致其渗透传播力有限，难以满足现代人对于即时信息的需求。新媒体时代，互联网上信息量巨大，用户面对海量信息时，往往难以筛选出有价值的内容，红色文化的相关信息容易被淹没。社交媒体等平台倾向于推送短小精悍的内容，长篇幅的深度文章或长视频不容易引起用户的注意。目标群体模糊，没有明确的目标受众，导致传播效果打折扣。同时，面对不同年龄层、职业背景的受众，传统一刀切的传播方式难以满足多样化的需求。特别是一些宣传活动过于追求眼前的影响与效果，缺乏长期的规划和持续性。在全球化浪潮下，外来文化的影响日益增大，本土文化的认同感有所减弱。在多元化的信息环境中，红色文化宣传容易被其他热门话题所掩盖。红色文化资源育人过程中，仅仅是将它背后的故事阐述给受众，这仅是一个表象的了解，对于有效利用红色文化资源育人是远远不够的。而如何运用好这一资源，如何与当今社会现象相互联系，做好传承和发展的关系，做好过去和现在相互结合，并进行文化的融合，对红色文化加以升华，使它永葆生机和活力，需要进一步深度谋划与思考。

第三，教育效果不佳，教育内容单一。学校教育中关于红色文化的内容较为单一，缺乏生动性和互动性。教育方式传统，仍然采用传统的灌输式教育方式，难以激发学生的学习兴趣。社会影响有限。社会反响平平，红色文化宣传活动在社会上引起的反响不大，缺乏广泛的社会关注。中原地区的红色文化品牌建设尚处于初级阶段，品牌影响力有待提升。红色文化教育的一个重要目标是通过历史教育来塑造学生的社会主义核心价值观。如果教育效果不佳，可能导致学生无法深刻理解红色文化中的爱国主义、集体主义等核心价值，影响其价值观的形成。学生在成长过程中缺乏正确价值观的指导，可能会导致他们在面对复杂社会现象时缺乏判断力，甚至偏离正轨。例如，在面临利益冲突时，他们可能会优先考虑个人得失而非集体利益。长期的价值观缺失会导致学生在思想上出现迷茫，不知道如何在多元化的社会环境中定位自己的身份和责任，从而影响到他们的个人发展和社会适应能力。如果一代又一代的年轻人缺乏红色文化的正确理解和认同，长此以往，将影响到整个社会的价值导向，使得新一代青年在思想上可能出现迷茫，甚至动摇国家的意识形态基础。缺乏共同价值观的社会容易出现道德滑坡的现象，诚信危机、公德心缺失等问题可能会日益严重。

红色文化承载着深厚的民族情感和革命精神，教育效果可能导致学生对红色文化缺乏情感上的认同，进而影响其对国家和民族的热爱之情。情感认同的缺失还可能导致学生在责任感方面变得淡薄，无法深刻体会到自己作为国家公民的义务和责任。特别是在全球化背景下，如果没有共同的历史文化和精神支撑，社会成员之间的联系可能会变得更加松散，不利于形成稳定和谐的社会结构。红色文化教育效果不佳将会带来多方面的负面影响，从个人价值观的塑造到社会凝聚力的形成，再到国家文化软实力的建设，都将受到不同程度的影响。为了克服这些后果，需要从多个角度出发，采取综合措施来提高红色文化教育的效果，包括但不限于改进教学方法、丰富教学内容、增强互动性、利用现代技术手段等。

只有这样，才能确保红色文化精神得到更好的传承和发展，为国家的长远发展提供坚实的文化基础。

第四，宣传形式单一，效果不佳。传统媒体宣传多依存于传统的报纸、电视、广播等媒体，形式较为单一，难以吸引年轻人的关注。特别是缺乏互动性，使得观众参与度不高，难以形成良好的互动氛围。单一的宣传形式难以满足不同年龄段和兴趣爱好的受众需求，尤其是对于年轻一代而言，传统的宣讲和文本阅读可能显得枯燥无味，无法吸引他们的注意力。单一形式的宣传往往只能覆盖到某一方面的知识点，学生无法从多个角度全面了解红色文化。同时，传统的灌输式教育方式难以引发学生的思考和讨论，导致他们对红色文化缺乏深层次的理解。单一的宣传形式难以引发学生的情感共鸣，使得他们对红色文化缺乏情感上的认同，限制了红色文化的社会影响力。传播手段落后，新媒体传播不足。新媒体在红色文化传播关注度投入不足，传播形式单一，除了纪念活动外，缺乏创新的传播形式和渠道，难以吸引年轻一代的关注。落后的传播手段通常意味着信息传递的速度较慢，覆盖面窄，无法迅速地将红色文化的相关内容传递给广大的受众，导致传播效率低下。传统的传播手段可能不够吸引年轻一代，他们更倾向于使用数字化媒体获取信息。同时，落后的传播手段通常局限于某一地区或特定群体，难以跨越地域和文化界限，限制了红色文化的社会影响力。在快速变化的信息时代，落后的传播手段往往无法及时更新内容，导致信息陈旧，影响传播效果。传统的传播手段可能缺乏互动性，无法让受众参与到传播过程中，减少了受众的参与感和归属感。随着信息技术的发展，人们获取信息的习惯也在发生变化。传统的传播手段难以适应这些新趋势，可能导致红色文化传播陷入困境。在现代社会，新媒体和网络平台已经成为重要的信息传播渠道。如果红色文化传播手段落后，将难以在这些平台上占据一席之地，影响其社会影响力。

第五，内容呈现枯燥。红色文化是中国近现代史上的重要组成部分，它承载着革命先辈们的奋斗历程与精神遗产，对于理解国家的发展脉络和社会变迁具有重要意义。许多红色文化宣传内容相似，缺乏创新性和独特性，难以引起观众的兴趣。形式呆板，宣传内容多为文字和图片展示，缺乏生动的故事讲述和情感共鸣，难以打动人心。如果红色文化以一种教条化的方式呈现，无法激发受众对这段历史的兴趣。枯燥的历史讲述容易导致人们只能记住一些干巴巴的事实，而难以深刻体会到其中的情感和价值。当红色文化表现得过于学术化或者脱离了大众的生活体验时，它的影响力就会局限于特定群体，难以广泛传播。无法触动人心的文化很难形成强烈的文化认同感，这可能会影响人们对于自身文化根源的认知。在红色文化旅游景点、纪念馆等地方，如果展示手段落后、互动性差，游客的参与热情自然不高。年轻人如果觉得红色文化与自己的生活无关紧要，就可能不愿意主动去了解并传承这些宝贵的精神财富。

第六，数字化水平不高。红色文化作为中国历史的重要组成部分，记录了中华民族争取独立解放的光辉历程，蕴含着丰富的革命精神与文化价值。随着信息技术的迅猛发展，数字化已经成为推动文化传承与创新的重要手段。然而，如果红色文化的数字化水平不高，会造成不良的影响。信息可达性差，数字化程度低意味着红色文化的相关资料难以通过互联网等现代渠道广泛传播，这不仅限制了信息的覆盖面，也使得那些远离传统文化资源所在地的人群失去了接触的机会。在数字时代，文化产品的传播速度和广度往往决定了其社会影响力。红色文化若未能充分利用数字平台进行有效推广，其在当代社会中的地位和作用可能会逐渐边缘化。对于学校而言，缺乏高质量的数字化教育资源将直接影响到红色文化课程的教学质量。教师难以找到丰富多样、直观生动的教学素材，学生也因此丧失了通过多媒体手段深入学习的机会。年轻一代成长于信息化环境中，习惯了通过网络获取知识。如果红色文化不能以吸引人的方式呈现出来，将难以激发青少年的兴趣，进而影响到红色精神的代际传递。旅游产业发展受限，红色旅游资源是重要的经济来源之一，但数字化程度不高会制约其宣传力度和发展潜力。例如，通过 VR/AR 技术打造沉浸式体验项目能够吸引更多游客，提高景区知名度，反之则错失发展机遇。红色文化不仅是历史遗产，更是创意产业的宝贵素材。高水平的数字化能够促进文化创意产品的开发与销售，带动相关产业链的成长，反之则不利于文化产业的繁荣。物质遗产受损风险增加，许多红色文化遗产面临自然老化或人为破坏的风险，数字化可以对其进行虚拟备份，实现长久保存。但如果数字化水平不高，一旦实体遭到损毁，珍贵的历史信息可能永远消失。非物质红色文化遗产流失加速，红色文化中包含大量非物质元素，如口述历史、民间艺术等，这些难以通过文字记录完整保留下来。通过数字化手段记录并传播这些内容，有助于减缓非物质红色文化遗产的流失速度。网络平台利用率低，在互联网和社交媒体上的宣传力度不够，未能充分利用数字技术进行广泛传播。数字化资源匮乏，数字化的红色文化资源不足，如虚拟展览、在线课程等，使得远程学习和体验受到限制。提高红色文化的数字化水平对于保护、传承和发展这一宝贵的红色文化遗产至关重要。政府、企业及社会各界应共同努力，加大投入，利用先进技术手段提升红色文化的数字化程度，让更多人能够便捷地接触到这些珍贵的历史资源，从而更好地发挥其在教育引导、社会建设等方面的作用。

第七，实效性不足。红色文化宣传实效性不足的后果是一个值得深入探讨的话题。红色文化是中国独特的历史红色文化遗产，承载着民族的记忆与精神。它不仅是过去革命斗争的见证，也是当今社会进行爱国主义教育、传承优秀传统的重要载体。如果红色文化的宣传实效性不足，将会给社会带来不良的影响。红色文化宣传实效性不足，首先会导致历史记忆的模糊。随着时间推移，亲历者越来越少，如果没有有效的宣传手段来接续这份记忆，那么年轻一代对于这段历史的理解可能会变得淡薄，甚至出现遗忘的情况。这对于维护国家和民族的集体记忆是非常不利的。红色文化不仅仅是一段历史，更是一种精神。它所体现出来的坚韧不拔、牺牲奉献的价值观是现代社会仍然需要的。如果宣传不到位，这些积极向上的精神内涵就难以深入人心，可能逐渐被其他消极因素所替代。红色文化本身就是一个巨大的教育资源库，包含了丰富的教育素材。然而，如果宣传实效性不足，这些资源就无法得到充分利用，造成教育资源的浪费。学生们可能因此错过了许多了解祖国历史、增强民族自豪感的机会。红色文化宣传不仅是为了铭记历史，更是为了强化国民的公共意识。如果宣传实效性不高，可能会导致公众对于共同价值观的认识不够深入，影响社会整体的凝聚力。红色文化中蕴含的团结一致、奋发图强的民族精神是维系国家稳定与发展的重要力量。宣传效果不佳会使得这种精神得不到充分弘扬，进而影响到整个社会的精神面貌。缺乏持续性，红色文化宣传往往是短期行为，缺乏长期规划和持续性的宣传策略。反馈机制缺失，宣传活动中缺乏有效的反馈机制，难以评估宣传效果并据此进行调整。宣传活动多集中在大城市或红色旅游景区，对于偏远地区或非红色文化重点区域的覆盖不足。缺乏全国性的大型宣传活动，使得红色文化在全国范围内的传播不够均衡。经济效益的损失，红色文化资源可以转化为文化产业的一部分，比如红色旅游、文创产品等。但是如果宣传不到位，这些产业的发展就会受到限制，进而影响到相关行业的经济效益。创新动力的缺失，高效的宣传能够激发人们对红色文化的新认识，促进文化创意产业的创新。相反，宣传实效性不足则会抑制这一领域的创造力，使得红色文化难以在新时代背景下焕发新的活力。红色文化宣传实效性不足将带来诸多负面后果，从文化传承到教育功能，再到社会凝聚力乃至国际形象，都会受到影响。因此，加强红色文化的宣传工作，采用现代化手段和技术，提高宣传的质量与效率，对于保持红色文化的生命力、促进社会发展具有重要意义。

造成这些现象的原因如下：

一是宣传对象针对性不强。面向群体狭窄，宣传主要针对老年人或特定的党员群体，忽略了年轻人和更广泛的大众。在进行红色文化宣传时，可能没有充分考虑到不同年龄段、不同教育背景、不同兴趣爱好的受众群体的特点，导致宣传内容和方式不能很好地引起目标受众的兴趣和共鸣。语言表达陈旧，使用的语言和表达方式与现代人的沟通习惯脱节，难以引起共鸣。

二是宣传策略缺乏创新。宣传策略缺乏创新是导致红色文化宣传效果不佳的一个重要原因。在当前信息爆炸的时代，如何有效地将红色文化推广出去，让更多的受众接受并喜爱，已经成为一个值得深入探讨的话题。缺乏系统规划，没有长期的宣传计划和战略，导致宣传效果难以持续。大多数红色文化产品形式单一，如纪录片、报告文学等，难以满足当今多元化审美需求。随着经济社会的发展，人们更加注重个性化的体验，传统的“大锅饭”式的宣传方式难以满足现代受众的个性化需求。互联网时代，人们的注意力越来越分散，喜欢快速浏览信息，传统长篇幅的内容难以留住他们的视线。传统的宣传方式如讲座、展览等可能对于年轻一代吸引力不够，需要更多创新的方式，比如利用新媒体平台、互动体验项目等来吸引年轻人的关注。缺乏互动反馈，宣传活动中缺乏与受众的有效互动，难以获得反馈并进行调整优化。缺乏互动性和参与感，现代受众更倾向于参与式的体验，而非单向的信息传递。如果宣传活动中缺乏互动环节，受众可能会觉得乏味，难以产生深刻的印象。面向海外华人及国际友人，推出多语言版本的红色文化作品，讲好中国故事。

三是宣传资源投入不足。资金短缺，用于红色文化传播的资金有限，难以支持大规模的宣传活动。由于缺乏必要的资金支持，一些重要的红色文化项目可能会被迫推迟启动或直接取消，这直接影响到了红色文化传承和发展的工作进度。红色文化遗址、纪念馆等场所的维护和更新需要大量资金，如果资金不足，则可能导致这些设施得不到及时修缮，甚至出现损坏的情况，影响参观体验。缺乏足够资金支持的情况下，从事红色文化工作的人员可能会面临较低的薪酬待遇和发展空间受限等问题，这可能导致人才流失，进一步削弱红色文化宣传的效果。资金短缺限制了宣传活动的形式和规模，可能只能依赖传统的、成本较低的方式，而无法采用更现代化、更吸引人的宣传手段，从而降低了宣传的吸引力和影响力。新的创意和技术的应用通常需要较高的初始投资，资金不足则意味着难以引进新的展示技术和方法，也难以开发出更具创意的红色文化产品和服务。长期的资金短缺不仅会导致短期内的宣传效果打折，还可能对红色文化的长远发展造成不利影响，使得这一宝贵的红色文化遗产逐渐失去其应有的社会地位和影响力。

三、阵地意识不强，教育机制缺乏针对性

红色育人阵地是进行红色教育的重要场所和载体，其不完善可能体现在以下几个方面：硬件设施不足。例如，缺乏专门的红色教育展览馆、陈列室，或者现有的场馆空间狭小、设施陈旧，无法满足大量学生和群众的参观学习需求。比如，某些地区的红色纪念馆，展示手段单一，仅有简单的图片和文字说明，缺乏多媒体互动设备，难以吸引参观者的注意力。

资源整合不够。没有充分整合当地的红色资源，如革命遗址、烈士故居等，没有形成一个系统的红色育人网络。以某县为例，虽然有多处红色遗迹，但由于分布较散，且缺乏有效的统筹规划，导致这些资源未能充分发挥育人作用。

管理维护不善。红色育人阵地的管理机制不健全，日常维护不到位，环境脏乱差，影响了育人效果。像有的红色教育基地，标识牌损坏无人修理，周边环境杂草丛生。教育形式缺乏针对性方面，教学内容一刀切，没有根据不同年龄段、不同群体的特点和需求，设计有针对性的教学内容。对于小学生、中学生、大学生以及社会公众，采用相同的讲解和教育方式，导致教育效果不佳。

教学方法单一，主要以课堂讲授、参观讲解为主，缺乏创新性和互

动性。比如，只是单纯地让学生听讲座、看展览，没有组织学生进行讨论、实践等活动，无法激发学生的学习兴趣和主动性。缺乏个性化服务，有针对个体的兴趣爱好、学习能力等提供个性化的教育服务。例如，对于对历史特别感兴趣的学生，没有提供更深入的研究资料和指导。具体表现如下：

第一，育人阵地建设不健全。硬件设施的不足是导致红色育人阵地建设不完善的一个重要因素。红色育人阵地通常指的是用于进行红色文化教育的场所，如纪念馆、博物馆、展览馆、烈士陵园等。这些场所不仅是传承红色文化、弘扬革命精神的重要载体，也是对学生进行思想政治教育的重要平台。在一些地区，红色文化教育基地的数量远远不能满足当地群众和学生的需求，导致参观学习的机会受限。

已有的红色文化教育基地规模较小，容纳能力有限，无法满足大规模团体活动的要求。硬件设施不足，红色教育基地、纪念馆等硬件设施建设不完善，缺乏现代化的教学设施。部分红色文化教育基地由于年久失修，建筑设施破损严重，影响了参观者的体验。展陈设备、多媒体播放设备等硬件设施老化，无法提供高质量的服务。硬件设施的不足限制了参观者与展品之间的互动，降低了学习的积极性。落后的展示手段无法有效传达复杂的红色文化内涵，影响了教育效果。硬件条件不佳导致参观体验差，无法留住游客，减少了重复访问的可能性。设施陈旧给人留下不良印象，影响红色文化教育基地的整体形象。硬件设施的不足也限制了基地的接待能力和开放时间，进而影响门票和其他服务项目的收入。

由于设施落后，难以吸引更多的社会资本投入，影响了后续发展的资金来源。软件配套不全是影响红色育人阵地建设完善度的一个关键因素。软件配套主要包括课程体系、师资队伍、活动组织、宣传推广等方面，这些因素共同决定了红色文化教育的效果。软件配套不全，红色文化课程设置、教材编写等方面存在缺陷，未能形成完整的教育体系。红色文化教育课程内容较为单一，缺乏系统性和连贯性，无法全面覆盖红色文化的核心要素。没有根据不同年龄段和不同层次的受众设计差异化的课程，使得教育效果大打折扣。缺乏定期的师资培训机制，导致教师的专业素养难以持续提升。活动安排零散，缺乏长期规划，未能形成系统的红色文化教育体系。缺少具有影响力的红色文化教育品牌，不利于形成良好的社会效应。一些教育工作者习惯于传统的教学模式，缺乏创新意识，不愿意尝试新的教学方法。部分人对红色文化教育的重要性认识不足，认为其只是形式上的活动，缺乏实质意义。

地域分布不均，红色教育基地多集中在一些革命老区或大中城市，而在其他地区则相对较少。优质的红色文化教育资源多集中在经济发展水平较高的地区，欠发达地区则相对匮乏。由于红色育人阵地分布不均，一些革命老区和边远地区的历史文化记忆可能逐渐被边缘化。不同地域的人们对于红色文化的认识可能存在差异，影响了红色文化的传承与发展。红色育人阵地主要集中于部分地区，导致其社会影响力难以辐射到更广泛的区域

第二，教育形式单一。课堂讲授为主，教育形式主要依靠课堂讲授，缺乏多样化的教学手段。如果红色文化教育总是采取类似的形式，如简单的观影、参观或听讲座，可能会让受众感到乏味，缺乏新鲜感，从而降低他们的学习兴趣。单一的教育方法不能适应各种人群的培养需要，也无法更有效地激发孩子的积极性和创新能力，导致教育效果不理想。实践活动少，实地考察、情景模拟等实践活动安排不足，学习者缺乏亲身体验的机会。

不同的教学方法有助于不同的认知风格，如果教育形式单一，可能会忽略某些学生的特定需求，导致他们对红色文化知识的吸收有限。教育活动形式化，致使一些红色教育活动只是走过场，缺乏真正的教育价值。教育活动安排缺乏灵活性，不能很好地调动参与者的积极性和主动性。随着社会的发展和文化的进步，红色思想教育也必须跟上时代，单一

的方式难以适应现代社会对红色文化教育的新要求。红色文化包含丰富的历史事件、人物故事等内容，单一的教育形式难以全面呈现其复杂性和多样性，从而影响学生形成全面的认知。

第三，教育内容的针对性不足。教育实践中，教学内容与学生日常生活之间的关联度不足，导致难以引发学生的学习热情。针对性不足的内容往往难以激发学生的主动参与意识，导致课堂气氛沉闷，缺乏互动性。如果教育内容与学生的兴趣点、年龄阶段或认知水平不符，受众可能会觉得内容枯燥乏味，难以引起他们的兴趣。教育内容如果不能针对学生的需求和特点进行设计，可能会导致学生难以理解或记住所学的内容，从而影响学习效果。不同年龄段需求考虑不周，没有依据不同年龄层受众的思维特征与接受程度设计相应的教育内容。红色文化教育的目的在于传承革命精神、弘扬爱国主义等价值观。如果内容缺乏针对性，就很难有效地传递这些核心价值观念。每个学生都有自己的特点和兴趣爱好，缺乏针对性的内容可能忽视了学生的个体差异，无法做到因材施教。缺乏针对性的内容可能会加剧不同背景学生之间的学习差距，影响教育公平。长期缺乏针对性的教育可能会导致学生对红色文化乃至整个历史学科失去兴趣，对其未来的人生观、价值观产生不利影响。

第四，教师队伍专业化水平不高。师资力量薄弱，从事红色文化教育的教师数量不足，且专业知识水平参差不齐。培训体系不健全，缺少完善的教师培训机制，使得老师在红色文化教育方面的专业能力有限。专业化水平不高的教师可能缺乏对红色文化深入的理解和研究，导致在教学过程中无法准确传达红色文化的核心价值和精神内涵。非专业化的教师可能习惯于传统的讲授方式，缺乏创新的教学方式，无法引起学生的课堂兴趣，影响学生对红色文化的理解与情感认同。如果教师无法采用生动有趣的方式来讲授红色文化，学生可能会学生对课程感到无聊乏味，从而导致参与度和兴趣下降，进而影响学习成效。教师如果缺乏足够的专业知识，可能会在授课过程中出现史实错误或误导性的信息，这不仅会误导学生，还可能损害红色文化的权威性和严肃性。红色文化教育旨在培育学生的爱国精神与社会责任意识，如果教师队伍专业化水平不高，可能会影响孩子们建立了正确的世界观、人生观与价值观，长远来看不利于红色文化的传承与发展。

第五，社会影响有限。品牌效应不强，中原地区的红色文化品牌建设尚处于初级阶段，影响力有限。社会参与度低，社会各界对红色文化教育的参与度不高，缺乏广泛的社会支持。红色文化承载着爱国主义精神，社会影响有限意味着这种精神的传播力度减弱，不利于培养公民的国家意识和民族自豪感。

红色文化作为一种共同的历史记忆和精神纽带，能够增强民族的凝聚力。如果其影响减弱，可能会影响到社会成员之间的相互认同感和团结精神。红色文化是中华民族的宝贵红色文化遗产之一，如果社会影响力不足，可能会导致其传承面临困难，进而影响到中华文化的多样性和完整性。青少年已经是价值观建立的重要阶段，如果缺乏红色文化的影响，可能会导致他们在面对困难和挑战时缺乏坚强的精神支柱。红色文化也是中国对外展示的一个重要窗口，社会影响有限可能会影响到国际社会对中国历史文明的认识与理解，从而影响中国的国际形象。红色文化的社会影响有限，可能会导致社会各界对相关活动的支持度不高，影响到红色文化项目的可持续发展。

四、育人针对性机制不健全，教育过程缺乏针对性

红色育人机制不健全、教育缺乏持续性等情况反映为，教育体系偏重知识教育，对红色文化的精神内涵和价值观传承不够重视。这导致红色教育往往停留在表面形式上，如建立红色人物雕像、名人题词等，而对红色资源的深入探索和精神文化传承存在不足。红色基因传承的针对性机制尚未健全。目前的教育体系对于革命历史、革命英雄等方面的教育较少，且对学生的爱国主义教育重视不足，这不利于红色基因的有效

传承。具体如下：

第一，教育活动缺乏连续性，临时性项目多。红色文化教育活动多为临时性项目，缺乏长期规划和持续性。间断性强，教育活动时有时无，缺乏稳定性和连贯性。如果红色文化教育活动缺乏连续性，学生可能会在一段时间后忘记之前学到的内容，无法形成系统的知识结构，导致教育效果大打折扣。红色文化涉及的历史事件和人物众多，没有连续性的教育活动会让学生难以建立起完整的历史脉络，影响他们对红色文化整体的认知。频繁中断的教育活动可能会让学生感到厌烦或困惑，无法保持持续的学习兴趣，久而久之可能会对红色文化失去兴趣。

红色文化教育的一个重要目的是通过历史教育来塑造学生的价值观。如果活动缺乏连续性，可能会影响学生价值观的形成，使其无法完全内化红色文化中的精神内涵。红色文化需要代代相传，如果教育活动断断续续，可能导致红色文化传承出现断层，年轻一代对这段历史的理解和认同感减弱。缺乏连续性的教育活动难以形成持久的社会影响，不利于红色文化在社会中的广泛传播和认同。每一次重新开始教育活动都需要重新投入资源，包括时间、人力和财力，缺乏连续性会导致资源的重复投入和浪费。每次重新启动教育活动都需要重新组织，增加了组织者的难度和复杂性。

第二，教育效果难以评估。缺乏持续的教育活动，就会导致量化指标缺失。如果教育效果难以评估，就很难确定哪些方法是有效的，哪些需要改进，从而影响教育质量的持续提升，造成教育改进困难。缺乏有效的评估机制，可能导致教育资源分配不合理，无法将资源投入最需要的地方，造成资源浪费。评估是教育过程中的重要反馈机制，如果缺乏有效的评估，教育者就难以获得及时的反馈，无法及时调整教学策略。

教育效果难以评估意味着教师和管理者无法清晰地了解学生在红色文化知识和价值观上的学习成效，无法对学生的学习进展进行有效监控。如果红色文化教育的效果难以衡量，公众可能会对该类教育的实际效果持怀疑态度，降低社会对红色文化教育的信任度和支持度。政府部门在制定相关政策时需要依据教育效果的数据来做出决策，如果评估机制不健全，政策制定就会缺乏科学依据。红色文化教育的重要意义之一是继承革命精神和历史遗产，如果教育效果难以评估，就难以确保这些价值观念得到有效的传承和发展。长期来看，教育效果评估机制的缺失可能导致红色文化教育流于形式，无法实现教育目标，关乎青年群体对红色文化及其内涵价值观的理解与认同。

第三，教育资源利用率低。资源闲置，红色文化教育资源未能得到有效利用，存在资源浪费的情况。资源共享不足，不同机构之间的教育资源共享机制不健全，造成资源分散和重复建设。红色文化资源包括历史遗址、文献资料、文物藏品等，如果这些资源没有得到充分利用，就意味着大量的物质和非物质资源被闲置，造成浪费。资源利用率低意味着现有的红色文化教育资源没有被有效地整合和应用于教育实践中，导致教育内容单一、形式老旧，从而影响教育质量。

红色文化是中华民族宝贵的精神资源，利用率低可能导致年轻一代对这段历史的了解不足，影响红色文化的继承与拓展。红色文化教育资源没有得到充分开发和利用，可能会降低社会大众对红色文化活动的参与热情，影响其在社会中的影响力。红色文化资源不仅可以用于教育，还可以开发成旅游资源、文化创意产品等，利用率低意味着失去了潜在的经济价值。红色文化承载着民族精神和历史记忆，利用率低可能会影响民众对红色文化的认同感和自豪感。红色文化是向世界展示中国历史文化的重要窗口之一，利用率低可能影响到国际文化交流与合作。

第四，教师队伍不稳定，流动性大。从事红色文化教育的教师流动性较大，缺乏稳定的师资队伍。频繁更换教师会导致教学方法和风格的变化，学生需要不断适应新老师，这不仅影响教育质量，还可能造成学生学习的连续性和稳定性受损。不同的教师有不同的教学重点和个人风格，教师队伍不稳定可能导致知识传授的一致性和连贯性受到破坏，学生难以形成系统性的知识结构。如果教师队伍频繁变动，学生可能会对教师产生不信任感，影响师生之间的良好关系，从而影响到学生的学习积极性和参与度。教师队伍不稳定可能会导致教育项目或课程的中断，已经取得的教育成果难以持续，影响长远的教育目标实现。频繁的人员流动会使教师缺乏稳定的职业环境，影响其专业成长和发展，也可能导致教师队伍整体的专业化水平难以提高。每次更换教师都需要重新培训和适应，这不仅耗费时间和精力，还会造成一定的资源浪费。专业素质不一，教师的专业素质参差不齐，影响了教育质量和效果。红色文化教育的一个重要目标是传承革命精神和历史文化，教师队伍不稳定可能会影响这种精神的连续传承。

造成这些现象的原因如下：

一是缺乏系统规划。顶层设计不足，缺乏统一的规划和顶层设计，导致红色育人工作的碎片化。长远目标不明确，没有制定长期的红色育人目标和发展计划，使得教育活动缺乏连续性。

二是资源整合不力。资源分散，红色教育资源分布在不同的部门和机构中，缺乏有效的整合机制。资金投入不足，用于红色文化教育的资金有限，难以支持长期的教育项目。相关政策的执行力不强，导致一些好的措施难以落地生效。

三是教育体系不完善。课程设置不合理，学校教育体系中关于红色文化的课程设置不够科学合理，缺乏系统性和连贯性。师资力量薄弱，专门从事红色文化教育的教师数量不足，且缺乏专业的培训和指导。

教育的目标是培养个体的能力、知识、技能和价值观，这需要时间和经验的积累。红色教育同样需要持续的教育和培养才能取得实效，而当前的教育体系往往缺乏对红色教育的持续投入和关注。教育方法单一且缺乏互动性就会影响教育效果。目前的红色教育多以灌输式教育为主，缺乏与学生的互动和交流。这种教育方式难以激发学生的学习兴趣和主动性，也不利于红色教育的持续开展。教师红色教育素养不足。教师是红色教育实施的关键力量，但当前部分教师缺乏红色教育素养和教育能力，难以灵活运用不同的教学方法和策略来持续推进红色教育。

五、育人客体主动性差，自我教育缺乏机制性的动能

红色育人对象，如学生或参与者，在红色教育活动中表现出不主动、不积极参与的态度。他们对红色文化的学习和传承缺乏兴趣，没有自发地去深入了解和研究红色文化，甚至在活动中处于被动接受的状态。具体表现为：

第一，被动接受。只在外界要求下完成任务，如参加讲座、写心得体会等，而不是自发地去阅读相关书籍或资料。如果学生只是被动地接受红色文化教育，而不是主动地去探究和思考，那么他们可能不会深入理解红色文化背后的历史背景和精神内涵。被动接收的信息往往是碎片化的，学生可能会停留在对红色文化表面知识的了解上，而无法形成深层次的认知和理解。被动接受的教育方式难以激发学生的情感共鸣，学生可能难以对红色文化产生深厚的情感认同，影响其爱国主义情怀的培养。缺乏主动性的学习往往难以形成长期记忆，学生在接受教育后可能很快就会忘记所学的内容，导致教育效果不持久。被动接受式的教育方式限制了学生的想象力和创造力，无法培养他们运用红色文化知识解决问题的能力。被动接受式的教育方式限制了学生的想象力和创造力，无法培养他们运用红色文化知识解决问题的能力。红色文化的传承不仅仅是知识的传递，更是精神和价值观的延续。被动接受式的教育方式可能导致传承效果不佳，年轻一代可能无法真正继承和发扬红色文化的精神。

第二，缺乏参与。在课堂讨论中沉默寡言，不愿意表达自己对某些问题的看法。在课堂上不积极参与讨论，很少提问或回答问题。对于布置的任务或作业，动机不足的学生可能会采取敷衍的态度完成，只是为了应付检查而不是真正理解其背后的含义。兴趣缺失。对组织的相关活动表现出不关心或抵触情绪，甚至缺席相关会议或集体活动。被动接受

容易让学生感到枯燥乏味，缺乏互动性和参与感，从而导致学习兴趣减弱，不愿意继续关注红色文化。

第三，缺乏积极应对挑战的心度。面对挑战时的态度直接影响着个人在红色育人过程中的积极性。当个体在面对生活中的挑战时，其态度会受到多种因素的影响，并可能因此影响到他们在红色育人活动中的参与度。面对困难时容易放弃，缺乏克服困难的决心和毅力，遇到新事物或需要改变现状时，表现出抗拒而非积极适应的心态。消极的态度会导致教育工作者在红色文化教育中缺乏热情和积极性，从而影响到教育质量，使得学生无法充分吸收和理解红色文化的价值。当个人在学习、工作或生活中遭遇失败时，可能会产生挫败感，这种负面情绪会降低他们面对新任务时的积极性，从而影响意愿。面对未知的挑战，尤其是那些与个人价值观密切相关的任务，如参与红色文化活动，可能会引发焦虑和恐惧的情绪，导致个体采取回避的态度。

缺乏处理类似情况的经验会使个体在面对挑战时显得手足无措，进而可能选择逃避而不是积极面对。反复的失败经历可能会削弱一个人的成就动机，使他们不再愿意为了达成目标而付出额外的努力。对于红色文化缺乏深刻理解或认同的人，在参与相关活动时可能会感到迷茫，不知如何将个人经历与红色文化相结合。不同的价值取向可能导致个体对于红色育人活动有不同的看法。

造成这些现象的原因如下：

一是动机不足。个体可能对社会主义核心价值观或思想政治教育缺乏兴趣或认同感，导致缺乏学习的动力。红色育人强调的是主动地去学习、实践党的理论和方针政策，而动机不足的学生往往表现出被动接受的态度，不愿意主动参与到相关的学习活动中。

二是认知偏差。部分人可能对思想政治教育持有偏见或误解，认为这些内容与个人生活无关或认为是形式主义，从而不愿主动参与。每个人的兴趣点不同，有些人可能对艺术、科技等领域更感兴趣，而对历史文化则兴趣不大。这种情况下，红色文化对他们来说可能显得较为枯燥乏味。一些人可能受到某些刻板印象的影响，认为红色文化只是政治宣传的一部分，从而忽略了其文化和历史价值。

三是环境影响。周围的社会环境、家庭背景、同伴行为等也可能影响一个人是否愿意主动学习相关知识。在互联网时代，信息过载也可能导致人们难以找到高质量的学习资源，特别是在红色文化领域，有效的学习材料可能并不容易获得。传统的灌输式教育方式可能无法激发学生的兴趣，而互动性更强的教学方法则能更好地促进学生主动学习。如果家庭成员对红色文化不够重视，甚至持有否定态度，那么在这种环境下成长的孩子可能也会对红色文化缺乏兴趣。青少年时期，同龄人的观点往往有很大影响力，如果周围的朋友都不关注红色文化，那么个体也容易受到这种氛围的影响。

四是个人能力限制。某些人可能由于基础知识薄弱或其他个人因素，在自我教育过程中遇到困难，进而产生逃避心理。红色文化是中国革命历史的重要组成部分，它包含了丰富的历史故事、英雄事迹以及革命精神，旨在传承和发展这一文化需要个人积极参与并主动学习。然而，由于各种原因，一些人可能会发现自己在这方面缺乏足够的主动性。红色文化植根于中国近现代史，特别是中国共产党领导下的革命斗争历程。如果一个人对中国近现代史了解不多，就很难对其产生浓厚的兴趣，进而影响到对红色文化的主动学习。担心自己学不好或者理解不深，因此不敢主动接触相关知识。在学习过程中如果没有及时获得反馈或者认可，久而久之便失去了继续探索的动力。随着数字化时代的到来，很多红色文化的学习资源都转移到了线上平台，但对一些技术操作不熟练的人来说，这反而成为阻碍他们主动学习的因素之一。

第二节　中原经典红色文化育人的路径

一、遵循红色文化育人的基本原则

第一，要坚持政治性原则。要强化政治引领，要以在习近平新时代中国特色社会主义思想的指导下，我们深入实施党的教育方针，将红色育人视为贯彻立德树人根本任务的关键环节。通过红色教育，引导受众强化“四个意识”、坚定“四个自信”、做到“两个维护”，提高他们对我国和人民的忠诚与热爱。要突出政治导向在红色育人过程中，要始终坚持正确的政治方向，推广主流思想，传递积极向上的力量。坚决反对历史虚无主义等错误思想，确保红色文化的真实性、权威性和严肃性。要坚持党的领导，党的领导是中国特色社会主义最根本的特点，也是红色育人的根本保证。要保证党对教育事业的全面指导，确保红色育人的正确方向。

对于学校来讲，把红色育人纳入学校党建工作的重要内容，制定科学合理的红色育人规划和实施方案。定期对红色育人工作进行总结和评估，不断改进和完善红色育人的方法和途径。要让学生深刻认识到中国共产党的领导是历史的选择、人民的选择，坚定信心和决心，走中国特色社会主义道路。要加强对学生的思想政治教育，引导学生深刻认识中国共产党的领导是历史的选择、人民的选择，深刻理解我国社会主义制度的重大优势，深刻认识新时代中国青年的历史责任和责任担当。通过红色文化的教育，让培育学子以正确的观念塑造世界、人生及价值观，同时提升他们的政治意识和素质，为我国党和国家事业输送优秀后备力量。

第二，要坚持思想性原则。红色文化蕴含着深厚的革命精神思想。例如，愚公移山、红旗渠、焦裕禄以及大别山等等。这些精神是中华民族的宝贵资源，也是，也是激励学生奋发向上的强大动力。通过讲述红色故事、参观红色遗址、学习红色经典等方式，让学生深刻领会红色精神的内涵和价值，传承红色基因，培育学生的国家忠诚、集体主义和社会主义理念。培养道德品质红色育人要注重培养学生的道德品质，引导学生需要树立正确的道德观、伦理观和审美观。要以革命先烈和英雄模范为榜样，教育学生诚实守信、尊老爱幼、团结友爱、勤劳勇敢、艰苦奋斗，培养学生的社会公德、职业道德、家庭美德和个人品德。

第三，要坚持教育性原则。培养人要按照教育法则，依据学生的年龄特征、认知能力与心理和心理需求，采用适合的教育方法和手段。要注重因材施教，激发学生的学习兴趣和积极性，提高教育的针对性和实效性。整合教育资源要充分整合红色教育资源，包括红色遗址、纪念馆、博物馆、革命烈士陵园等。同时，要结合学校教育、家庭教育和社会教育，形成全方位、多层次的红色育人体系。创新育人方式，要利用现代信息技术，创新红色教育方式，如开设红色网络课程、制作红色微视频、开展红色主题线上活动等，拓宽红色教育的渠道和覆盖面。注重实践教育红色育人要注重实践教育，让学生在实践中亲身体验红色文化的魅力。可以组织学生开展红色研学旅行、志愿服务、社会实践等活动，让学生在实践中了解历史、感悟精神、锻炼能力、提高素质。

通过实践教育，促进学生创新思维与实践技能的发展，提升其社会责任感和使命感。注重教育方法的创新采用多样化的教学手段，如多媒体教学、互动式教学以及体验式教学等手段，能够增强学生的学习热情与参与程度。要加强对教师的培训和指导，提高教师的红色文化素养和教育教学水平，确保红色育人的质量和效果。因材施教要根据学生的年龄特点、认知水平和心理需求，选择合适的红色教育内容和方法。

要根据不同年龄段学生的特点，科学设计课程内容和形式，注重系统性、针对性、实效性，把知识传授与价值引领有机结合起来，使广大青少年在学习中感悟党的初心使命，在实践中体验革命艰辛历程，在感动中升华对党和社会主义祖国的情感认知。对于小学生，可以通过讲述红色故事、参观红色遗址、观看红色电影等形式，激发学生的爱国情感和民族自豪感；对于中学生，可以深入开展红色文化专题报告、红色主题教育、红色研学旅游等活动，指导孩子们认识红色文化的内涵和价值；对于大学生，可以开设红色文化课程、组织红色文化研究、开展社会实践等活动，培养学生的理性思维和创新能力。

第四，要坚持文化性原则。红色文化遗产作为红色教育的关键载体，其保护与管理需被加强。要制订科学合理的保护方案，提高对红色遗址、纪念馆、博物馆等的保护力度，确保红色文化遗产的真实性、完整性和可持续性。

创新红色文化宣传必须重视红色文化的继承与创新，把红色文化与时代精神相结合，赋予红色文化新的时代意义与表现形式，让红色文化走进学生的生活，融入学生的心灵，成为培养学生的思想动力必须创新红色文化传播途径，运用多种媒体平台，如电视、广播、报纸、网络等，广泛传播红色文化。要创作更多优秀的红色文艺作品，如电影、电视剧、歌曲、舞蹈、绘画等，以生动形象的形式展现红色文化的魅力。

要开展丰富多彩的红色文艺活动，如红色文艺节、红色主题演讲比赛、红色歌曲演唱比赛等，营造浓厚的红色文化氛围。要将红色文化与校园文化有机融合，打造具有红色特色的校园文化。可以在校园内设置红色文化宣传栏、雕塑、壁画等，营造红色文化氛围。要举办红色文化主题班级、社团活动、校园文化艺术节等，让学生在学校生活中感受红色文化的熏陶。

第五，要坚持实践性原则。要组织学生开展丰富多彩的社会实践活动。如红色志愿服务、红色文化调研、红色主题演讲等活动，让学生在实践中了解社会、增长见识能力。要提高对学生社会实践的指导与监督，保障社会实践课程的安全与安全和有效。要注重实践基地的构建，通过运用红色遗址、纪念馆、博物馆等场所，形成红色教育实践基地，为学生提供实践教学的空间与条件。通过实践基地的建设，可以使学生更好地认识红色历史，感受红色文化，增强学生的爱国情感和社会责任感。创建红色教育实践基地，创建红色教育实践基地是加强实践教育的重要举措。要充分利用本地区的红色文化资源，建立一批具有特色的红色文化实践基地。加强对红色文化实践基地的建设和管理，完善基地的设施和功能。制定科学合理的实践教学计划，组织学生到基地进行实践教学和社会实践活动。加强与红色文化实践基地的合作与交流，共同开展红色文化研究、实践教学和社会服务等活动。通过合作与交流，提高红色文化实践基地的育人效果。

第六，要坚持实效性原则。明确育人目标要明确红色育人的目标和任务，制定具体的实施方案和评价标准。要根据不同年龄段学生的特点和需求，确定不同的育人目标和重点内容。要通过红色育人，培养学生的爱国主义社会责任感、创新精神和实践能力的培养，可以提升学生的综合素质。加强。加强过程管理要加强对红色育人工作的过程管理，建立健全红色育人工作的组织机构和管理制度。要加强对红色教育课程的开发和实施、红色教育活动的组织和开展、红色教育资源的整合和利用等方面的管理和监督，确保红色育人工作的规范有序进行。注重评价反馈要建立科学合理的红色育人评价体系，对红色育人工作的成效进行客观评价。需要关注评价的多样性与过程性，使用学生自评、互评、教师评价、家长评价、社会评价等多种方式，全面了解学生在红色育人过程中的表现和进步。要及时反馈评价结果，对红色教育中出现的问题研究分析和改进，不断提高红色育人工作的质量和水平。

第七，要坚持协同性原则。学校要发挥主导作用，加强对红色育人的组织领导和规划设计，整合校内教育资源，形成红色育人的合力。要加强与家庭的沟通与合作，引导家长树立正确的教育观念，积极参与红色育人活动，为学生营造良好的家庭氛围。要加强与社会的联系与合作，利用社会资源，开展红色育人或邀请革命先辈、专家学者来我校举办讲座，讲座，组织学生参观红色遗址、纪念馆等场所，让学生更好地了解红色历史，感受红色文化。要大力传承中华民族优秀传统文化，讲述我国共产党领导人民开展革命、建设和改革的历史和成就，加强爱国主义教育基地建设与管理，创造浓厚的教育环境和文化氛围，让广大青少年深刻认识中国共产党的光辉历程和伟大贡献，进一步增强民族自尊心和自豪感。要建立健全红色育人的评价机制，对学校、家庭、社会各方在红色育人中的作用进行评价和反馈，不断改进红色育人的工作，提高红色育人的效果。加强教师队伍建设，必须提升师德师风水平，提高老师的思想政治素质和专业能力水平，培育一批具有较高理论水平和丰富实践经验的红色教育专业人才。要加强对广大教师的培训和教育，提高他们的综合素质和能力水平，为开展红色教育提供有力的师资保障。

总之，转化红色文化的话语形式是新时代继承与发扬红色文化的必然要求。我们要坚持正确的政治方向，尊重历史真实，紧密贴近生活现实，创新思维方法，通过运用新媒体技术、创新文艺表现形式、开展红色文化教育活动、打造红色文化品牌等途径，积极转化红色文化的话语模式，使其更具时代性、亲和力和感染力，为促进中华民族伟大复兴的中国梦，提供强劲的精神激励和文化支持。

二、挖掘红色文化资源的育人优势

加大红色文化资源保护与管理的力度。首先，应建立健全保护红色文化资源的法律法规体系，明确保护的范围、标准和责任，将育人视角融入法律框架中，加大对破坏红色文化资源行为的处罚力度，提升红色文化的育人威严性与规范性。其次，增加对红色文化资源的投入，重点支持革命遗址、纪念馆和烈士陵园等场所的修缮和维护，为育人提供安全、完整的文化场所。同时，建立科学的管理体制和运行机制，不仅提高红色文化资源的管理水平，还要确保其育人效能的持久性。最后，应设立专业的红色文化资源管理机构，明确管理职责与权限，加强日常管理和维护，使红色文化资源保持良好的状态。通过这些努力，我们能够确保红色文化资源在育人中的安全性和完整性，持续发挥其教育意义。

加强对红色文化的深入研究。应组织专家学者从育人视角出发，深入探讨红色文化的内涵、价值和时代意义，特别是挖掘其历史价值、教育价值、文化价值和艺术价值。这些研究不仅能揭示红色文化的育人功能，还能更好地指导教育实践。同时，要加强对红色文化资源的系统整理和研究，明确其育人导向，为红色文化的传承、创新和发展提供坚实的理论支持。这些研究成果能够为学校和社会提供丰富的教育资源，有助于培育新时代青少年的爱国情怀和价值观，引导他们树立崇高理想，增强民族自豪感和历史使命感。

开展红色文化主题教育，通过开展红色文化主题教育，如红色文化讲座、红色文化展览、红色文化演出等，深入宣传红色文化的内涵和价值，提高人们对红色文化的认识和理解，提高红色文化的实效性和针对性。同时，通过开展红色文化主题教育，加强对青少年的爱国主义教育、革命传统教育和社会主义核心价值观教育，培养他们的爱国主义情感和民族精神。

鼓励文艺工作者积极创作具有教育意义的红色文化艺术作品，如红色小说、诗歌、音乐、电影、电视剧等。通过艺术形式生动展现红色文化的精神内涵和价值，这些作品可以有效激发观众对红色历史的情感共鸣，增进对红色精神的理解和认同。红色文化艺术作品具有直观性和感染力，可引导广大青少年在欣赏中感悟革命精神，激发他们的爱国情怀和奋斗意识，让红色文化在潜移默化中发挥育人功能。

组织专家学者深入挖掘红色文化的丰富内涵、教育价值与时代意义，推出一批有影响力的研究成果，为后续教育实践提供理论支持。系统梳理红色文化资源的历史脉络与文化价值，明确其在青少年教育中的重要作用，为保护、传承和开发提供科学依据。开展红色文化资源普查，全面掌握资源的分布、保存状况等信息，建立红色文化资源数据库，实现信息化管理，并为教育开发提供数据支撑。利用新闻媒体、网络平台和文化活动等途径广泛宣传红色文化的教育价值，鼓励社会各界参与红色文化资源的保护与利用，增强大众尤其是青少年对红色文化的认知和认同。同时，注重红色文化的创新传承，将其与现代文化结合，创作出具有时代特色的红色文化产品，如红色动漫、红色游戏等，让青少年在互动和体验中更自然地感知红色文化，激发他们的民族自豪感和历史责任感。

制定红色文化教育旅游的总体发展规划，明确教育目标、重点内容及实施措施，确保红色文化旅游能够在传播历史文化、弘扬革命精神的基础上实现育人目标。加强红色文化教育旅游的基础设施建设，优化交通、住宿、餐饮等配套服务，以便为青少年和广大游客提供优质的教育体验。精心打造具有深刻教育意义的红色文化教育旅游品牌，推出一系列兼具历史价值和教育内涵的红色旅游线路和景区，以互动和沉浸式体验帮助游客更好地理解红色文化。通过电视、报纸和网络等多种媒体渠道加强宣传推广，提高红色文化教育旅游的知名度，让更多人从中接受革命精神的熏陶，培养家国情怀和社会责任感。

推动红色文化产业发展。首先，制定红色文化产业的发展规划，明确产业发展的教育目标、核心内容和实施路径，将红色文化产业发展与育人相结合，以确保产业在传播红色精神和革命传统方面发挥教育作用。加强对红色文化企业的扶持，培育一批以红色教育为宗旨的企业主体，如红色文化旅游、红色文化演艺、影视及出版等企业，通过文化产品的多样化和创新性，提升教育影响力和市场竞争力。依托红色文化资源的特点与教育需求，开发符合育人需求的红色文化产品，如红色文化纪念品、教育演艺节目、影视作品及出版物等，让大众在文化消费中感受到红色文化的精神价值。推动红色文化品牌建设，打造一批具有深厚教育影响的品牌，如井冈山、瑞金、延安、西柏坡等红色文化品牌，以其丰富的文化内涵和教育意义不断增强其知名度和美誉度，让红色文化在日常生活中更加深入人心、充满感染力。

加强红色文化资源的国际交流与合作，旨在拓展红色文化的全球影响力，使其在国际舞台上发挥育人作用。通过举办红色文化国际研讨会、展览等活动，展示中国红色文化的独特魅力和教育价值，帮助国际社会更全面地了解中国红色文化的历史底蕴与人文精神，加强对和平、团结和奋斗精神的共鸣。推动与其他国家和地区的合作交流，建立共享的红色文化旅游线路和产业项目，实现红色文化资源的互利共赢，进一步将中国红色文化的核心价值观传播至世界各地。通过国际化的文化平台，提升红色文化资源的教育影响力，让中国红色文化的精神内涵在全球范围内得到认可和传承，为促进世界多元文化交流和人类命运共同体的建设作出积极贡献。

三、转化红色文化育人的话语机制

传统的红色文化话语模式主要以宏大叙事、严肃庄重为特点。在革命战争年代和社会主义建设初期，这种话语模式发挥了重要的动员和教育作用。它以强烈的政治导向、坚定的理想信念和高尚的道德情操，激励着一代又一代中国人为了实现国家独立、民族解放和人民幸福，我们必须持续不懈地努力奋斗。

随着时代的发展和社会的变迁，传统的红色文化话语模式与当代年轻人之间逐渐产生了一定的时代隔阂。年轻人成长在一个多元化、信息化的时代，他们的思维方式、价值观念和审美趣味与前辈们有所不同，对于传统的红色文化话语可能会感到陌生和遥远。形式单一传统的红色文化话语模式在表现形式上相对单一，主要以文字、图片、纪录片等形式呈现。这些形式虽然具有一定的权威性和真实性，但在吸引力和感染力方面可能有所不足，难以满足当代人尤其是年轻人的需求。

在信息爆炸和多元化的时代，年轻一代受众更倾向于轻松、活泼、富有创意的表达方式。首先，传统话语模式的政治性、严肃性和规范性可能会让部分受众感到枯燥、乏味，降低他们对红色文化的接受度和兴趣。

其次，传统话语模式在传播红色文化中，通常采取单向灌输的手段，缺乏与受众的互动和交流。这种传播方式难以满足当代受众的参与需求和情感诉求，导致传播效果受到一定限制。最后，时代适应性不足，随着时代的发展和社会的进步，人们的思维方式、价值观念和审美标准都发生了很大变化。传统话语模式在内容和形式上可能与当代社会存在一定的脱节，难以适应新时代的发展要求。因此，有必要转化红色文化话语模式。

（一）红色文化话语模式转化的原则

第一，坚持政治性与时代性相结合。红色文化的政治性是其根本属性，在话语模式转化过程中必须始终坚持正确的政治方向，确保红色文化的核心价值不被削弱。同时，要紧密结合时代发展的要求，将红色文化与当代社会的热点问题、流行文化相结合，使红色文化更具时代感和吸引力。

第二，坚持严肃性与趣味性相结合。红色文化的严肃性是其历史价值和精神内涵的体现，在话语模式转化过程中不能过度娱乐化，以免损害红色文化的尊严和神圣性。但是，可以通过创新表达方式，增加一些趣味性元素，使红色文化更易于被受众接受和喜爱。

第三，坚持规范性与创新性相结合。红色文化的规范性是其传承与发展的基础，在话语模式转化过程中要尊重红色文化的传统话语体系，保持其语言的准确性和权威性。同时，要敢于创新，突破传统话语模式的束缚，探索新的表达方式和传播渠道，为红色文化注入新的活力。

（二）红色文化话语模式转化的途径

第一，依托新媒体技术，互联网平台成为红色文化育人的新阵地。为了更有效地传播红色文化，充分利用互联网平台，如建立红色文化专题网站、开设红色文化微博账号和微信公众号。在内容呈现上，结合图像、文字、视频及音频等多种媒介形式，使红色文化内容更加生动、富有感染力。在形式创新上，引入互动式与体验式学习，鼓励用户积极参与，以增强他们的参与感和收获感。此外，开发红色文化 APP，将红色文化资源数字化整合，提供便捷的学习与体验平台，如红色文化知识普及、红色故事讲述、红色旅游导航及红色文化互动游戏等功能，让用户随时随地都能沉浸于红色文化的学习之中。更进一步，运用虚 VR 与 AR 技术，打造红色文化主题的虚拟体验产品，如红色文化园区虚拟游、红色纪念馆线上展等，使用户仿佛置身于红色文化的历史现场，深刻感受其独特魅力。

第二，创新文艺形式，艺术化展现红色文化育人力量。为了生动传递红色文化的精神内涵与时代价值，我们应鼓励创作红色文化主题的电影、电视剧、小说、诗歌、音乐及舞蹈等艺术作品。这些作品通过塑造鲜活的艺术形象和讲述感人的故事情节，让红色文化深入人心。同时，举办红色文化主题的文艺演出，如红色歌曲演唱会、红色舞蹈晚会及红色戏剧等，让观众在欣赏艺术的同时，接受红色文化的教育与熏陶。此外，开展红色文化主题的艺术展览，展示红色文化主题的绘画、摄影及书法作品等，让观众在欣赏艺术作品的同时，深入了解红色文化的历史背景与丰富内涵，深刻体验红色文化的艺术魅力，从而激发对红色文化的热爱与传承意识。

第三，开展红色文化教育活动。加强学校红色文化教育学校是红色文化教育的主阵地。可以将红色文化纳入学校教育教学体系，通过课堂教学、主题班会、社会实践等形式，加强对学生的红色文化教育。在课堂教学中，可以采用生动有趣的教学方法，如故事教学、案例教学、情景教学等，让学生更好地理解和掌握红色文化知识；在主题班会和社会实践中，可以组织学生参观红色文化遗址、纪念馆等，让学生亲身感受红色文化的魅力。开展社会红色文化教育活动社会是红色文化教育的大课堂。可以通过开展红色文化主题的讲座、培训、展览等活动，加强对社会公众的红色文化教育。在讲座和培训中，可以邀请专家学者、革命前辈等为社会公众讲述红色文化的历史和内涵；在展览中，可以展示红色文化的文物、图片、资料等，让社会公众了解红色文化的历史和价值。

第四，构筑红色文化育人品牌。红色文化旅游作为红色文化传承与教育的核心途径，旨在通过体验学习深化红色文化的教育价值。整合各地丰富的红色文化资源，精心塑造具有鲜明地域特色的红色文化旅游品牌。在旅游产品的设计上，推出蕴含红色文化精髓的旅游线路、景点及纪念品，旨在满足不同游客的学习与探索需求；在旅游服务层面，加强基础设施建设，提升服务质量，力求为游客营造一个既深刻教育又舒适便捷的红色文化之旅。同时，着力打造红色文化育人产业品牌，视其为推动红色文化深入人心的关键力量。依托各地红色文化资源，鼓励企业创新开发红色文化产品，涵盖影视、动漫、游戏、工艺品等领域，以此壮大红色文化育人产业。在品牌建设上，加大红色文化品牌的宣传力度，提升其社会影响力和公众认可度，使之成为红色文化教育的闪亮名片。

第五，内容创新，赋能红色文化育人新活力。首先，深度挖掘红色文化的时代价值，这不仅要求我们深入探究红色文化的历史底蕴和精神内核，更需紧密结合当代社会的发展需求，将红色文化中的宝贵精神遗产如艰苦奋斗、爱国主义等，与当代的创新创业精神、民族复兴梦想相融合，使红色文化在新时代背景下焕发新的生命力。其次，讲述红色文化的当代叙事，以当代视角重新诠释红色故事，将历史记忆与现实情境紧密相连，帮助受众深刻理解红色文化的当代意义。通过采访革命后代、红色文化学者及志愿者等，挖掘并传播那些鲜为人知却感人至深的红色故事，展现红色文化在新时代的传承与发展轨迹。最后，融合时尚文化元素，创新红色文化传播方式，将红色文化与动漫、游戏、音乐、影视等时尚文化形式相结合，以年轻人喜爱的形式呈现红色文化。例如，创作红色主题的动漫、设计富有教育意义的游戏关卡、制作红色文化音乐视频及影视作品，以此吸引年轻一代主动关注并深入学习红色文化，让红色文化成为连接过去与未来的桥梁，激发新时代的爱国热情与文化自信。

第六，语言创新，强化红色文化育人的情感联结。一是推行大众化语言表述。我们摒弃晦涩难懂的专业术语和生僻词汇，转而采用贴近民众、易于理解的通俗语言，来阐释红色文化的深刻内涵与崇高精神。通过巧妙运用比喻、拟人、排比等修辞手法，使红色文化的话语更加鲜活、生动，便于广大受众轻松理解并欣然接受。二是融入网络流行语言。为了赋予红色文化话语更多的时代感和趣味性，我们积极吸纳网络流行语，如“点赞”“打call”等，以此表达对红色文化的热爱与支持。同时，巧妙运用表情包、弹幕等网络互动元素，进一步增强红色文化传播的趣味性和受众的参与感，让红色文化在年轻群体中焕发新的活力。三是强化语言的情感共鸣。在红色文化的话语构建中，我们特别注重情感元素的融入，以增强语言的感染力和亲和力。通过深情讲述革命前辈的英勇事迹和感人故事，引用英雄人物的铿锵誓言和睿智箴言，激发受众内心深处的情感共鸣，引导他们更加深刻地领悟红色文化的精神实质，从而在心灵深处种下红色文化的种子，让红色基因代代相传。

（三）红色文化话语模式转化的实践案例

第一，红色文化育人新探索——《那年那兔那些事情》动画系列。该动画以诙谐幽默的手法，将中国近现代史上的重大历史事件与英雄人物融入动漫世界，成功地将红色文化与动漫元素相结合，赢得了广大观众尤其是年轻一代的热烈喜爱。动画中巧妙融入网络流行语和时尚文化元素，不仅让红色文化焕发时代光彩，更增强了其吸引力和亲和力，为红色文化育人开辟了新路径。

第二，红色文化融入游戏世界——《家国梦》游戏体验。《家国梦》作为一款以国家建设为主题的红色文化游戏，将红色文化的精髓融入游戏玩法之中，让玩家在完成任务、挑战关卡的过程中，深入了解中国的发展历程和红色文化的深厚内涵。游戏采用互动式传播方式，鼓励玩家间交流与合作，不仅增强了红色文化传播的趣味性和参与感，更让玩家在游戏中体验红色文化的精神力量，实现寓教于乐。

第三，红色文化短视频平台：创新传播新阵地。在新媒体时代，短视频平台成为红色文化传播的新阵地。大量创作者利用创新的拍摄手法和剪辑技巧，创作出以红色文化为主题的短视频作品，以生动、直观的方式呈现红色文化的魅力。这些短视频作品因其独特的创意和深刻的内涵，赢得了大量观众的喜爱和关注，成为红色文化传播的新途径。

红色文化话语的转换是新时代红色文化传承与发展的关键。坚持政治性与时代性、严肃性与趣味性、规范性与创新性相结合的原则，不断探索内容创新、形式创新和语言创新等策略，将红色文化的传统话语模式转化为更符合当代受众需求的新话语模式。在实践中，持续总结经验，创新红色文化育人的方法和手段，为红色文化的传承与发展注入新的活力，让红色文化在新时代绽放更加璀璨的光芒。

四、构筑红色文化育人的联动阵地机制

目前，我国各地已经建立了许多红色文化联动阵地，如井冈山革命圣地、延安的文化基地、西柏坡红色旅游区等。这些联动阵地通过整合红色文化资源，开展各种形式的教育、宣传、研究、旅游等活动，取得了显著的成效。同时，随着新媒体技术的发展，一些红色文化网、微信公众号、微博等新媒体平台也逐渐兴起，为红色文化的传播和推广开辟了新的途径。

首先，红色文化育人需从全面梳理红色文化资源着手。第一步，深入调研并细致梳理本地红色革命遗址、纪念馆、英雄陵园及名人故居等，明确其历史脉络、关键事件及核心人物，为后续的资源整合与利用奠定坚实基础。第二步，对这些红色文化景点进行科学分类，依据历史时期、革命事件、人物贡献等维度，展现红色文化的系统性和连贯性，增强教育的层次感和深度。第三步，构建红色文化景点数据库，实现信息数字化管理，便于查询统计，同时，也为后续的联动宣传与市场推广提供强大的数据支撑。此外，整合新媒体平台资源，如红色文化网站、微信公众号、微博等，打造一体化的红色文化传播平台，不仅汇聚全国红色文化资源，展示丰富知识与最新动态，还要与实体场所紧密互动，提供便捷的在线预订、虚拟导览等服务，拓宽红色文化传播渠道。

其次，红色文化育人需与文化机构深度合作。一方面，与当地图书馆、文化馆、博物馆等文化机构携手，共同策划红色文化主题展览、专题讲座、读书分享会等活动，利用这些机构丰富的文化积淀与专业人才，为红色文化育人提供强有力的支撑。同时，紧密结合时代特征与受众需求，深入挖掘革命先辈的英雄故事、革命精神的时代价值，使教育内容更加系统、深刻、鲜活。围绕社会主义核心价值观、中国梦等主题，设计多样化的教育活动，提升教育的针对性和实效性。另一方面，建立文化机构间的合作机制，定期召开联席会议，共商红色文化育人阵地的建设与发展蓝图。通过联合举办活动，加强机构间的交流与合作，形成教育合力。创新红色文化教育活动形式，提升互动性和趣味性，如举办红色文化主题展览、讲座、文艺演出，组织红色文化研学旅行、主题班会，开发红色文化教育游戏、动漫产品等，让受众在欣赏艺术、参与实践、享受娱乐的过程中，深刻领悟红色文化的精髓。最后，充分利用文化机构的场地与设施，打造红色文化育人的生动课堂。在图书馆设立红色文化图书专架，让读者在书香中感受红色文化的魅力；在文化馆举办红色文艺演出，用艺术的形式传递红色精神；在博物馆举办红色文化主题展览，让历史文物成为讲述红色故事的生动教材，让红色文化在多元的文化机构中焕发新的生机与活力。

最后，深化与教育机构的合作，共同推进红色文化育人事业。

第一，与学校、培训机构等教育机构紧密携手，精心策划并实施一系列红色文化教育活动。组织学生实地探访红色革命遗址、纪念馆，亲身感受革命历史的厚重；举办红色文化主题班会、征文比赛和演讲比赛，激发学生的爱国情怀和革命精神。同时，构建全面的红色文化资源数据库，系统收集并整理全国范围内的红色文化资源，包括实体场所的基本信息、多媒体资料，以及新媒体平台的链接与简介，为资源整合与共享提供坚实的数据支撑。第二，打造红色文化教育基地，将红色革命遗址、纪念馆等转化为生动的校外实践课堂。定期组织学生前往基地进行实地考察与学习，通过亲身体验，深刻理解红色文化的独特魅力。加强红色文化实体场所之间的联动与合作，共享资源，优势互补，共同举办展览、讲座、演出等活动，实现资源的优化配置与高效利用。同时，探索建立红色文化旅游联盟，开发特色鲜明的红色文化旅游线路，提升红色文化的吸引力和影响力。第三，高度重视红色文化教育人才队伍建设，邀请知名专家学者、革命前辈为教师队伍提供专业培训，提升教师的红色文化素养和教学能力。通过培训、交流、引进等多种途径，打造一支业务精湛、素质过硬的红色文化教育师资队伍，为红色文化育人事业的蓬勃发展提供坚实的人才保障。同时，聘请革命先辈后代、专家学者担任红色文化教育顾问，为教育活动提供宝贵的指导和支持。

另外，不断创新红色文化展示形式，提升教育效果。运用 VR、AR 等先进技术，打造沉浸式的红色文化体验空间，让参观者仿佛穿越时空，亲历革命历史场景。开发红色文化主题 APP，提供便捷的导览、讲解、互动服务，并通过 APP 举办知识竞赛、线上展览等活动，拓宽红色文化传播渠道。利用大数据技术，深入分析参观者的行为数据，精准把握其需求和兴趣点，据此优化展示形式和内容，提升参观者的满意度和体验感。通过这些创新举措，让红色文化在新时代焕发出更加璀璨的光芒。

积极策划并开展丰富多彩的红色主题活动，以深化红色文化育人的效果。首先，举办红色文化节，集中展现本地区的红色文化资源和独特魅力。文化节期间，通过红色文艺演出、红色电影放映、红色文化主题展览及研讨会等形式，吸引社会各界人士广泛参与，共同传承和弘扬红色文化。其次，组织红色文化主题的研究性旅游活动，引导学生和观众深入革命历史遗址、纪念馆等地进行现场教学与实践。通过实地考察与研学旅行，使参与者深入了解红色文化的历史背景与深刻内涵，进一步激发其爱国主义情感。此外，开展红色文化主题的文艺演出，如红色歌剧、话剧及歌舞等，以艺术的形式生动再现革命历史与革命精神，让观众在享受艺术盛宴的同时，接受红色文化的熏陶与洗礼。

打造特色文创产品，推出具有红色文化元素的创意商品，如文具、饰品及纪念品等。这些文创产品将红色文化内容与现代设计理念相融合，既实用又兼具艺术性和纪念价值。同时，建立红色文化文创产品的展示与销售平台，如在红色革命遗址、纪念馆等地设立专卖店，并在网络上开设红色文化文创产品商城，通过这些平台展示和销售文创产品，进一步传承红色文化精神。此外，举办红色文化创意产品设计大赛，吸引更多设计师和创意人才参与设计，挖掘更多优秀作品，为红色文化文创产品的开发注入新的创意与灵感。

总之，构筑红色文化联动阵地是一项综合性、系统性的工程，需要整合各方资源，创新展示形式，加强宣传推广，并建立长效机制。只有这样，才能更有效地传承红色基因，弘扬革命精神，加强爱国主义教育，为实现中华民族伟大复兴的中国梦提供坚实的精神支撑和动力源泉。

五、健全红色文化育人的管理机制

第一，强化红色文化资源普查工作，组建专业的文物普查团队，对本地区的红色文化资源展开全面、细致的普查行动。详细记录每一处红色文化遗址、遗迹、文物的地理位置、历史背景及保存状况，构建详尽的红色文化资源数据库。对于普查中发现的濒危红色文化资源，我们将给予特别关注，并立即制定紧急保护措施，确保这些珍贵的历史遗产得到及时、有效的保护。同时，定期对红色文化资源进行复查，及时更新数据库信息，准确把握红色文化资源的动态变化。

第二，制定并实施严格的红色文化资源保护规划，建立科学的保护机制。依据普查结果，结合本地区经济社会发展规划，科学合理地制定红色文化资源保护规划，明确保护范围、保护重点及具体保护措施，为红色文化资源的保护工作提供明确指导。保护规划将具备前瞻性和可操作性，充分考虑未来经济社会发展可能对红色文化资源带来的影响，并提前制定应对策略。加大保护规划的宣传力度，确保其得到有效执行，对违反保护规划的行为，将依法予以惩处。

第三，加大红色文化资源保护资金投入，建立稳定的保护资金体系。设立红色文化资源保护专项资金，并将其纳入国家财政预算，确保保护资金有稳定来源。同时，鼓励社会各界通过捐赠、投资等方式积极参与红色文化资源的保护工作，共同为红色文化的传承贡献力量。加强对保护资金的管理和监督，确保资金使用的合理性、规范性和透明性，提高资金使用效益，确保红色文化资源得到有效保护。此外，我们将明确红色文化资源的保护任务，完善管理责任制。政府将加强对红色文化资源保护工作的领导和管理，明确各部门的保护职责，确保各项保护工作得到有效落实。同时，加强对红色文化资源保护的监督检查，对保护不力的单位和个人，将依法追究责任，以确保红色文化资源的永续传承，为红色文化育人事业提供坚实的资源支撑。

第四，加强红色文化教育。将红色文化教育纳入国民教育体系，从小学、中学到大学，开设不同层次的红色文化课程。通过课堂教学、社会实践等方式，让学生探究红色文化在历史上的重要地位和在当代社会的应用价值。加强党员干部的红色文化教育，将红色文化作为党员干部培训的重要内容。通过党性教育、主题党日等活动，提升了党的干部队伍的党性素质和政治觉悟。利用社会教育资源，开展红色文化主题的讲座、展览、文艺演出等活动，提高公众对红色文化的普及程度和接受程度。为了丰富红色文化活动的内涵，我们必须对其形式进行创新，从而拓展其内容。可以举办红色文化节、红色文化研讨会、红色文化主题演讲比赛、红色文化文艺演出等活动，让人们在参与活动中感受红色文化的魅力。鼓励红色文化作品创作，要鼓励红色文化作品创作，推出一批具有思想性、艺术性和观赏性的红色文化作品。可以设立红色文化作品创作基金，对优秀的红色文化作品进行奖励；同时，要加强对红色文化作品创作的指导和扶持，提高红色文化作品的质量和水平。

第五，培养红色文化传承人。建立红色文化传承人认定和保护制度，对掌握红色文化技艺、知识的传承人进行认定和保护。为传承人提供必要的生活保障和创作条件，鼓励他们传承和弘扬红色文化。同时加强对红色文化传承人的培训和培养，增强他们的传承能力和创新意识。通过举办培训班、研讨会等方式，为传承人提供学习和交流的平台。鼓励红色文化传承人开展传习活动，培养更多的红色文化爱好者和传承者。建立红色文化传习所、工作室等，为传承活动提供场地和设施支持。

第六，创新传承方式。积极探索并实践红色文化传承方式的创新，旨在让红色文化在新时代背景下焕发出新的生机与活力，更好地滋养和培育年轻一代。运用现代科技手段，对珍贵的红色文化资源进行数字化保护与传承。通过前沿技术，我们打造沉浸式的红色文化体验场景，让观众能够身临其境地感受红色历史的厚重与红色文化的独特魅力，使红色故事更加鲜活、生动，激发年轻人的学习兴趣与情感共鸣。

通过创新性的传承方式，我让红色文化成为连接过去与未来的桥梁，成为滋养和培育年轻一代的重要精神资源，为实现中华民族伟大复兴的中国梦提供强大的精神动力与文化支撑。

总之，健全红色文化的机制管理是一项系统工程，需要政府、社会、企业和个人共同努力。通过建立科学的保护机制、完善传承机制、构建有效的开发利用机制、强化管理机制和营造良好的发展环境，才能更好地保护、继承与推广红色文化，为实现中华民族伟大复兴的中国梦提供坚定的精神支撑。

参考文献

[1] 马克思，恩格斯 . 共产党宣言 [M]. 北京：人民出版社，2014.

[2] 毛泽东文集：第 6 卷 [M]. 北京：人民出版社年 1997.

[3] 毛泽东选集：第 2 卷 [M]. 北京：人民出版社 1991.

[4] 毛泽东选集：第 4 卷 [M]. 北京：人民出版社 1991.

[5] 毛泽东选集：第 5 卷 [M]. 北京：人民出版社 1991.

[6] 毛泽东著作选读：上，下册 [M]. 北京：人民出版社 1986.

[7] 邓小平年谱：（1975—1997）[M]. 北京：中央文献出版社 2004.

[8] 邓小平 . 邓小平文选：第一卷 [M]. 2 版 . 北京：人民出版社，1994.

[9] 邓小平 . 邓小平文选：第二卷 [M]. 2 版 . 北京：人民出版社，1994.

[10] 邓小平 . 邓小平文选：第三卷 [M]. 北京：人民出版社，1993.

[11] 恩格斯 . 社会主义从空想到科学的发展 [M]. 北京：人民出版社，2018.

[12] 费西特 . 现时代的根本特点 [M]. 梁志学，等译 . 北京：商务印书馆，2018.

[13] 胡锦涛文选：第一卷 [M]. 北京：人民出版社，2016.

[14] 江泽民 . 论党的建设 [M]. 北京：中央文献出版社，2001.

[15] 江泽民 . 论有中国特色社会主义（专题摘编）[M]. 北京：中央文献出版社，2002.

[16] 江泽民．江泽民文选：第一卷 [M]. 北京：人民出版社，2006.
[17] 江泽民．江泽民文选：第二卷 [M]. 北京：人民出版社，2006.
[18] 江泽民．江泽民文选：第三卷 [M]. 北京：人民出版社，2006.
[19] 习近平．习近平著作选读：第一卷 [M]. 北京：人民出版社，2023.
[20] 习近平．习近平著作选读：第二卷 [M]. 北京：人民出版社，2023.
[21] 李水弟．红色文化与传承 [M]. 南昌：江西人民出版社，2009.
[22] 渠长根．红色文化概论 [M]. 北京：红旗出版社，2017.
[23] 徐仁立．中国红色旅游研究 [M]. 北京：新华出版社 1991.
[24] 《中国共产党简史》编写组．中国共产党简史 [M]. 北京：人民出版社，2021.
[25] 沈成飞，连文妹．论红色文化的内涵、特征及其当代价值［J］. 教学与研究，2018（1）：97–104.
[26] 李水弟．红色文化与传承 [M]. 南昌：江西人民出版社，2009.
[27] 王爱华，王刚，刘丽，等．多维视野下的红色文化 [M]. 重庆：西南交通大学出版社，2011.
[28] 杨溟．媒介融合导论 [M]. 北京：北京大学出版社，2014.
[29] 张文．媒介融合背景下的红色文化大众化研究 [M]. 北京：中国社会科学出版社，2020.
[30] 刘云波．中国红色文化概论 [M]. 湘潭：湘潭大学出版社，2022.
[31] 王娇，石宁洲，熊晓雪，等．红色文化资源融入大学生思想道德教育的路径与机制研究 [M]. 成都：四川大学出版社，2023.
[32] 李心怡．大别山红色旅游文创品牌设计应用研究——以信阳新县为例 [D]. 郑州：中原工学院，2022.
[33] 胡滨．豫东红色文化传承创新研究 [D]. 郑州：华北水利水电大学，2021.
[34] 于盘柱．新时代河南红色文化传承研究 [D]. 郑州：郑州大学，2021.
[35] 郭佳．郑州市红色文化发展研究 [D]. 郑州：河南农业大学，2020.

[36] 刘路亚 . 中原红色文化育人功能及其提升研究 [D]. 新乡：河南师范大学，2022.

[37] 高丽杨 . 试论中原文化资源的基本特点 [J]. 中共郑州市委党校学报，2011（5）：93–95.

[38] 张静 . 河南红色文化剖析及网络传播策略研究 [J]. 传媒论坛，2022，5（16）：26–28.

[39] 崔妍 . 新时代在大学生中讲好“红色故事”探析［J］. 思想教育研究，2021（2）：132–135.

[40] 胡继冬 . 中国共产党对红色文化资源的保护与开发利用：百年历程、经验总结和趋势展望［J］. 理论月刊，2021（7）：5–12.

[41] 胡建，杨香丽 . 红色文化资源：大学生党史学习教育的重要载体［J］. 中学政治教学参考，2021（32）：72–74.

[42] 江峰，汪颖子 . 中国红色文化生成的系统要素透析——以大别山红色文化为例［J］. 北京师范大学学报：社会科学版，2010（6）：9.

[43] 蒋福明，唐晶 . 高校思想政治理论课传承红色基因的叙事化路径［J］. 思想理论教育导刊，2021（8）：127–130.

[44] 孔令霞，谭立章，卢轩菲 . 融媒体环境下红色文化传播的内在逻辑、困境和路径［J］. 浙江理工大学学报（社会科学版），2022，48（5）：558–565.

[45] 蓝贤发 . 用红色文化厚植大学生爱国主义情怀 [J]. 实践：思想理论版，2021（6）：3.

[46] 刘润为 . 红色文化：中国人的精神脊梁 [J]. 红旗文稿，2013（18）：4–9，1.

[47] 刘诗玮，肖思聪，梁诗茵 . 红色精神视阈下大学生文化自信养成路径探析——以井冈山革命精神为例 [J]. 南方论刊，2020（4）：3.